高等职业教育学前教育专业“理实一体化”立体教材

学前教育政策与法规

主　编：罗　瑞　陶　丽
副主编：李义娜　李　莉
　　　　赵　静　李功雨
参　编：陈　洁　潘艳红

南京大学出版社

图书在版编目(CIP)数据

学前教育政策与法规 / 罗瑞，陶丽主编. -- 南京 ：南京大学出版社，2023.2

ISBN 978-7-305-26458-0

Ⅰ. ①学… Ⅱ. ①罗… ②陶… Ⅲ. ①学前教育—教育政策—中国—高等职业教育—教材②学前教育—教育法—中国—高等职业教育—教材 Ⅳ. ①G619.20②D922.16

中国国家版本馆 CIP 数据核字(2023)第 010156 号

出版发行 南京大学出版社
社　　址 南京市汉口路 22 号　　邮　编 210093
出 版 人 金鑫荣

书　　名 学前教育政策与法规
主　　编 罗 瑞 陶 丽
责任编辑 丁 群　　编辑热线 025-83597482

照　　排 南京南琳图文制作有限公司
印　　刷 常州市武进第三印刷有限公司
开　　本 787×1092 1/16 印张 11.75 字数 278 千
版　　次 2023 年 2 月第 1 版 2023 年 2 月第 1 次印刷
ISBN 978-7-305-26458-0
定　　价 45.00 元

网址：http://www.njupco.com
官方微博：http://weibo.com/njupco
微信服务号：NJUyuexue
销售咨询热线：(025) 83594756

前言

党的二十大提出，加快建设高质量教育体系，学前教育是高质量教育体系中最基础的环节，必须要坚持立德树人，贯彻依法治教的理念，坚持依法办园的原则，这就要求幼儿园教师必须掌握相应的法律法规和政策，提高自身的法律意识和师德素养，才能够给更多幼儿提供优质的学前教育，才能为学前教育的质量提升创造有利条件。

为了提高学前教育专业学生的幼教法律法规意识、依法治教的水平和师德素养，我们在继承前人研究成果的基础上编写了这本教材，本教材也可作为学前教育工作者接受继续教育的教材或参考书。本教材力图突破现有教材的结构体系，突出以法律关系为中心、以学前教育法律关系主体的权利义务为主线，建构全书的逻辑结构和内容体系。在内容的编排上，注重知识的系统性和逻辑的严密性。本教材的编写遵循了从抽象到具体的逻辑顺序，体现了时效性、指导性和实用性的三大特点。

本书由湖南民族职业学院罗瑞、陶丽担任主编，由湘南幼儿师范高等专科学校李义娜、景德镇学院李莉、湖南民族职业学院赵静、湖南民族职业学院李功雨担任副主编，由湖南民族职业学院陈洁、潘艳红担任参编。本书初稿完成后，由主编罗瑞副教授进行了修改、审定，以及各位编者协助审稿。本教材在编写过程中，得到了不少专家及同仁的指导与帮助，也参阅、引用了很多同仁的研究成果，在此一并表示衷心的感谢。由于时间仓促、水平有限，书中难免有疏漏和不足之处，恳请读者批评指正。

编者

2022 年 11 月

目录

上篇　学前教育政策与法规概论

下篇　学前教育政策与法规解读

上 篇

学前教育政策与法规概论

第一章 学前教育政策与法规概述

目标导航

1. 了解教育政策与教育法规的内涵，理解二者之间的关系。
2. 掌握我国教育法律体系的概况。
3. 理解学前教育政策与法规的内涵、特点和作用。
4. 了解我国学前教育政策法规的历史沿革与发展。

结构导图

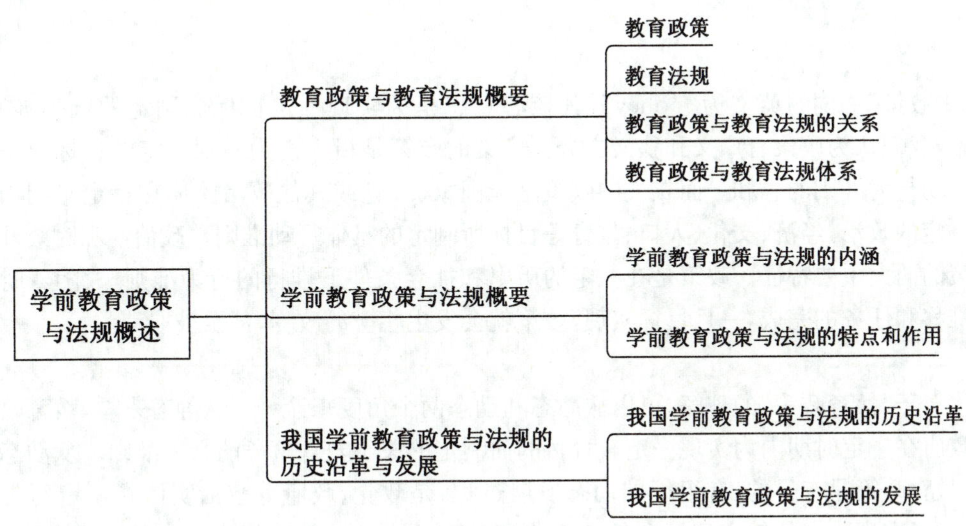

近年来，我国学前教育资源迅速扩大。2021年，全国共有幼儿园29.48万所。在园幼儿4 805.21万人，其中，普惠性幼儿园在园幼儿4 218.20万人，普惠性幼儿园覆盖率达到87.78%，共有学前教育专任教师319.10万人，学前教育毛入学率达88.1%。

2020年9月7日至10月7日《中华人民共和国学前教育法草案(征求意见稿)》(以下简称《征求意见稿》)面向社会公开征求意见。此后，教育部根据公开征求意见情况对《征求意见稿》进行了修改完善，并于2021年4月12日形成《中华人民共和国学前教育法草案(送审稿)》，报送国务院审议。

《学前教育法》立法势在必行，那么，你了解到的当前我国学前教育法规的现状以及教育法的基本认识有哪些呢?

第一节　教育政策与教育法规概要

一、教育政策

(一) 教育政策的含义

1. 政策

"政策"一词的英文为"policy"，其核心意思是为实现一定目标而制定的行为准则。通常，我们认为政策有广义和狭义之分。广义的政策是指人们为实现一定的目标而采取的一切行为准则的总和。而狭义的政策是指国家、政党或其他政治团体在特定时期为实现一定的政治、经济、文化、人口、教育等目标所制定的具体行动准则。政治性和时效性是政策的两大主要特征。政策是在一定的历史和社会条件下推行的行为准则，故随着时间的推移和任务的完成，一旦目标实现，政策就会发生相应的改变，甚至被取消。

2. 教育政策

对于"教育政策"的理解，可以从静态和动态两个角度来诠释。从静态来看，教育政策是政府在一定时期内为实现一定教育目的而制定的关于教育事务的行动准则。从动态来看，教育政策是有目的、有组织的动态发展过程，是政党、政府等政治实体在一定历史时期，为了实现一定的教育目标和任务而协调教育的内外关系所规定的行动依据和准则。一般，我们认为教育政策是一个动态的发展过程。

(二) 教育政策的特点

1. 国家意志性

教育政策一般是由政党或国家制定的，它体现了整个国家在教育方面的意志，同时也体现了广大人民的共同愿望和要求。教育政策既可以是政党，也可以是国家机关和政府部门分别或联合制定，都体现了党和国家的意志。

2. 导向性

教育政策对于一定范围内国家和政府的行为具有指导性作用，指引着教育行政部门制定相关的教育方针政策，指导教育行政部门的行政行为；同时对学校及其他教育机构的办学行为与办学方向、教师和学生的教育活动和学习活动也具有一定的导向性作用。

3. 目的性

教育政策受到制定主体价值取向的影响，具有明显的价值倾向性。它是人们根据一定的需要制定出来的，是主观意识和能动性的产物。因此，教育政策是为了实现教育目的而制定的行动准则或方案，具有明确的目的性。

4. 可操作性

教育政策是为了实现一定的教育目的而制定的。因此，教育政策的制定还需要坚持理论和实践相结合的原则，各项具体的行动准则或方案的制定要切实可行，具有可操作性。

5. 系统性

教育政策的系统性是指教育政策在与其他政策相互作用的过程中发挥功能，它既是一般政策体系中的一个有机组成部分，同时又拥有自己相对独立的体系。从横向来看，教育政策与其他公共政策紧密相关，相互制约、相互影响，构成推动社会发展的政策整体，同时教育体制政策、教育经费政策、教育质量政策、教师政策等也共同构成了严密的教育政策体系。从纵向来看，教育政策的系统性还表现为中央教育政策与地方教育政策之间的相互影响、相互制约关系，教育政策的过去、现在和将来的相互联系、相互作用关系。

二、教育法规

(一) 教育法规的含义

教育法规是确定教育行为规则的法、法令、条例、规则、规章等由国家政权机关制定并由其保证实施的规范性文件的总称。也可以说，教育法规是对人们的教育行为具有法律约束力的行为规则(即教育法律规范)的总和。从本质上说，它具有以国家机器为后盾，对教育行为起普遍强制性规范作用的属性。我们认为教育法规有广义和狭义之分，从广义上讲，是指具有一定立法性职权的国家机关，依照法定的权限和程序制定的，以国家强制力保障实施的，具有不同法律效力的有关教育方面的规范性文件；从狭义上讲，指的是由全国人民代表大会及其常务委员会，按照一定的程序，审议、通过和颁布的有关教育方面的规范性文件。

本书中的教育法规之义，是指国家机关依照法定的权限和程序制定的以国家强制力保障实施的有关教育方面的规范性文件，既包括由全国人民代表大会及其常务委员会制定的教育法律，也包括国务院及其各部门制定的教育行政法规与教育行政规章，以及地方性教育法规与教育行政规章等。因此，教育法规即规范教育活动、调整教育关系的法律法规的总称。具体可以从以下几点来理解它。

1. 教育法规是调整教育关系的行为规则

教育法规是一种行为规则。这种行为规则,以权利和义务的规定为特有的表现形式。它具体规定行为主体可以怎样行为、必须怎样行为和禁止怎样行为,指明了各行为主体行为的条件、内容和行为的后果。这种规范形式能够使人们按照统一的标准处理问题,从而为教育活动提供权威的行为标准,为教育事业的稳定发展提供有力保证。

2. 教育法规是国家制定或认可的

教育法规是由国家机关按照法定的权限和程序制定的规范性文件,与其他一般性教育活动规范最大的区别在于制定的主体不同。国家制定或认可教育法规的目的是要在全社会范围内调整个体与社会之间的教育利益、教育关系,并采取权利义务设定的方式来确立人们从事教育活动的各种方式,把教育主体的行为规范在国家意志许可的范围内。

3. 教育法规以国家强制力保证实施

教育法规是以国家强制力为后盾,由国家的专门机关(包括军队、警察、法庭、监狱等有组织的暴力部门)以强制力保证实施的。即教育法规不依个体的主观意愿如何,都必须遵守。

4. 教育法规调整的对象是教育关系

教育法规有其特定的实施领域及调整对象。教育法规调整的是教育领域中形成的教育关系,即教育活动主体因权利行使和义务履行结成的关系。它是规范教育主体行为、维持教育活动秩序的行为规范。教育法规通过确定教育活动主体之间相互的权利和义务,对各种教育关系进行规范和约束,实现对教育关系的调整。教育活动中的主体,如教育行政主管部门、学校、教师、学生等的教育行为都必须以教育法规为依据,不得从事违背教育法规的行为。

(二)教育法规的特点

1. 国家意志性

教育法规是由国家机关制定,用来明确教育活动方式(可以这样行为、应该这样行为、不应该这样行为),并用强制力来保证实施的活动规范。

2. 强制性

教育法规是依靠国家强制力做后盾来保障其实施的。它所规定的主体的权利不能被剥夺,义务必须履行,否则,将受到法律的制裁。

3. 规范性

教育法规从其本体意义上来讲,是一种特定的行为规范,即调整教育活动和教育关系的行为规范。这种行为规范,以权利和义务的规定为特有的表现形式,具体规定教育活动中各行为主体(国家、政府、学校及其他教育机构、教育者、受教育者、社会等)可以怎样行为、必须怎样行为和禁止怎样行为,指明了各行为主体行为的条件、内容和后果。这种行为规范为教育活动提供权威的行为准则,为教育事业的稳定发展提供了有力保证。

4. 普遍性

教育法规虽然是国家意志的体现,但它同时必须反映教育规律,必须依据教育规律来制定，并且要体现最广大人民群众的利益，如《中华人民共和国义务教育法》的颁布。教育规律是教育活动的内在的必然关系和客观的运行法则，任何人都不能违背。立法者在制定教育法规的过程中必须以教育科学为指导，以教育理论所揭示的教育规律为依据。

三、教育政策与教育法规的关系

教育政策与教育法规既有联系又有区别。一方面，教育法规的实施需要具体的教育政策予以落实；另一方面，经实践检验的教育政策可以转化为教育法规。因此，既不能用教育政策代替教育法规，也不能用教育政策来指导教育法规，两者互为补充、相互协调，共同调整教育活动和教育关系。

（一）教育政策与教育法规的联系

教育政策与教育法规有着密切的联系，二者在本质上是一致的。教育政策与教育法规的一致性表现为共同的目的性、共同的国家意志性和相互依存、相互制约三个方面。

1. 共同的目的性

教育政策和教育法规的制定都取决于上层建筑，两者具有共同的目的性。国家制定教育政策和教育法规具有明确的目的性，即为了实现一定时期教育目的或任务而采取的行动准则或措施，都是为了调整和规范教育活动和教育关系，调整和规范教育主体的权利和义务，促进教育的健康有序发展。

2. 共同的国家意志性

教育政策和教育法规都体现着国家意志。教育法规是拥有立法权的国家权力机关依照立法程序制定和颁布的，并由国家强制力保证实施；而教育政策也是国家、政党或教育职能部门制定的具体行动准则。可见，教育政策和教育法规所体现的意志是相同的，在我国均体现了国家的和人民的意志。

3. 相互依存、相互制约

教育政策和教育法规都是基于客观规律而制定的，两者相互依存、相互制约。一方面，教育政策是制定教育法规的依据，教育法规是教育基本政策的具体化、条文化和定型化；另一方面，教育法规制定后又对现有教育政策执行产生影响和制约，同时也需要其他政策的支持和落实。

（二）教育政策和教育法规的区别

1. 制定主体不同

一般性法律以及教育法规由国家的特定立法机关制定，我国的立法权由全国人民代表大会及其常务委员会行使，如《中华人民共和国教育法》是由全国人民代表大会通过的。而政策的制定者既可以是政党，也可以是国家机关和政府部门，如《中国教育改革和发展纲要》是由中共中央和国务院共同制定和发布的。此外，各级政府还可以根据上级政策和有关法律、法规制定具体的政策。

2. 表现形式不同

教育政策通常是以决议、决定、纲要、通知、意见、指示等文件形式出现的，如《中共中央关于教育体制改革的决定》《中国教育改革与发展纲要》。而法律则是以法律条款规范性文件的形式表现的。在表述形式上，政策文件注重原则性和导向性的要求，写明某项政策的背景、理由及原则性的要求。而法律则注重条款的规范性、确定性，且通常包含处罚的规定，政策性文件一般不具体规定处罚性条款。

3. 实施方式不同

政策依靠号召、宣传、运动、动员、政党纪律等来执行实施。法律的实施，则具有普遍的约束力，要求任何机关、团体、企业事业单位和公民都必须遵守。如果发生违法的行为，则通过行政执法机关、司法机关等以国家的强制力通过依法对违法者进行制裁来保证法律的实施。

4. 作用不同

政策对于国家、政党和社会生活的作用，具有指导性、调控性和灵活性的特点，而法律作用的特点则体现为规范性、强制性和稳定性。在实际工作中，我们应当把二者有机地结合起来，而不能把二者对立起来。既要充分发挥法律的规范作用，也要充分发挥政策的指导作用；既不能以政策排斥法律，也不能以法律完全替代政策。

四、教育政策与教育法规体系

（一）教育政策体系

国家教育政策体系是由影响国家教育改革和发展的一系列基本教育政策组成的。在我国，教育政策体系是由教育体制政策、教育经费政策、教育质量政策等政策组成。

1. 教育体制政策

教育体制政策在教育政策中占有重要位置，是与国家的政治、经济体制联系最密切的政策。包括办学体制政策、管理体制政策、学校领导体制政策、教育投入体制政策、教育人事管理体制政策、学校内部管理体制政策等六个方面的内容。教育体制政策决定着教育的政治方向，规定着由谁来办学、谁来管理学校的问题。教育体制政策在教育政策体系中起着全面性、基础性和政治保障性作用。

2. 教育经费政策

教育经费政策就是要解决如何筹措教育经费、如何分配教育经费以及如何使用教育经费的问题。教育经费政策包括国家财政性教育经费投入“三个增长”政策、国家财政拨款政策、学校收费政策、征收城乡教育费附加政策、教育集资政策、社会捐资表彰奖励政策、学校预算外资金管理政策、学校公用经费政策、教师工资政策、贫困生资助政策等。

3. 教育质量政策

教育质量政策要解决的是各级各类教育培养目标和教学质量标准、人才培养类型和标准的问题。国家要制定出最基本的学生培养的质量标准，以及实现这些标准的基本要求。为此，国家就应该对学生的有关问题和学校课程的标准体系、结构及课程的实施等方面做出政策规范。教育质量政策是最基本、最重要的教育政策之一，对教育的改革与发展起着规定培养目标，确定培养方向和人才规格，决定培养模式、课程结构和教学内容等方面的作用。因此，教育质量政策是导向性和目标性教育政策。

4. 教育人事政策

教育人事政策包括教师资格制度政策、教师任用和调配政策、教师聘用制政策、教师职务政策、教育行政人员政策、校长任用和管理政策等。教育人事政策是教育基本政策之一，是调整校长与教师、教师与学生、教师与政府关系的重要手段，是建设一支高素质教师队伍的基本保证。

5. 国家学制政策

国家学制政策包括学前教育、初等教育、中等教育、高等教育的各级各类学校的学制，如义务教育的“六三”制，高等学校的三年制专科，四年制、五年制、六年制本科等。

6. 课程与教学政策

课程与教学政策包括各级各类学校的课程标准政策，课程计划政策，教材的编写、核准、审定、发行、使用等政策，教学计划的实施政策等。

7. 学历与学位政策

我国实行学历证书制度、学业证书制度和学位证书制度，对人们接受学历教育，获得学业证书和学位证书制定了一系列相关政策。

8. 教师教育政策

教师教育政策包括师范教育政策、教师继续教育政策等。

9. 考试与评价政策

考试与评价政策包括各级各类学校的学年考试、毕业考试、升学考试的相关政策，学校评估、教师评估、学生评估、学科评估、区域教育评估等相关政策，以及学校督导政策、区域教育督导政策等。

10. 招生与就业指导政策

招生与就业指导政策包括普通高考政策、成人高考政策、自学考试政策、中考政策、研究生考试政策、职业资格考试政策、面向社会自主择业政策、双向选择政策等。

11. 学校语言文字政策

学校语言文字政策包括学校普及普通话政策、普通话水平测试政策、少数民族地区双语教学政策等。

在上述教育政策体系中，教育体制政策、教育质量政策、教育经费政策、教育人事政策、课程与教学政策、学制政策是最重要的教育政策。这些教育政策所要解决的是一个国家教育改革与发展中最基本的问题。

（二）教育法规体系

由于教育立法制定机关的主体不同，从而形成了不同层次的教育法律、法规。根据我国现行的教育立法主体地位的不同以及法律形式的不同，可以划分为不同的层次；根据法律法规内容的不同，可以划分为不同的部门法。从我国现有的教育法律、法规来看，我国的教育法律、法规体系由纵向五个层次和横向六个部门法构成（见表1-1）。

表 1－1　我国教育法纵向结构层级

<table>
<tr><td>层级</td><td colspan="2">形式</td><td>制定机关</td></tr>
<tr><td></td><td colspan="2">宪法中关于教育的条款</td><td>全国人民代表大会</td></tr>
<tr><td>第一层次</td><td colspan="2">教育基本法律</td><td>全国人民代表大会</td></tr>
<tr><td>第二层次</td><td colspan="2">教育单行法律</td><td>全国人民代表大会常务委员会</td></tr>
<tr><td>第三层次</td><td colspan="2">教育行政法规</td><td>国务院</td></tr>
<tr><td>第四层次</td><td colspan="2">地方性教育法规</td><td>省、自治区、直辖市人大或其常委会</td></tr>
<tr><td rowspan="2">第五层次</td><td rowspan="2">教育规章</td><td>部门教育规章</td><td>国家教育委员会及国务院部委</td></tr>
<tr><td>政府教育规章</td><td>省、自治区、直辖市人民政府</td></tr>
</table>

1. 纵向层次

纵向层次的教育法规体系即同一类型的法由不同部门、不同层次的教育法规组成等级有序的纵向关系，表现出一个国家的教育法规由哪些层次的教育法律渊源组成以及各层次之间的从属关系。从我国目前的立法体制看，我国教育法规体系纵向主要有五个层次。

第一个层次：由全国人民代表大会制定的法律——《中华人民共和国教育法》。它是以宪法为依据制定的基本法律，主要规定我国教育的基本性质、地位、任务、基本法律原则和基本教育制度等。《中华人民共和国教育法》是其他教育法规的“母法”，是协调教育部门内部以及与其他社会部门相互关系的基本准则，也是制定教育部门其他法律法规的依据。作为教育领域的基本法律，《中华人民共和国教育法》由全国人民代表大会制定。

第二个层次：由全国人民代表大会常务委员会制定的法律——教育部门法。它主要调整各个教育部门的内外部关系。根据规范内容的不同以及我国的具体国情和实际需要，目前有《中华人民共和国义务教育法》《中华人民共和国职业教育法》《中华人民共和国高等教育法》《中华人民共和国学位条例》《中华人民共和国教师法》《中华人民共和国民办教育促进法》。

第三个层次：由国务院制定的行政法规——教育行政法规。它主要是为实施教育法和各单行法而制定的规范性文件。此外，它解决较为具体的、教育法和单行法未予规范的问题，并有相应的宪法和法律授权，也可由行政法规加以调整。如《国务院关于贯彻实施〈中华人民共和国教师法〉若干问题的通知》。

第四个层次：由省、市、自治区的权力机关及其常务委员会制定的地方性法规、自治条例、单行条例、政府规章——地方性教育法规。其中地方性法规是由省、直辖市和有地方立法权的人民代表大会及其常务委员会为执行国家有关教育的法律、行政法规，根据本行政区域的实际需要而制定的规范性文件，如《湖南省实施〈中华人民共和国义务教育法〉办法》。自治条例、单行条例则是民族自治地方的人民代表大会依照当地民族的政治、经济和文化的特点而制定的规范性文件。政府规章是省、自治区、直辖市和设区的市、自治州的人民政府，依据法律、行政法规和本省、自治区、直辖市的地方性法规制定的规章。地方性法规和自治条例、单行条例、政府规章规范着各地政治、经济和文化等各方面的活动，其中有关教育活动的法律规范是教育法体系的重要组成部分。

第五个层次：由国务院各部、委制定的政府规章——教育规章。政府规章的制定主要依照法律和行政法规，并且可以因实际工作的需要而决定其内容。如由卫生部和教育部共同制定的《托儿所、幼儿园卫生保健管理办法》。此外，省、自治区、直辖市及省、自治区人民政府所在地和经国务院批准的较大的市人民政府根据行政需要而制定的规章，也是这一层次不可缺少的内容。由于各地实际情况的差异，这一层次的法律规范也就因地而异。

这五个层次，连同最根本的宪法渊源，为教育活动提供了系统的行为规则。其中前四个层次为人民法院审理教育行政案件的依据；这五个层次共同构成了教育行政机关进行教育管理活动和教育行政复议的依据。

在我国教育立法过程中，由于立法主体的性质和权限不同，其所制定的教育法的效力和层次也各不相同。立法主体的级别越高。权力越大，其所制定的教育法的效力相应也越大，在教育法体系纵向结构中的地位也越高。各种形式的教育法、法规在这一纵向结构中，相互之间形成等级从属关系，进而形成一个和谐统一的整体。

通过分析立法机关的权力和立法依据，我们可以判定各种形式的教育法在效力上的从属关系（见图 1－1）。

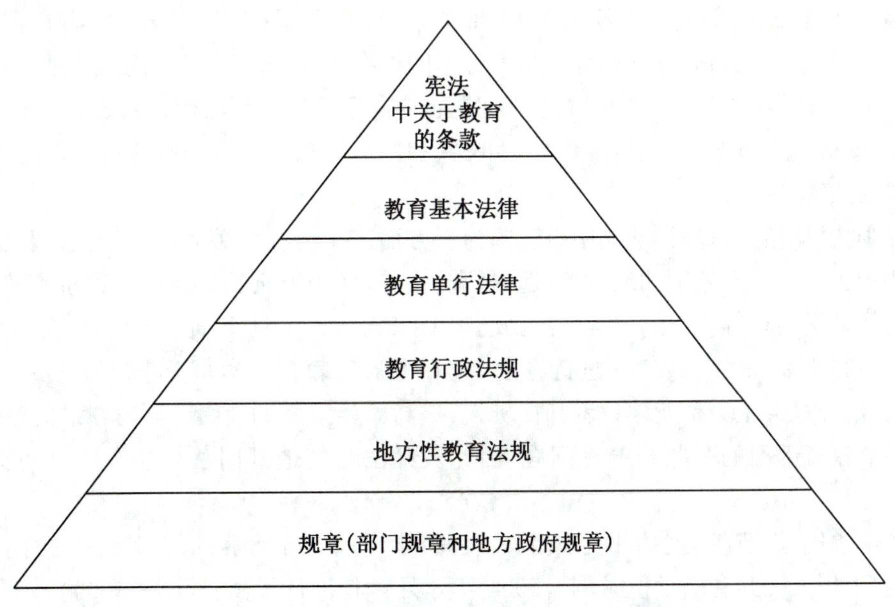

图 1－1　我国教育法体系效力从属关系图

判定教育法的效力等级通常应遵循以下原则：

(1) 下位法服从上位法。一般来说，制定机关的地位越高，其所制定的教育法规范的效力越高。

(2) 后定法优于先定法。当同一机关先后就同一领域的问题制定颁发了两个以上的法律时，后来制定的法律在效力上大于先前制定的法律。

(3) 特别法优于一般法。当同一主体在某一领域既有一般性立法，又有不同于一般性立法的特殊立法时，特殊立法的效力优于一般性立法。

2. 横向分类

横向分类的教育法律、法规体系即由某一国家机关制定的同一层级的属于不同类别的法律、法规。从我国目前颁布的由全国人民代表大会常务委员会制定的单行的教育法律来看，我国教育法律、法规体系的横向分类主要包括：《中华人民共和国义务教育法》《中华人民共和国职业教育法》《中华人民共和国高等教育法》《中华人民共和国教师法》《中华人民共和国学位条例》《中华人民共和国民办教育促进法》等六大部门法律。

义务教育法：调整实施义务教育而产生的各种社会关系的部门法。我国已经颁布施行的《中华人民共和国义务教育法》就是这样的一部单行法，它对九年义务教育中的重要关系和问题进行调整和规范。我国已于 1986 年 4 月 12 日通过了《中华人民共和国义务教育法》，1992 年国务院颁布了《〈中华人民共和国义务教育法〉实施细则》，并于 2006 年 6 月 29 日对《中华人民共和国义务教育法》进行了修订。

职业教育法：以实施职业教育涉及的社会关系为调整对象、范围的部门法。职业教育是国家教育事业的重要组成部分，是促进经济、社会发展和劳动就业的重要途径。在我国，职业教育包括各级各类职业学校教育和各种形式的职业培训。我国已于 1996 年 5 月 15 日通过了《中华人民共和国职业教育法》。

高等教育法：以高等教育部门的内外部关系为调整范围的部门法。我国高等教育通常包括专科教育、本科教育和研究生教育等不同层次，这些都应纳入高等教育法的调整范围。有关学位授予工作中产生的关系及问题也应属于高等教育法调整和规范的范围。我国已于 1998 年 8 月 29 日通过了《中华人民共和国高等教育法》，为高等教育的发展提供了重要的法律依据。

教师法：调整教育教学活动中以教师为一方而产生的社会关系的部门法。我国教师法解决的主要问题有教师的地位、待遇、权利、义务、任职资格、职务评定、评价考核、进修提高以及师资培训等方面的内容。我国已于 1993 年 10 月 31 日通过了《中华人民共和国教师法》，并于 2009 年、2021 年进行修正。教师是履行教育教学职责的专业人员，承担教书育人、培养社会主义事业建设者和接班人、提高民族素质的使命。同时，教师问题往往涉及各个教育部门的一些普遍性问题，因此教师法与其他部门法也会有一定的交叉和重复。

学位条例：规范各类学位授予，促进我国科学专门人才培养的部门法。我国于 1980 年通过《中华人民共和国学位条例》，2004 年 8 月对其进行了修订并公布实施。《中华人民共和国学位条例》规定我国的学位分为学士、硕士、博士三级，明确了各级学位获得的基本要求、学位授予工作、学位论文答辩的负责单位和机构，为各门学科学术水平的提高和教育科学事业的发展提供了保障。

民办教育促进法：调整社会力量办学领域内外部关系的部门法。随着社会的发展，我国的民办教育形成了从幼儿园到高等教育不同层次的民办教育体系。因民办教育与公办教育有着明显的不同，需要制定法律明确民办学校的设置、学校的组织与活动、教师与受教育者、学校资产与管理等方面的内容。2003 年 9 月 1 日起正式施行的《中华人民共和国民办教育促进法》对民办学校的办学设备设施、经费、组织章程、产权关系等一系列重大问题做出了规定，从而也促进了民办教育的法制化发展。新修订的《中华人民共和国民办教育促进法》于 2017 年 9 月 1 日起施行，规定"民办学校的举办者可以自主选择设立非营利性或者营利性民办学校。但是，不得设立实施义务教育的营利性民办学校。非营利性民办学校的举办者不得取得办学收益，学校的办学结余全部用于办学。营利性民办学校的举办者可以取得办学收益，学校的办学结余依照公司法等有关法律、行政法规的规定处理"，明确了民办学校的分类管理。

第二节　学前教育政策与法规概要

一、学前教育政策与法规的内涵

（一）学前教育政策

由于学前教育对象及发展规律的特殊性，学前教育政策是教育政策在学前教育阶段的具体化、有针对性的特殊化。因此，根据学者们的研究，我们认为学前教育政策是指国家、政党或负有教育行政职能的部门在特定时期为实现特定的学前教育目标和任务，有目的、有计划、有组织地协调学前教育关系所规定的具体行动准则。

（二）学前教育法规

学者们认为学前教育法规是国家教育行政机关所制定的关于学前教育的规范性文件总称。根据学者们的研究，我们认为学前教育法规是指国家机关依照法定权限和程序制定的以国家强制力保障实施的有关学前教育方面的规范性文件，既包括由全国人民代表大会及其常务委员会制定的有关学前教育的法律，也包括国务院及其各部门制定的学前教育行政法规、教育行政规章，以及地方性学前教育法规与教育行政规章等。因此，学前教育法规即规范学前教育活动、调整学前教育关系的法律法规的总称。

二、学前教育政策与法规的特点和作用

（一）学前教育政策的特点

1. 国家意志性

学前教育政策是由政党或国家制定的协调学前教育关系的具体行动准则，体现了国家在学前教育方面的意志，规定了特定时期国家的学前教育目标和任务。同时也体现了大多数公民对学前教育的共同愿望和要求。

2. 目的性

任何政策的制定都具有明确的目的性，受到制定主体价值取向的影响。学前教育政

策是为了实现学前教育目的和任务而制定的行动准则，是主观意识和能动性的产物，具有明确的目的性。因此，明确的目的性是学前教育政策的基本特征。

3. 系统性

学前教育政策既是一般政策体系中的有机组成部分，同时自身又组成了一个相对独立的体系。横向来看，学前教育政策的系统性包括了两个大的方面：一是表现在它与其他公共政策有密切的联系，它们之间相互支持、相互制约，组成了社会发展的整体政策；二是从教育内部来看，学前教育政策也是一个结构严谨的体系。纵向来看，学前教育政策的系统性也包括了两个大的方面：一是中央学前教育政策与地方学前教育政策及其相互关系；二是学前教育政策在时间历史链中，连接过去、现在和未来。

4. 时限性

学前教育政策在一定时期内具有相对的稳定性，但并非固定不变。学前教育政策会随着社会的进步和发展、学前教育内部和外部多种因素的改变而发生变化，以满足和适应学前教育事业发展和社会进步的需要。因而，学前教育政策具有一定的时限性。

（二）学前教育法规的特点

1. 强制性

学前教育法规是由国家机关依照法定权限和程序制定的以国家强制力保障实施的有关学前教育方面的规范性文件。学前教育法规体现着国家意志，并以国家强制力保障实施。因而，学前教育法规具有强制性，即所有组织和个人都必须严格遵守，如果违反了相关规定，都必须承担相应的法律责任。

2. 调整对象的特定性

学前教育法规有特定的调整对象即学前教育关系，也就是学前教育活动过程中各主体之间形成的关系。学前教育法规规定了各学前教育活动主体之间的权利和义务，对各种学前教育关系进行规范和约束，实现对学前教育关系的调整。具体而言，学前教育法规主体包括学前教育外部关系和学前教育内部关系。外部关系是指学前教育活动主体与各级政府及其职能部门、家庭、其他社会团体或组织等之间形成的教育社会关系；学前教育内部关系，即学前教育活动主体之间形成的教育关系，例如：幼儿园与教职工的关系、教职工与教职工的关系、教职工与幼儿的关系、幼儿园与家长的关系等。

3. 规范性

学前教育法规是国家机关依照法定程序以规范性文本形式对学前教育各主体权利和义务做出规定的行为准则。首先，其具有形式上的程序性和正式性。学前教育法规是通过法定程序制定的，如不符合制定和修改程序的法规将被视为不合法，不具有执行力。其次，其具有内容上的合理性和可行性。学前教育法规内容完整、严谨，且具有可行性和可操作性。

4. 内容的相对稳定性

学前教育法规的内容涉及教育行政管理活动、幼儿园管理活动、教育教学活动以及由这些活动所引起的各种教育关系。学前教育活动和关系具有一定的稳定性，因而学前教育法规所规范和调整的主体之间的权利义务关系也较为稳定。与此同时，学前教育关系也是变化的、发展的，从而使不同时期学前教育法规内容有所变化和发展。所以，学前教育法规要反映学前教育关系的发展性和变化性，其内容方面呈现相对稳定性。

（三）学前教育政策与法规的作用

学前教育在人的发展中具有重要的基础性作用。因而，学前教育政策与法规对于规范幼儿园、幼儿教师、家长、社会及幼儿园教育活动具有重要的作用。具体而言，学前教育政策与法规的作用主要体现在以下几方面。

1. 保障作用

学前教育政策与法规保障学前教育关系各主体的权利与义务。例如，《幼儿园教育指导纲要（试行）》第五条规定："幼儿园教育应尊重幼儿的人格和权利，尊重幼儿身心发展的规律和学习特点，以游戏为基本活动，保教并重，关注个别差异，促进每个幼儿富有个性的发展。"《幼儿园工作规程》同样强调"实施德、智、体、美等方面全面发展的教育，促进幼儿身心和谐发展"。这些规定均体现出对幼儿参与教育教学活动，尊重幼儿学习权，促进幼儿全面发展的保障功能。

2. 规范作用

学前教育政策与法规对教育行政部门、幼儿园、教职工、家长等各主体的行为做出了明确的规定，即教育关系主体可以怎样行为、不可以怎样行为等。例如，《幼儿园工作规程》第十八条、十九条、二十条规定，幼儿园应当"制定合理的幼儿一日生活作息制度、幼儿健康检查制度和幼儿健康卡或档案、卫生消毒、晨检、午检制度和病儿隔离制度、传染病预防和管理制度、患病幼儿用药的委托交接制度"；同时强调"未经监护人委托或者同意，幼儿园不得给幼儿用药。幼儿园应当妥善管理药品，保证幼儿用药安全。幼儿园内禁止吸烟、饮酒"。这些规定进一步明确了幼儿园的卫生保健制度。

3. 协调作用

协调作用是指在社会发展过程中能起到协调和平衡各种教育关系的作用。学前教育政策与法规的协调功能既表现在可以协调学前教育领域各主体之间的活动和关系，同时还可以协调学前教育与初等教育、中等教育、高等教育之间的相互关系和结构。例如，2018 年 7 月 4 日教育部办公厅发布《关于开展幼儿园"小学化"专项治理工作的通知》（教基厅函〔2018〕57 号），文件指出，一些幼儿园违背幼儿身心发展规律和认知特点，提前教授小学内容、强化知识技能训练，"小学化"倾向比较严重，这不仅剥夺了幼儿童年的快乐，更挫伤了幼儿的学习兴趣，影响幼儿身心健康发展。文件尤其指出，对于小学起始年级未按国家课标规定实施零起点教学、压缩课时、超前超标教学，以及在招生入学中面向幼儿组织小学内容的知识能力测试，或以幼儿参加有关竞赛成绩及证书作为招生依据的，要坚决纠正，并视具体情节追究校长和有关教师的责任，纳入规范办学诚信记录。可见学前教育政策与法规可以协调学前教育和初等教育等之间的关系。

4. 评价作用

学前教育政策与法规对于评价幼儿园办园质量、幼儿生活质量、幼儿教师教育行为等方面提供了标准。幼儿园的所有教育活动都要符合学前教育政策与法规的相关规定。学前教育政策与法规的评价作用体现在：一方面，学前教育政策法规对办园、管理和评估等评价具有客观性。它明确规定了哪些是可以做的，哪些是不可以做的，这些标准是对所有人和所有机关均适用的。例如，《幼儿园管理条例》是我国举办、管理和评估幼儿园的基本依据，它明确规定了幼儿园的任务、管理体制和原则，举办幼儿园的条件、保教工作的目标和原则，以及法律责任和执法、监督等，因而它是任何个人、机关团体办园的一个评价标准，不会因人而异。另一方面，学前教育政策与法规是对幼儿教育工作者的教育行为以及教育质量进行评价的依据。教师、保育工作者的教育行为要符合《幼儿园工作规程》《幼儿园管理条例》《幼儿园教育指导纲要（试行）》等的有关规定。如《幼儿园教育指导纲要（试行）》第四部分专门对幼儿园教育工作评价的相关理念、细则、标准等作了全方位的阐述。

【案例讨论】

某幼儿园由于市政建设需要，被列为拆迁单位。幼儿园在施工期间有三年的周转期，需要另觅园舍。按照拆迁合同，负责拆迁工程的某房地产开发公司应提供房作为周转园舍。经幼儿园方面实地考察，房地产开发公司提供的几处周转房均不合适幼儿园使用。幼儿园园长认为，幼儿园园舍、场地必须符合办园要求，这是法律规定的，所以必须要有适合的办园场地，幼儿园才能搬迁。房地产开发公司则认为，幼儿园的做法妨碍了市政建设工程的进度。一时，双方争执不下，都向各自的主管部门和其他有关部门反映情况，寻求支持。相关部门对此也有不同的看法。有的人支持幼儿园的主张，有的人认为幼儿园过于挑剔，应一切为市政建设的需要着想。最后，幼儿园方面以《幼儿园管理条例》和《幼儿园工作规程》的有关规定为依据，争取到了行政部门的支持，获得了由房地产开发公司提供的较为理想的周转房。

评析：学前教育是我国学校教育和终身教育的奠基阶段，在整个教育体系中有着极其特殊的地位和作用。因此，学前教育政策法规作为教育政策法规的组成部分，它的贯彻实施对于促进社会主义教育事业的发展，尤其是基础教育事业的发展，提高全民族的素质，为社会主义现代化建设培养合格人才以及推进学前教育管理的科学化、规范化和法制化具有重要的意义和价值。

上述案例中，园方依据《幼儿园管理条例》中第二章举办幼儿园的基本条件和审批程序有关幼儿园的办园要求的第七条、第八条都有相关规定；以及《幼儿园工作规程》中第六章幼儿园的园舍、设备有关设置要求的第三十四条、第三十五条和第三十七条都有明确相关规定，园方最后获得了较为理想的办园周转房。

三、学前教育中的法律责任

（一）教育法律责任

1. 教育法律责任的内涵

教育法律责任是指行为人违反教育法律规范的行为所引起的，应当由其依法承担的惩罚性的法律后果。由于行为人违反教育法律规范的程度不同，其所应该承担的教育法律责任在程度和性质上也会有所不同。

2. 教育法律责任的类型

根据违法主体的法律地位、违法行为的性质和危害程度，通常将教育法律责任分为教育行政法律责任、教育民事法律责任和教育刑事法律责任三种。

（1）教育行政法律责任

教育行政法律责任是指教育法律关系主体违反教育行政法律规范所引起的法律后果。它包括两种责任承担方式，即教育行政处罚与教育行政处分。

教育行政处罚是指教育行政机关对违反教育法律规范的组织或个人实施的制裁行为，属于外部行政行为。教育法涉及的行政处罚有以下几种：① 警告；② 罚款；③ 没收违法所得，没收违法颁发、印制的学历证书、学位证书及其他学业证书；④ 撤销违法举办的学校和其他教育机构；⑤ 取消颁发学历、学位和其他学业证书的资格；⑥ 撤销教师资格；⑦ 停考、停止申请认定资格；⑧ 责令停止招生；⑨ 吊销办学许可证；⑩ 法律、法规规定的其他教育行政处罚。

教育行政处分是指教育行政机关和企事业单位对其所属人员违反教育法律规范和组织纪律所实施的制裁行为，属于内部行政行为。行政处分有时也称“纪律处分”，有以下几种：① 警告；② 记过；③ 记大过；④ 降级；⑤ 降职；⑥ 撤职；⑦ 留用察看；⑧ 开除。

（2）教育民事法律责任

教育民事法律责任是指教育法律关系主体侵犯他人的民事权利，包括财产权、债权、知识产权、人身权等，应承担的法律后果。教育民事法律责任主要是一种财产责任，承担方式为赔偿损失。

（3）教育刑事法律责任

教育刑事法律责任是指教育法律关系主体因违反刑法、构成犯罪所导致的法律责任。在《中华人民共和国教育法》《中华人民共和国义务教育法》《中华人民共和国义务教育法实施细则》《中华人民共和国教师法》等教育法律法规中，对需要承担刑事法律责任的情况都有明确的规定。

一般说来，教育刑事法律责任包括：① 侵占、克扣、挪用教育经费或义务教育经费的；② 扰乱学校教学秩序，情节严重的；③ 侵占或者破坏学校校舍、场地和设备情节严重的；④ 侮辱、殴打教师、学生情节严重的；⑤ 体罚学生情节严重的；⑥ 玩忽职守致使校舍倒塌，造成师生伤亡事故情节严重的；⑦ 招生中徇私舞弊的。

3. 教育法律责任的构成要件

归责是指法律责任的归结，解决的是法律责任应该由谁来承担的问题。教育法律关系主体具备以下四个构成要件，才被认为是教育法律责任主体，才应该承担相应的法律后果。

（1）有损害事实

损害事实是认定法律责任的必备条件，只有行为人的行为导致了损害事实，才能依法追究其法律责任。

违法对社会所造成的损害，有两种情况：一种是造成了实际的损害，如体罚学生致学生身体受到伤害；另一种是虽未实际造成损害，但已存在这种可能性，如有关部门明知学校房屋有倒塌的危险，却拒不拨款维修。

违法行为造成的损害后果，表现为物质性的后果和非物质性的后果。物质性的后果具体、有形、能够计量。如挪用学校建设经费，其数额可以计算。非物质性的后果抽象、无形、难以计量。如教师侮辱学生，造成学生精神上、心理上长期的伤害，则无法计量。

(2) 有违法行为

教育法律责任中违法行为是指行为人的行为违反了教育法律规范的要求，构成违法。这种违法行为可以是积极的作为，如考试作弊，殴打、侮辱教师，侵占学校财产；也可以是消极不作为。如不及时维修危房、拖欠教师的工资等。

(3) 行为人主观上有过错

主观过错是指行为人实施违法或违约行为时具有的主观故意或过失的心理状态。这一要素是过错责任中的重要判定标准，但不适用于无过错责任。所谓故意的心理状态，是指行为人明知自己的行为会发生危害社会的结果，但仍放任这种结果的发生。例如，招生办公室主任收受贿赂后，有意招收分数低的学生，不招收分数高的学生，致使分数高的学生落榜。所谓过失的心理状态，是指行为人本应避免危害的发生，但由于疏忽大意或者过于自信而没有避免，以致产生危害结果。例如，教师教育方式不当，在对学生进行人格侮辱后，学生因不堪忍受而自杀。该教师的行为有过失的因素。

(4) 违法行为与损害事实之间有因果关系

违法行为是导致损害事实发生的原因，损害事实是违法行为造成的必然结果，二者之间存在着内在的必然联系。因果关系是教育法律责任认定中的另一个重要要件。

4. 教育法律责任的归责原则

(1) 过错责任原则

过错责任原则是指只有在有过错并且造成了损害的前提下，行为人才需要承担法律责任。即有过错才有责任，无过错则无责任。

(2) 过错推定原则

过错推定原则是指基于损害事实先认定加害人有过错，若加害人不能证明损害事实与自己无因果联系，则应承担法律责任的规则原则。

(3) 无过错责任原则

无过错责任原则指当事人行为导致损害结果时，虽然主观上无过错，但根据法律规定依然需要承担法律责任的归责原则，即有损害则有责任。

(4) 公平责任原则

公平责任原则即双方当事人对损害结果均无过错，又不适用无过错原则，且法律没有特别规定的责任，为了弥补受害人的损失，出于公平的考虑，由当事人公平合理分担赔偿责任的一种归责原则。

(5) 补充过错责任原则

补充过错责任原则是指当多方对损害结果皆有责任，主要责任人不足以承担全部赔偿责任时，则先由主要责任人尽力承担赔偿责任，不足部分由补充责任人承担的原则。

【案例讨论】

小太阳幼儿园位于一小区内，小区内的很多居民为了方便，都把小孩送进小太阳幼儿园。幼儿园外面，小区物业配置了不少健身器材，有成人的也有小孩的。红红就住在这个小区内，并在小太阳幼儿园上学。每天放学后，妈妈把红红从幼儿园接回家。由于路途很近，几分钟就可以到家，所以红红经常会在离开幼儿园后，到小区的健身区里去玩。这一天放学后，妈妈带着红红去玩滑滑梯，第三次滑下后，红红就跑向有秋千的地方去，不巧地上有个坑，红红一脚踏在坑里摔倒了，造成右腿骨骨折，花去医疗费 3 万余元。红红父母向物业提出赔偿要求未果，就一纸诉状将小区的物业公司及其上级公司告上了法院，要求赔偿各项损失 5 万余元。

评析：上述案例是一起幼儿园外的幼儿伤害事故，纠纷发生在家庭与小区物业之间。由于伤害事件发生在放学之后，又在幼儿园之外，所以与幼儿园没有任何关系。

《物业管理条例》规定，物业公司对物业区域内存在的安全隐患负有及时消除的义务。健身区的坑洞已经存在一段时间，物业公司却未采取能够预防或消除危险的必要措施，导致红红摔倒受伤，故物业公司应承担相应的赔偿责任。

幼儿是在妈妈的带领下，在健身区玩耍的，妈妈是监护人，这一事件与妈妈的看护不当有直接关系。所以，监护人也应承担相应的责任。

（二）学前教育法律责任

1. 学前教育法律责任的类别与形式

（1）幼儿园及其教职工违法行为的法律责任

① 幼儿园设立与招生过程中的违法行为

在幼儿园的设立上，《中华人民共和国教育法》与《幼儿园管理条例》规定，我国实行幼儿园登记注册制度，任何单位和个人不得未经允许擅自举办幼儿教育机构、招收幼儿入学，否则教育行政部门可以根据违法程度，对其实施行政处罚，包括限期整顿、停止招生、停止办园等。此外，针对民办幼儿园，《民办教育促进法》规定，有以下四种行为时，审批机关或其他有关部门可以给予行政处罚；有违法所得的，退还后没收违法所得；构成犯罪时，应依法追究刑事责任。主要包括如下：

其一，擅自分立、合并民办学校，改变民办学校名称、层次、类别和举办者的。

其二，发布虚假招生简章或广告，骗取钱财的。

其三，提交虚假证明文件者或采取其他欺诈手段隐瞒重要事实骗取办学许可证的。

其四，伪造、变造、买卖、出租、出借办学许可证的。

② 幼儿园收费、经费管理与使用中的违法行为

由于学前教育属于非义务教育，幼儿园可以向入园幼儿收取保育教育费，但收费应当公开、透明，收费项目、标准、额度，都应向家长、向社会公示，不得收取与幼儿入园相挂钩的赞助费。幼儿园未按规定收费的，教育行政部门可以责令其归还费用，并依法追究直接

负责的主管人员和其他责任人员的行政责任。在经费使用和管理上,《中华人民共和国教育法》规定,学校或其他教育机构有自主管理、使用本单位教育经费的权利,但必须依法使用,不得滥用。

民办幼儿园不得随意终止办学、抽逃资金,并且应当将所收取的费用主要用于教育教学活动和改善办学条件。

③ 幼儿园在保育和教育活动中的违法行为

我国幼儿园的基本任务是做好幼儿的保育和教育工作,促进幼儿德、智、体全面发展。在保育和教育工作中,应当遵循幼儿身心发展规律,尊重、爱护幼儿。具体来说,幼儿园保育和教育工作中可能出现违法行为而需承担法律责任的内容主要涉及教育教学、卫生保健和安全教育这三个方面。

其一,在教育教学上,幼儿园的教育内容、方法不能损害幼儿身心健康。通常,由于教师心理卫生保健意识不强,在教育活动中,在很多时候伤害了幼儿的心理并且没有觉察到那是一种伤害。另外,教师在选择教育内容时,一定要考虑到它对所有幼儿的影响,不能因其促进绝大多数幼儿心理健康发展,就可以伤害其他少数的幼儿。还有,教师在选择教学内容及其难度时,除了要考虑它是否符合有关的教学原则,还要考虑它对每个幼儿心理健康的影响。

其二,在卫生保健上,《托儿所幼儿园卫生保健管理办法》规定,幼儿园存在以下行为的,卫生和教育行政部门可以责令整改并依法给予行政处罚:第一,未配备合格的卫生保健室以及保健人员;第二,未对聘用人员进行健康检查或聘用健康检查不合格的人员,如有传染病、精神病或精神病史、吸毒或吸毒记录者;第三,未组织工作人员进行定期健康检查;招收健康检查不合格的幼儿入园或未对入园幼儿进行健康检查。

其三,在安全教育上,幼儿园应当对幼儿进行必要的安全教育,包括:组织幼儿进行教育教学或校内外其他活动前的安全教育;对幼儿的危险性行为进行及时的管理、告诫和组织;对幼儿进行必要的用水、用电、交通安全教育和安全防范教育等。

④ 幼儿园园舍、教育教学设施不符合安全标准

为了保障幼儿在园活动的安全,幼儿园所有的园舍、设施、教具、玩具都应当符合国家安全标准和卫生标准,幼儿园需定期检查园内建筑物、场地、安全设施及其他设施,及时维修或更换存在安全隐患的房舍与各类设施。

具体来说,幼儿园园舍、设施设置违法主要包括以下五种情况:

其一,幼儿园的建筑物、场地、游戏设施、安全设施、生活设施、卫生设施、交通工具及其他幼儿园提供给幼儿的教具、学具、玩具等不符合国家安全与卫生标准,或存在安全隐患的;

其二,幼儿园的安全保卫、消防、设施设备等安全管理制度有明显疏漏或管理混乱而未及时采取措施的;

其三,明知园舍、设施等存在安全隐患而不及时采取措施的;

其四,发生安全事故后,未采取必要措施导致不良后果加剧的;

其五,拒绝或不配合有关部门对幼儿园依法实施安全监督管理职责,隐瞒重大安全事

故、妨碍事故调查或提供虚假情报的。

(2) 国家行政机关及其工作人员违法行为的法律责任

① 幼儿园审批中的违法行为

《幼儿园管理条例》规定，我国幼儿园举办、变更、停办的审批权归当地人民政府所有：城市幼儿园由所在区或不设区的市人民政府教育行政部门审核登记；农村幼儿园则由所在乡、镇人民政府审核登记，教育行政部门备案。

针对民办幼儿园的审批，《民办教育促进法》中规定了三种主要的审批违法行为：

其一，已受理申请而逾期不答复的；

其二，批准不符合要求的申请；

其三，在审批过程中违反规定收取不当费用的。

② 教育经费管理中的违法行为

国家行政部门对幼儿园教育经费的管理，应当区分获得国家财政性经费支持的幼儿园和未获得国家财政性经费支持的幼儿园。对于使用国家财政性经费的公办幼儿园和部分普惠性民办幼儿园，其主要或部分办学经费由地方人民政府按照财政预算按时拨付和监督管理；对于使用非财政性经费举办的民办幼儿园，其经费和资产由学校依法管理使用，行政部门不得侵占，但要对其经费使用和管理依法进行监督。

根据《中华人民共和国教育法》《中华人民共和国教师法》和《幼儿园管理条例》，对下列四种经费管理违法行为，由上级机关或同级人民政府依法对直接负责的主管人员和其他直接责任人员给予行政处分，并责令限期拨付、归还经费，构成犯罪的，依法追究刑事责任：

其一，不按照预算核拨教育经费的；

其二，挪用、克扣幼儿园经费的；

其三，违反规定向幼儿园收取费用的；

其四，拖欠教师工资的。

③ 对幼儿园进行管理和监督中的违法行为

行政机关对幼儿园的监督管理主要涉及三方面的内容：保育和教育工作、教师资格与培训、安全与卫生保健。

在保教与师资培训方面，无论是公办幼儿园还是民办幼儿园，教育行政部门都要对幼儿园的保育、教育工作和教师培训工作进行指导；针对民办幼儿园，教育行政部门可以委托中介机构对其质量进行评估指导，保证和提高民办幼儿园办学质量。在安全与卫生保健方面，教育行政部门除了自己要指导、监督和掌握幼儿园安全状况，还要协调教育督导、公安、卫生、建设、质量技术、文化、新闻出版和工商部门对学校卫生、防疫、用水、食堂、校园保卫、消防安全、周边治安等依法进行监督管理。

行政机关及其工作人员不依法履行学校安全监督与管理职责导致严重后果的，或者在管理工作中徇私舞弊、滥用职权的，由上级机关依法对直接主管人员和其他责任人员给予行政处分，构成犯罪的，依法追究刑事责任。

(3) 幼儿及其监护人违法行为的法律责任

① 幼儿及其监护人因自身原因导致幼儿本人受损的法律责任

幼儿及其监护人因自身原因导致幼儿人身财产受到伤害的主要有两种情况：幼儿监护人已知幼儿患有特殊疾病或具有特异体质，但并未告知幼儿园的；幼儿监护人知道或已被幼儿园告知幼儿身体、行为或精神有异常情况，但未尽到相应监护职责的。

幼儿园主要招收3—6岁的幼儿，属于法律上的完全无民事行为能力人，不具备民事责任能力，无法承担法律责任。因此，对于由于幼儿及其监护人自身原因造成幼儿自己受到伤害的，由监护人承担损失；幼儿园可以根据实际情况，对受害者给予一定的帮助。

② 幼儿及其监护人因自身原因导致他人损害的法律责任

幼儿及其监护人因自身原因导致他人损害的情况主要包括：学生违反法律法规、公共行为准则或学校规章制度、纪律，实施了按其年龄和认知能力应当知道具有危险或可能危及他人的行为；学生行为具有危险性，学校和老师已经告诫、管教和制止，但学生不听劝阻，拒不改正的。

幼儿生理与心理发展均不成熟，不能完全控制自己的行为并预测行为的结果。因此，当幼儿的行为给他人造成损害时，不负刑事责任；其民事赔偿责任则由监护人承担，监护人履行了监护职责的，可以相应减轻监护人责任。

(4) 其他社会组织或个人违法行为的法律责任

① 扰乱、破坏幼儿园正常工作和教学秩序的法律责任

《中华人民共和国教育法》《幼儿园管理条例》《中小学幼儿园安全管理办法》《中华人民共和国未成年人保护法》等都明确规定任何单位、组织或个人不得干扰幼儿园正常工作秩序。

干扰幼儿园正常工作秩序的行为主要包括：在幼儿园内结伙斗殴、寻衅滋事；围堵幼儿园；侮辱、殴打幼儿园教职工；威胁、侵害幼儿园幼儿人身、生命安全等。对于任何企事业单位、团体或个人干扰、破坏幼儿园正常工作秩序的行为：情节较轻的，由教育行政部门对直接责任人员给予警告、罚款等行政处罚；违反治安管理条例的，由公安部门追责；造成幼儿园财产损失的，承担民事赔偿责任；构成犯罪的，由司法部门依法追究刑事责任。

② 侵占、破坏幼儿园设施、财产的法律责任

侵占幼儿园设施、财产是指以侵吞、窃取、骗取、强占等手段非法占有幼儿园园舍、设备或经费的行为；破坏幼儿园设施、财产是指以暴力手段非法改变幼儿园设施的使用形式，损害、毁坏幼儿园的园舍、设施和幼儿园其他财产的行为。

《幼儿园管理条例》第二十五条规定，“任何单位和个人，不得侵占和破坏幼儿园园舍和设施”。根据《教育法》第七十二条，侵占和破坏学校校舍、场地及其他财产的，应依法追究民事责任。

③ 危害幼儿园周边环境的法律责任

《幼儿园管理条例》中规定，幼儿园应当设置在安全的区域内。

具体来说，社会组织和个人危害幼儿园周边环境的行为主要包括如下：

其一，在学校周边设置、经营不适宜未成年人活动的场所；

其二，在学校周边设置有危险、有污染或影响幼儿园采光的建设和设施；

其三，在学校周边经营不合格或非法的文化、餐饮等营业场所。

2. 学前教育法律责任的归责原则

(1)幼儿园承担责任的原则

① 过错推定原则

根据《侵权责任法》相关规定，无民事行为能力人在幼儿园或其他教育机构学习生活期间受到损害的，幼儿园或其他教育机构不能举证证明已经尽到教育、管理职责的，都要承担责任。这意味着：第一，幼儿园发生安全事故，推定幼儿园有过错，园方承担赔偿责任；第二，举证责任倒置，即由幼儿园提出证据证明自己不存在过错。幼儿园能够证明自己无过错，则无须承担责任；如果无法举证，则要承担责任。

判断幼儿园是否尽到教育、管理职责的依据主要来源于我国现行教育和学前教育法律法规，主要包括以下几个方面：

第一，幼儿园建筑、场地、设施设备、教玩具、食品、药品等是否符合国家安全标准；

第二，幼儿园是否建立了健全的安全检查与管理制度；

第三，幼儿园是否有健全的门卫保卫制度；

第四，幼儿园是否进行了充分的安全教育；

第五，幼儿园教职人员是否持有从业资格证书，是否在履行职务过程中遵守法律和职业规范，是否尽到了充分的注意义务；

第六，幼儿园是否建立了突发意外事件的应急预案；

第七，寄宿制幼儿园是否建立了午休、夜间巡查、值班制度等。

② 补充过错责任原则

根据《侵权责任法》规定，幼儿在幼儿园或其他教育机构学习、生活期间受到校外第三方侵害时，幼儿园未尽到管理职责，承担相应的补充责任。

该条包含三层含义：首先，幼儿园未尽管理职责时，需承担责任；其次，幼儿园承担证明自己尽到管理职责的举证责任；最后，幼儿园只承担补充责任。

③ 幼儿园免责条件

《侵权责任法》第三章规定了在以下两种情况下，幼儿园无过错，可以免除侵权责任：其一，损害原因是第三人造成的；其二，因不可抗力造成损害的。

不可抗力因素即幼儿园不能预见、不能避免和不可控制的意外事件，如地震、洪水、台风等。此外，《学生伤害事故处理办法》第十三条规定，学生擅自离校期间或上学、放学路上等幼儿园工作时间以外发生的事故或者幼儿园管理职责范围外的事故中，幼儿园无过错的，不承担法律责任。

(2) 监护人承担责任原则

① 无过错责任原则

无过错责任原则即当幼儿的行为造成了他人的损害结果时，无论幼儿监护人是否有错过，都要承担侵权责任。无过错责任原则的内涵包括两个层次：第一，在监护人是否应该承担责任问题上，该原则规定监护人有无过错都要承担责任；第二，在监护人应该承担多少责任问题上，该原则规定善尽监护职责的监护人，可以减轻侵权责任。

需要注意的是，由全国人大常委会法制工作委员会主编的《侵权责任法释义》指出，适用无过错责任原则的事故中，若受害人有过错，可以适当减轻行为人的侵权责任。

② 公平责任原则

无民事行为能力人造成他人损害，监护人尽到了监护职责时，"可以根据实际情况由监护人分担损失"。公平分担适用于受害人和行为人对损害的发生均不存在过错的情况，如果一方或双方存在过错，则不适用公平责任原则。

(3) 第三方责任原则

当幼儿园侵权事故中出现幼儿园及其教职工、幼儿监护人以外的第三方侵权主体时，判定第三方责任应主要遵循过错责任原则。

【案例讨论】

某幼儿园组织小朋友到游乐场秋游，在乘坐游园小火车时，乐乐小朋友突然从座位上站了起来，兴高采烈地去摸轨道边的树叶。结果小火车转弯时，乐乐一下子就摔倒了，扭伤了颈椎，身上多处擦伤、挫伤，当场大哭起来。

事故发生后，乐乐的家长向幼儿园提出损害索赔。幼儿园认为，应该找游乐场，因为造成这起伤害事故的直接原因是乐乐坐上小火车后安全带没有扣紧，而游乐场的管理人员在小火车出发之前没有检查出这一漏洞，导致乐乐在小火车行进时突然站立而酿成事故，所以，应该是游乐场承担责任。游乐场则声称，乐乐是在乘搭小火车过程中自己解开安全带的，幼儿园作为本次活动的组织者，负有安全教育不到位和照料不周全的责任，应由幼儿园承担赔偿责任。

幼儿园、游乐场，到底谁该对本次事故承担赔偿责任？该承担多少？

评析：上述案例是关于幼儿在参加幼儿园组织的秋游中发生伤害事故法律责任的认定问题。根据《学生伤害事故处理办法》第十一条规定："学校安排学生参加活动，因提供场地、设备、交通工具、食品及其他消费与服务的经营者，或者学校以外的活动组织者的过错造成的学生伤害事故，有过错的当事人应当依法承担相应的责任。"本案中，如果游乐场和幼儿园都认真、全面履行了相关安全措施，监督、检查措施到位，而幼儿不听话，自己动手解开了安全带，则需要自己承担责任，但是，经调查发现，乐乐是由于安全带没有扣紧，才可能在小火车行进中站起来的。在这起幼儿伤害事故中，游乐场的管理不善、工作人员执行安全检查时的疏忽，是造成幼儿受伤的直接原因，应负主要责任。

同时，根据《学生伤害事故处理办法》第九条第(四)项规定，"学校组织学生参加教育教学活动或者校外活动，未对学生进行相应的安全教育，并未在可预见的范围内采取必要的安全措施的"，要承担相应的责任。调查发现，幼儿教师在幼儿坐小火车之前没有提醒幼儿要扣紧安全带，以及火车开动时不能乱动，有疏于安全教育的责任，所以，幼儿园要对事故负次要责任。

作为幼儿家长，可以与幼儿园和游乐场就伤害赔偿问题协商解决；协商不成的，可请求教育行政部门进行调解。调解无效，家长可直接向法院起诉。赔偿数额应根据《最高人民法院关于审理人身损害赔偿案件适用法律若干问题的解释》处理。

相关建议：

1. 幼儿园应为幼儿选择安全的活动场所，安排安全的、符合幼儿年龄特点的、有益的活动。

2. 本着“安全第一”的原则，增强教师的安全责任意识，加强对幼儿的安全教育和自我保护教育。

3. 建议出游前为幼儿购买相应的旅游、交通、意外等保险，分摊意外事故损失。

4. 家长要关心幼儿园教育活动内容的安排，在幼儿园组织秋游活动前，教育、提醒幼儿遵守各种游乐规则。

第三节　我国学前教育政策与法规的历史沿革与发展

一、我国学前教育政策与法规的历史沿革

（一）《钦定学堂章程》

1902年清政府颁布《钦定学堂章程》（见图1－2），其中包括《蒙学堂章程》。从该章程所设学校的级别来看，蒙学堂应属学前教育。此学制虽经颁布，但并未实施。因此，学前教育制度的真正确立当以此后公布的“癸卯学制”为准。

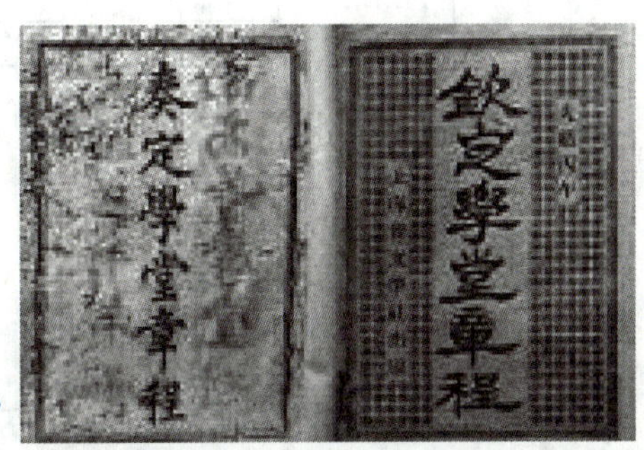

图1－2　《钦定学堂章程》

（二）《奏定蒙养院章程及家庭教育法章程》

1904年清政府正式颁布并施行“癸卯学制”，它的颁布结束了中国几千年来办教育无章程、学校无体系的状态，确立了中国现代学制的基本模式和框架，奠定了我国现代学制的第一块基石。“癸卯学制”确定了更为详备的近代学制系统，其中包括了蒙养院制度，在这种情况下，我国的近代学前教育才开始产生并逐步发展起来。

1904年颁布实施的《奏定学堂章程》规定，自蒙养院至通儒院共有三段七级学堂：第一阶段为初等教育，包括蒙养院、初等小学堂、高等小学堂；第二阶段为中等教育；第三阶段为高等教育（见图1－3）。其中专门制定了有关学前教育的《奏定蒙养院章程及家庭教育法章程》（以下简称《章程》）。这是近代学前教育的第一个法规，它的颁布和实施标志着学前教育进入了一个新的发展阶段。《章程》共分四章，分别为：第一章“蒙养家教合一”，

第二章“保育教导要旨及条目”，第三章“屋场图书器具”及第四章“管理人事务”。

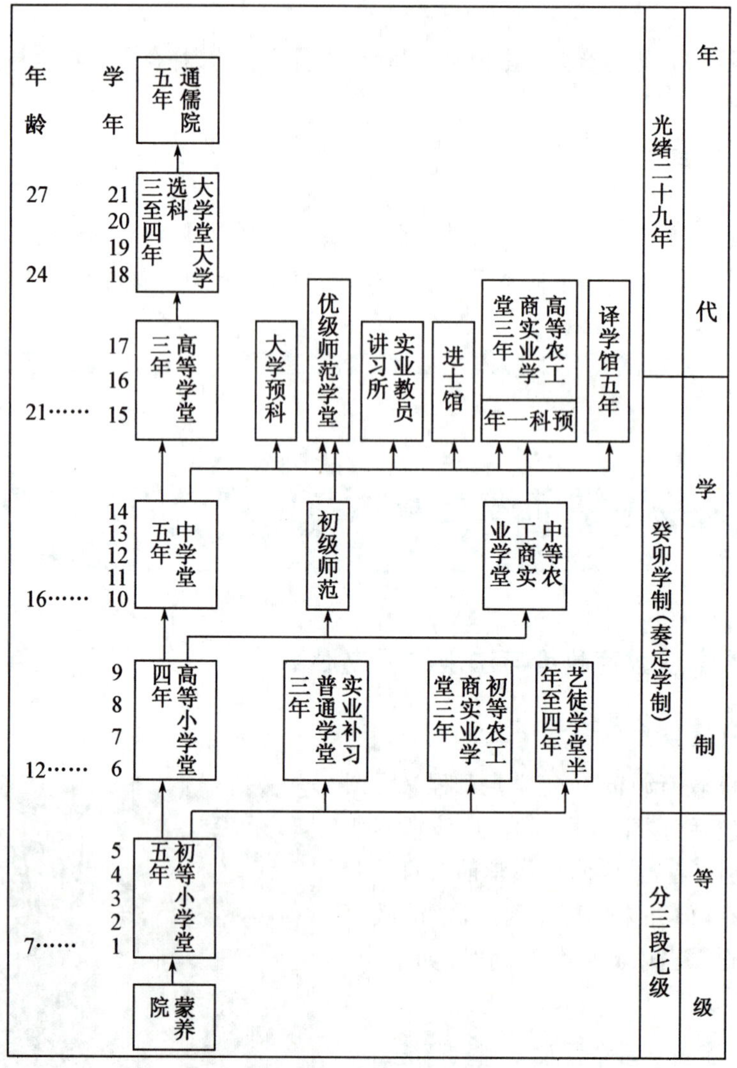

图 1-3 “癸卯学制”系统图

《章程》中有不少地方借用了资产阶级教育的形式，但仍然保留了封建主义的实质，这是当时半殖民地半封建社会特点的反映。蒙养院不单独开设，而是附设在育婴堂和敬节堂内，其教育性质和学制的地位都未确定。蒙养院制度的确立顺应了我国当时工业化大生产的需求，实现了我国学前社会教育零的突破，也标志着中国学前教育向社会化发展迈出了关键的一步。

(三)《奏定女子师范学堂章程》

1907 年清政府对“癸卯学制”进行了修订和补充，并颁布了《奏定女子师范学堂章程》。该章程写明“允许开办女子小学堂、女子师范学堂”。女子师范学堂制度的确立，引发了兴女学的热潮，也有利于学前教育师资的培养。

（四）《壬子·癸丑学制》与蒙养园制度的建立

1912年，在蔡元培的主持下制定并颁布了“壬子学制”，次年修订并重新颁行后称为《壬子·癸丑学制》。作为辛亥革命的产物，这一学制体现了资产阶级对教育改革的要求，是中国建立的第一个真正意义上的资产阶级学制，对学前教育的近代化起了重要的推动作用。

《壬子·癸丑学制》将“蒙养院”改为“蒙养园”。蒙养园是新学制体系上的教育机构，收未满6岁的儿童，但不占学制年限，并未单独成为学制系统中的一级。它是其他教育机构的附属部分，附设在小学和女子师范学校、女子高等师范学校内。在颁布的《师范学校令》和《师范学校规程》中规定，女子师范学校和女子高等师范学校应附设蒙养园，并设立保姆讲习所，以造就蒙养园保姆为目的。可见，民国初年的蒙养园没有摆脱附属的地位。尽管如此，蒙养园毕竟已经纳入真正教育机构之中，而不是设于育婴堂、敬节堂内，这标志着学前教育地位的提高。

（五）《壬戌学制》与幼稚园制度的确立

由于《壬子·癸丑学制》“仿自日本，数年以来，不胜其弊”。1922年9月中华民国北洋政府教育部召开的学制会议上，通过了《学制改革系统案》，11月正式公布《学校系统改革案》，即《壬戌学制》。这是中国近现代教育史上实施时间最长、影响最大的一个学制，受美国实用主义教育思想影响很大。

关于学前教育，《壬戌学制》规定：小学校下设幼稚园，收六岁以下儿童。新学制将蒙养园改为幼稚园，并将其正式列入学制系统，确立了学前教育在国民教育中的基础地位。新学制的颁布和幼稚园制度的确立，使学前教育日益受到社会和国家的重视，学前教育事业获得了极大的发展。

二、我国学前教育政策与法规的发展

（一）初步发展时期（1949—1956年）

中华人民共和国成立后，中国的学前教育发生了革命性的变化和历史性的转折，学前教育也成为人民大众文化教育事业的一个重要组成部分，开始担负起为工农大众服务的重任。

1951年10月1日，政务院公布实施《关于改革学制的决定》，这是新中国第一个学制，分为幼儿教育、初等教育、中等教育、高等教育、各级政治学校训练班。其中，“幼儿教育”部分指出：“实施幼儿教育的组织为幼儿园；幼儿园收三足岁到七足岁的幼儿，使他们的身心在入小学前获得健全的发育。幼儿园应在有条件的城市中首先设立，然后逐步推广。”至此，自1922年壬戌学制沿用了30年的“幼稚园”，改称为“幼儿园”，并开始了它新的生命。

1952年3月，我国政府颁布了《幼儿园暂行规程（草案）》。文件规定：“幼儿园的任务是根据新民主主义教育方针教养幼儿，使他们身心在入小学前获得健全的发育；同时减轻母亲负担，以便母亲有时间参加政治活动、生产活动、文化教育活动等。”据此，新中国的幼儿园承担抚育儿童身心健康发展和便利妇女参加社会建设的双重任务。

1956 年 2 月 23 日，教育部、卫生部、内务部颁发《关于托儿所幼儿园几个问题的联合通知》，对托儿所、幼儿园的领导问题做了明确具体的规定。“托儿所和幼儿园应依儿童的年龄来划分，即收三周岁以下的儿童者为托儿所，收三至六周岁的儿童者为幼儿园”，“有关方针、政策、规章、制度、法令、教育计划、教育内容、教育方法、儿童保健等业务，在托儿所的方面，则统一由卫生行政部门领导；幼儿园内的托儿班由卫生行政部门进行业务指导；幼儿园统一由教育行政部门领导，托儿所内的幼儿班由教育行政部门进行业务指导，主办单位应向当地卫生行政部门、教育行政部门报告工作。至于民政部门所办的救济性质的托儿所、幼儿园仍由民政部门主管，但其业务亦应分别由卫生、教育行政部门领导。”

这一时期主要学前教育政策法规见表 1－2。

表 1－2　初步发展时期(1949—1956 年)主要学前政策法规

颁发时间	颁发机构	主要学前教育政策法规名称
1951.10	政务院	《关于改革学制的决定》
1952.03	教育部	《幼儿园暂行规程(草案)》
1952.07	教育部	《幼儿园暂行教学纲要》
1952.07	教育部	《师范学校暂行规程(草案)》
1952.07	教育部	《关于高等师范学校的规定》
1955.01	教育部	《关于工矿、企业自办中、小学和幼儿园的规定》
1956.02	教育部等	《关于托儿所幼儿园几个问题的联合通知》
1956.03	教育部等	《关于中、小学，师范学校的托儿所工作的指示》
1956.05	教育部	《幼儿师范学校教学计划》
1956.06	教育部	《初级幼儿师范学校的教学计划》
1956.06	教育部	《关于大力培养小学和幼儿园教养员的指示》

(二) 改革开放建设时期(1978—2000 年)

1978 年 12 月，党的十一届三中全会召开，国家进入了中国特色社会主义建设时期，幼儿教育事业也进入新的发展阶段。

1. 加强对幼儿教育的领导

1981 年 10 月 31 日，教育部发出《关于试行幼儿园教育纲要(试行草案)的通知》。文件第一部分着重从教育工作的需要出发，简要地概述了 3—6 岁幼儿生理、心理的主要特点，并依据我国的教育方针和总的培养目标，提出了幼儿园进行体、智、德、美全面发展教育的具体任务。

1989 年 9 月 11 日，国家教育委员会第 4 号令发布的《幼儿园管理条例》对举办幼儿园的基本条件和审批程序、幼儿园的保育和教育工作、幼儿园的行政事务、奖励与处罚等作出规定。其中第十三条指出，幼儿园应当贯彻保育与教育相结合的原则，创设与幼儿教育和发展相适应的和谐环境，引导幼儿个性的健康发展。幼儿园应当保障幼儿身体健康，培养幼儿的良好生活、卫生习惯，促进幼儿的智力发展，培养幼儿热爱祖国的情感以及良好的品德行为。

1997 年 7 月 17 日，国家教委印发了《全国幼儿教育事业"九五"发展目标实施意见》（下称《实施意见》），为实现《全国教育事业"九五"计划和 2010 年发展规划》对幼儿教育事业提出的目标奠定了坚实的基础。《实施意见》指出，2000 年全国学前三年幼儿入园（班）率达到 45%以上，大中城市基本解决适龄幼儿入园问题，农村学前一年幼儿入园（班）率达到 60%以上，并按"普九"情况和经济发展水平提出分区实施要求。

2. 重视幼儿师资培养和教师素质的提升

1978 年 10 月，教育部颁发《关于加强和发展师范教育的意见》，要求"认真办好现有师范学院（师范大学）"，"努力办好中等师范学校"，"积极办好幼儿师范学校，为幼儿教育培养骨干师资"，"在 1980 年前，要做到每一个地区有一所幼儿师范，或在有条件的中等师范学校举办幼师班。原有学前教育专业的师范院校，应积极办好这个专业，扩大招生名额，为各地幼儿师范培养师资"。原来曾开设学前教育专业的北京师范大学、南京师范学院、西南师范学院、西北师范学院、东北师范大学等高等师范院校在 1978—1979 年先后恢复学前教育专业的招生。

1996 年 1 月 25 日，国家教委颁发《关于开展幼儿园园长岗位培训工作的意见》。文件指出：要采取多种形式开展培训工作，争取用五年左右的时间将全国幼儿园园长轮训一遍，使园长的政治、业务素质得到较大的提高，能够正确理解和贯彻执行党和国家的教育方针和政策，树立正确的教育思想，具有履行岗位职责必备的基本知识与能力。

1996 年 1 月 26 日，国家教委颁发《全国幼儿园园长任职资格、职责和岗位要求（试行）的通知》（以下简称《园长任职资格》），明确指出《园长任职资格》是我国幼儿教育对幼儿园园长素质提出的要求，是兼顾园长队伍现状而制定的，是选拔、任用、考核和培训幼儿园园长的基本依据。各地应采取措施，通过组织岗位培训和日常的政治业务学习及工作锻炼，使幼儿园园长努力达到的基本要求；同时做到按《园长任职资格》选拔、任用新的园长。

这一时期主要学前教育政策法规见下表 1 - 3。

表 1 - 3　改革开放建设时期（1978—2000 年）主要学前政策法规

颁发时间	颁发机构	主要学前教育政策法规名称
1980.08	教育部	《关于办好中等师范教育的意见（试行草案）》
1983.01	教育部	《关于加强小学在职教师进修工作的意见》
1985.05	国务院	《关于教育体制改革的决定》
1988.08	国家教委等	《关于加强幼儿教育工作的意见》

（续表）

颁发时间	颁发机构	主要学前教育政策法规名称
1989.06	国家教委	《幼儿园工作规程(试行)》
1989.09	国家教委	《幼儿园管理条例》
1991.06	国家教委	《关于改进和加强学前班管理的意见》
1995.01	国家教委	《三年制中等幼儿师范学校教学方案(试行)》
1996.01	国家教委	《关于开展幼儿园园长岗位培训工作的意见》
1997.07	国家教委	《全国幼儿教育事业"九五"发展目标实施意见》

（三）全面发展时期(2000 年至今)

21 世纪以来，我国的政治、经济和社会都得到快速发展，学前教育理论的更新明显加快，终身教育理念、可持续发展教育观、以人为本的教育原则、学科整合与生态教育的发展等，使得学前教育的价值取向发生了重大的改变，我国学前教育的发展从此又进入了一个新阶段。

1. 进一步明确学前教育发展目标

(1)《中国儿童发展纲要(2001—2010 年)》

2001 年 5 月，国务院颁发了《中国儿童发展纲要(2001—2010 年)》。总目标指出：坚持"儿童优先"原则，保障儿童生存、发展、受保护和参与的权利，提高儿童整体素质，促进儿童身心健康发展。儿童健康的主要指标达到发展中国家的先进水平；儿童教育在基本普及九年义务教育的基础上，大中城市和经济发达地区有步骤地普及高中阶段教育；逐步完善保护儿童的法律法规体系。依法保障儿童权益；优化儿童成长环境，使困境儿童受到特殊保护。

(2)《幼儿园教育指导纲要(试行)》

2001 年 9 月，教育部颁布了《幼儿园教育指导纲要(试行)》(以下简称《纲要》)。《纲要》指出幼儿园教育应当贯彻国家的教育方针，坚持保育与教育相结合的原则，对幼儿实施体、智、德、美诸方面全面发展的教育，全面落实《幼儿园工作规程》所提出的保育教育目标。《纲要》的内容包括总则、教育内容与要求、组织与实施、教育评价等方面，将教育内容相对划分为健康、语言、社会、科学、艺术等五大领域。

(3)《国家中长期教育改革和发展规划纲要(2010—2020 年)》

2010 年 7 月，党中央、国务院召开了 21 世纪以来的第一次全国教育工作会议，颁布了《国家中长期教育改革和发展规划纲要(2010—2020 年)》，其中指出："基本普及学前教育。学前教育对幼儿身心健康、习惯养成、智力发展具有重要意义。遵循幼儿身心发展规律，坚持科学保教方法，保障幼儿快乐健康成长。积极发展学前教育，到 2020 年，普及学前一年教育，基本普及学前两年教育，有条件的地区普及学前三年教育。重视 0 至 3 岁婴幼儿教育。"

(4)《关于实施第三期学前教育行动计划的意见》

为贯彻落实党的十八届五中全会“发展学前教育，鼓励普惠性幼儿园发展”的要求，进一步推进学前教育改革发展，教育部颁布了《关于实施第三期学前教育行动计划的意见》，其中指出，“到2020年基本建成广覆盖、保基本、有质量的学前教育公共服务体系。全国学前三年毛入园率达到85%，普惠性幼儿园覆盖率(公办幼儿园和普惠性民办幼儿园在园幼儿数占在园幼儿总数的比例)达到80%左右。”

2. 重视提高学前教育质量

(1)《关于当前发展学前教育的若干意见》

2010年11月，国务院印发了《关于当前发展学前教育的若干意见》，俗称“国十条”。主要内容有：① 把发展学前教育摆在更加重要的位置。② 多种形式扩大学前教育资源。③ 多种途径加强幼儿教师队伍建设。④ 多种渠道加大学前教育投入。⑤ 加强幼儿园准入管理。⑥ 强化幼儿园安全监管。⑦ 规范幼儿园收费管理。⑧ 坚持科学保教，促进幼儿身心健康发展。⑨ 完善工作机制，加强组织领导。⑩ 统筹规划，实施学前教育三年行动计划。

(2)《3—6岁儿童学习与发展指南》

2012年10月，教育部下发了《3—6岁儿童学习与发展指南》(以下简称《指南》)。《指南》从健康、语言、社会、科学、艺术五个领域描述幼儿的学习与发展。每个领域按照幼儿学习与发展最基本、最重要的内容划分为若干方面，每个方面由学习与发展目标和教育建议两部分组成。

目标部分分别对3—4岁、4—5岁、5—6岁三个年龄段末期幼儿应该知道什么、能做什么，大致可以达到什么发展水平提出了合理期望，指明了幼儿学习与发展的具体方向；教育建议部分列举了一些能够有效帮助和促进幼儿学习与发展的教育途径与方法。

(3)《幼儿园工作规程》

为适应新形势下学前教育改革发展的需要，教育部对1996年发布的《幼儿园工作规程》进行了修订，于2013年3月颁布了《幼儿园工作规程(征求意见稿)》。2016年3月1日起施行的《幼儿园工作规程》(以下简称《规程》)中规定“幼儿园是对3周岁以上学龄前幼儿实施保育和教育的机构。幼儿园教育是基础教育的重要组成部分，是学校教育制度的基础阶段"。

(4)《幼儿园保育教育质量评估指南》

为深入贯彻全国教育大会精神，加快建立健全教育评价制度，促进学前教育高质量发展，2022年2月，教育部印发《幼儿园保育教育质量评估指南》(以下简称《评估指南》)。《评估指南》聚焦幼儿园保育教育过程及影响保育教育质量的关键要素，围绕办园方向、保育与安全、教育过程、环境创设、教师队伍五个方面提出了15项关键指标和48个考查要点，旨在引导幼儿园全面贯彻党的教育方针，落实立德树人根本任务，尊重幼儿年龄特点和发展规律，坚持保育教育结合，以游戏为基本活动，不断提高幼儿园办园水平和保教质量。

3. 加强幼儿教师队伍建设

(1)《幼儿园教师专业标准(试行)》

为促进幼儿园教师专业发展,建设高素质幼儿园教师队伍,2012 年 2 月教育部颁布了《幼儿园教师专业标准(试行)》,规定幼儿园教师是履行幼儿园教育教学工作职责的专业人员,需要经过严格的培养与培训,具有良好的职业道德,掌握系统的专业知识和专业技能,并从专业理念与师德、专业知识、专业能力三个维度阐述幼儿园教师应具备的专业标准。

(2)《关于加强幼儿园教师队伍建设的意见》

2012 年 9 月,教育部、中央编办、财政部、人力资源社会保障部联合下发了《关于加强幼儿园教师队伍建设的意见》,其中明确幼儿园教师队伍建设的目标:各地要按照构建覆盖城乡、布局合理的学前教育公共服务体系的要求,结合本地实际,科学确定幼儿园教师队伍建设的目标。到 2015 年,幼儿园教师数量基本满足办园需要,专任教师达到国家学历标准要求,取得职务(职称)的教师比例明显提高。到 2020 年,形成一支热爱儿童、师德高尚、业务精良、结构合理的幼儿园教师队伍。

(3)《幼儿园园长专业标准》

2015 年 1 月 10 日,教育部颁布印发《幼儿园园长专业标准》,规定园长是履行幼儿园领导与管理工作职责的专业人员。《幼儿园园长专业标准》是对合格园长专业素质的基本要求,是引领幼儿园园长专业发展的基本准则,是制订幼儿园园长任职资格标准、培训课程标准、考核评价标准的重要依据。

(4)《幼儿园教职工配备标准(暂行)》

为进一步规范幼儿园用人行为,2013 年 1 月教育部颁布了《幼儿园教职工配备标准(暂行)》。其中详细规定了幼儿园中教职工与幼儿的比例、专任教师和保育员配备以及其他人员的配备,并要求自颁布之日起,各地新增幼儿园教职工配备要按照规定执行,已设幼儿园在三年内逐步达到要求。《幼儿园教职工配备标准(暂行)》的颁布对规范幼儿园的办园行为,促进幼儿园教师队伍建设,确保幼儿接受基本的、有质量的学前教育起到积极影响。

(5)《关于全面深化新时代教师队伍建设改革的意见》

2018 年 1 月 20 日,国务院颁布《关于全面深化新时代教师队伍建设改革的意见》。其中指出"全面提高幼儿园教师质量,建设一支高素质善保教的教师队伍","建立幼儿园教师全员培训制度,切实提升幼儿园教师科学保教能力"。

(6)《教师教育振兴行动计划(2018—2022 年)》

2018 年 2 月 11 日,教育部等五部门颁布《教师教育振兴行动计划(2018—2022 年)》。文件指出,要采取切实措施加强做优教师教育,推动教师教育改革发展,全面提升教师素质能力,努力建设一支高素质专业化创新型教师队伍。关于强化幼儿园师资队伍建设,文件指出,"办好一批幼儿师范高等专科学校和若干所幼儿师范学院。各地根据学前教育发展的实际需求,扩大专科以上层次幼儿园教师培养规模。"

4. 进一步规范幼儿园的办园行为

（1）《中小学幼儿园安全管理办法》

2006年6月30日，教育部、公安部、司法部、建设部、交通部、文化部、卫生部工商总局、质检总局、新闻出版总署联合发布了《中小学幼儿园安全管理办法》，该办法自2006年9月1日起施行。对于加强中小学、幼儿园安全管理，保障学校及其学生和教职工的人身、财产安全，维护中小学、幼儿园正常的教育教学秩序有着重要的指导作用。

（2）《托儿所幼儿园卫生保健管理办法》

为提高托儿所、幼儿园卫生保健工作水平，预防和减少疾病发生，保障儿童身心健康，2010年9月，卫生部、教育部联合颁发了《托儿所幼儿园卫生保健管理办法》。

（3）《托儿所幼儿园卫生保健工作规范》。

2012年5月，卫生部颁布了《托儿所幼儿园卫生保健工作规范》，明确规定托幼机构卫生保健工作的主要任务是贯彻预防为主、保教结合的工作方针，为集体儿童创造良好的生活环境，预防控制传染病，降低常见病的发病率，培养健康的生活习惯，保障儿童的身心健康。

（4）《幼儿园收费管理暂行办法》

为促进学前教育事业科学发展，规范幼儿园收费行为，保障受教育者和幼儿园的合法权益，国家发展改革委、教育部、财政部于2011年12月31日颁布了《幼儿园收费管理暂行办法》。要求幼儿园应通过设立公示栏、公示牌、公示墙等形式，向社会公示收费项目、收费标准等相关内容；幼儿园招生简章应写明幼儿园性质、办园条件、收费项目和收费标准等内容。

（5）《幼儿园办园行为督导评估办法》

2017年4月18日教育部颁布《幼儿园办园行为督导评估办法》，要求建立和完善幼儿园督导评估制度，推动各地加强和改进对幼儿园的管理，促进幼儿园规范办园行为，保障幼儿身心健康、快乐成长。该办法包括办园条件、安全卫生、保育教育、教职工队伍、内部管理等五个方面督导评估内容。

5. 建设普惠性民办幼儿园

《国务院关于当前发展学前教育的若干意见》强调“发展学前教育，必须坚持公益性和普惠性”，“积极扶持民办幼儿园特别是面向大众、收费较低的普惠性民办幼儿园发展”。国家为解决“入园难”“入园贵”的问题进行了新一轮的改革，倡导多种形式扩大学前教育资源，鼓励普惠性民办幼儿园的发展。《2011年政府工作报告》指出，公办民办并举，增加学前教育资源，抓紧解决“入园难”问题。《2012年政府工作报告》指出，继续花大气力推动解决择校、入园等人民群众关心的热点难点问题。教育部《2018年工作要点》强调：推进实施第三期学前教育行动计划，扩大普惠性资源，完善学前教育体制机制。各地也纷纷制定了本省市的普惠性幼儿园的认定标准。

这一时期主要学前教育政策法规见表1-4。

表 1－4　全面发展时期(2000 年至今)主要学前教育政策与法规

颁发时间	颁发机构	主要学前教育政策法规名称
2001.05	国务院	《中国儿童发展纲要(2001—2010 年)》
2001.05	国务院	《关于基础教育改革与发展的决定》
2001.09	教育部	《幼儿园教育指导纲要(试行)》
2003.01	教育部	《关于幼儿教育改革与发展的指导意见》
2006.06	教育部等	《中小学幼儿园安全管理办法》
2010.07	国务院	《国家中长期教育改革和发展规划纲要(2010—2020 年)》
2010.09	卫生部、教育部	《托儿所幼儿园卫生保健管理办法》
2010.11	国务院	《关于当前发展学前教育的若干意见》
2011.01	教育部	《关于大力加强中小学教师培训工作的意见》
2011.09	教育部	《关于实施幼儿教师国家级培训计划的通知》
2011.09	财政部、教育部	《关于加大财政投入支持学前教育发展的通知》
2011.09	财政部、教育部	《中央财政扶持民办幼儿园发展奖补资金管理暂行办法》
2011.10	教育部	《关于大力推进教师教育课程改革的意见》
2011.12	教育部	《关于规范幼儿园保育教育工作防止和纠正“小学化”现象的通知》
2011.12	国家发展改革委、教育部等	《幼儿园收费管理暂行办法》
2012.02	教育部	《幼儿园教师专业标准(试行)》
2012.02	教育部	《学前教育督导评估暂行办法》
2012.05	卫生部	《托儿所幼儿园卫生保健工作规范》
2012.05	教育部	《“国培计划”课程标准(试行)》
2012.09	教育部等	《关于加强幼儿园教师队伍建设的意见》
2012.10	教育部	《3—6 岁儿童学习与发展指南》
2013.01	教育部	《幼儿园教职工配备标准(暂行)》
2015.01	教育部	《幼儿园园长专业标准》
2016.01	教育部	《幼儿园工作规程》
2016.01	教育部	《关于做好 2016 年中小学幼儿园教师国家级培训计划实施工作的通知》
2017.04	教育部等	《关于实施第三期学前教育行动计划的意见》
2017.04	教育部	《幼儿园办园行为督导评估办法》
2017.04	国务院	《关于加强中小学幼儿园安全风险防控体系建设的意见》
2018.01	国务院	《关于全面深化新时代教师队伍建设改革的意见》
2018.02	教育部等	《教师教育振兴行动计划(2018—2022 年)》
2022.06	教育部	《幼儿园保育教育质量评估指南》

综上，多年来我国学前教育事业获得了持续性的发展，但仍然面临着许多亟待解决的问题。随着国家对学前教育的日益重视，以及学前教育政策与法规的不断完善，我国的学前教育事业一定会取得更大的进步和长足的发展。

本章小结

学前教育政策与法规是学前教育体系中极其重要的内容，学习和理解学前教育政策与法规的基本内涵和特点以及之间的关系是学习学前教育政策与法规的基础。我国教育法规体系包括纵向体系和横向体系，教育政策体系是由教育质量政策、教育体制政策、教育经费政策等政策组成的。

学前教育政策是指国家、政党或负有教育行政职能的部门在特定时期为实现一定的学前教育目标和任务，有目的、有计划、有组织地协调学前教育关系所规定的具体行动准则。学前教育法规是指国家机关依照法定权限和程序制定的以国家强制力保障实施的有关学前教育方面的规范性文件。学前教育政策具有国家意志性、目的性、系统性、时限性等特点；学前教育法规具有强制性、调整对象的特定性、规范性、内容的相对稳定性等特点。学前教育政策与法规则具有保障作用、规范作用、协调作用和评价作用。学前教育法律责任的承担主要涉及构成要件和归责原则两个方面。其中，学前教育法律责任的构成要件包括主体、损害事实、违法行为、因果关系和主观过错；归责原则主要包括过错推定原则、无过错责任原则、公平责任原则和补充过错责任原则。

我国学前教育政策与法规经历了《壬寅学制》《癸卯学制》《壬子·癸丑学制》《壬戌学制》的演进。新中国成立后，又经历了初步发展时期、改革开放建设时期、全面发展时期三个阶段的补充与完善。

思考题

1. 简述教育政策与教育法规的关系。
2. 简述学前教育政策与法规的特点和功能。
3. 简述学前教育法律责任有哪些归责原则。

幼儿权利与保护

1. 树立正确的儿童观，提升幼儿教育工作规范化、法制化的意识。
2. 清楚幼儿法定权利的具体内容。
3. 掌握幼儿权利保护的主体以及应当坚持的原则。
4. 掌握幼儿权利保护的措施。
5. 能够运用法律知识维护幼儿的合法权利。

结构导图

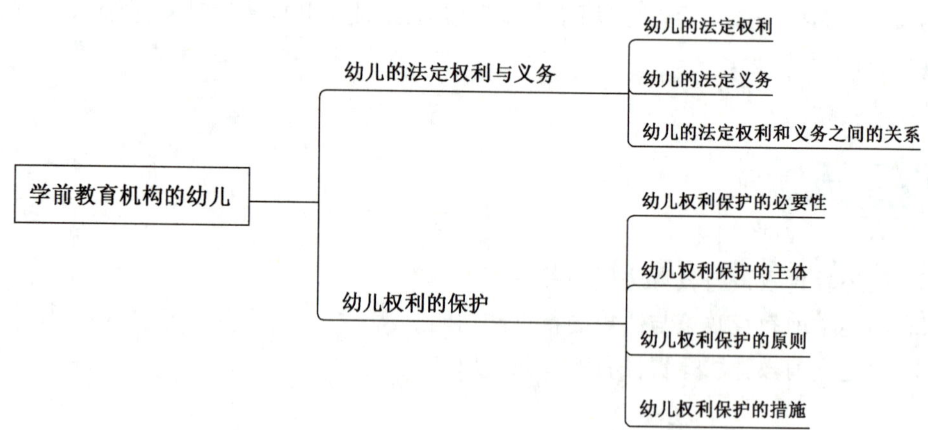

你如何解读邻居的诉求和警察的做法？

幼儿园大班的晶晶跟奶奶住，他们家所在的胡同只住了两户人。两天前，邻居家来的客人将一个装有手机和几千元现金的提包落在了停在门口的摩托车上，几分钟后想起来时，提包已经不见了。邻居报了警，由于事发当天，晶晶因病没有去幼儿园，留在家和奶奶在一起。邻居怕奶奶矢口否认，希望警察去通过询问晶晶来获得线索，警察拒绝了邻居的诉求。

幼儿属于无民事行为能力人，拥有受保护权，成人或社会做决定时，应考虑到符合儿童的最大权益。一方面，幼儿生理和心理的不成熟性决定了他们不具备成熟的辨认能力，他们只可能回答那些与他们的年龄和智力状况相适应的问题；另一方面，幼儿身心正处于发展中，承受能力有限，案件的追查可能导致幼儿产生阴影或不利影响，因此我们应该尊重、保护幼儿的权利。

第一节 幼儿的法定权利与义务

一、幼儿的法定权利

（一）幼儿法定权利的概念

权利一般是指法律赋予人实现其利益的一种力量。幼儿的法定权利是指幼儿依照国家法律法规规定而拥有的一切正当权利。幼儿作为民事主体，具有权利能力，依法享有法律法规规定的合法权益；尊重、保障幼儿的法定权利，是每一位幼儿教育工作者义不容辞的职责。

（二）幼儿法定权利的发展历程

1. 国际上关于幼儿法定权利的发展历程

(1)《儿童权利宣言》

1959 年 11 月 20 日联合国大会发布《儿童权利宣言》，以期儿童能有幸福的童年，为保障自身的和社会的利益而享有宣言中所说明的各项权利和自由，并号召所有父母和一切男女个人以及各自愿组织、地方当局和各国政府确认这些权利，根据 10 个原则逐步采取立法和其他措施，力求幼儿权利得以保护。

【知识拓展】

10个原则

原则一:儿童应享有本宣言中所列举的一切权利。一切儿童毫无任何例外均得享有这些权利,不因其本人的或家族的种族、肤色、性别、语言、宗教、政见或其他意见、国籍或社会成分、财产、出身或其他身份而受到差别对待或歧视。

原则二:儿童应受到特别保护,并应通过法律和其他方法而获得各种机会与便利,使其能在健康而正常的状态和自由与尊严的条件下,得到身体、心智、道德、精神和社会等方面的发展。在为此目的而制订法律时,应以儿童的最大利益为首要考虑。

原则三:儿童应有权自其出生之日起即获得姓名和国籍。

原则四:儿童应享受社会安全的各种利益,应有能健康地成长和发展的权利。为此,对儿童及其母亲应给予特别的照料和保护,包括产前和产后的适当照料。儿童应有权得到足够的营养、住宅、娱乐和医疗服务。

原则五:身心或所处社会地位不正常的儿童,应根据其特殊情况的需要给予特别的治疗、教育和照料。

原则六:儿童为了全面而协调地发展其个性,需要得到慈爱和了解,应当尽可能地在其父母的照料和负责下,无论如何要在慈爱和精神上与物质上有保障的气氛下成长。尚在幼年的儿童除非情况特殊,不应与其母亲分离。社会和公众事务当局应有责任对无家可归和难以维生的儿童给予特殊照顾。采取国家支付或其他援助的办法使家庭人口众多的儿童得以维持生活乃是恰当的。

原则七:儿童有受教育之权,其所受之教育至少在初级阶段应是免费的和义务性的。儿童所受的教育应能增进其一般文化知识,并使其能在机会平等的基础上发展其各种才能、个人判断力和道德的与社会的责任感,而成为有用的社会一分子。

儿童的最大利益应成为对儿童的教育和指导负有责任的人的指导原则;儿童的父母首先负有责任。

儿童应有游戏和娱乐的充分机会,应使游戏和娱乐达到与教育相同的目的;社会和公众事务当局应尽力设法使儿童得享此种权利。

原则八:儿童在一切情况下均应属于首先受到保护和救济之列。

原则九:儿童应被保护不受一切形式的忽视、虐待和剥削。儿童不应成为任何形式的买卖对象。

儿童在达到最低限度的适当年龄以前不应受雇用。绝对不应致使或允许儿童从事可能损害其健康或教育,或者妨碍其身体、心智或品德的发展的工作。

原则十:儿童应受到保护使其不致沾染可能养成种族、宗教和任何其他方面歧视态度的习惯。应以谅解、宽容、各国人民友好、和平以及四海之内皆兄弟的精神教育儿童,并应使他们充分意识到他们的精力和才能应该奉献于为人类服务。

(2)《儿童权利公约》

《儿童权利公约》适用于全世界的儿童，即18岁以下的任何人。联合国1989年11月20日第44届联合国大会第25号决议通过，是第一部有关保障儿童权利且具有法律约束力的国际性约定，于1990年9月2日在世界生效。截至2015年10月，缔约国为196个。该公约旨在保护儿童权益，为世界各国儿童创造良好的成长环境。《儿童权利公约》的制定，从维护人权的角度出发，有了巨大的改变。在追求一个公正、彼此尊重以及和平的社会过程中，将儿童放在中心位置，产生了深远的影响；汇集并澄清了儿童的各种权利，包括生存权、保护权、发展权、参与权；公约不仅仅是关注到儿童的生存与发展的问题，还关注到了他们的说话权，让孩子们更有尊严，成人对待儿童的态度有了极大的转变。

(3)《儿童生存、保护和发展世界宣言》

1990年9月30日，世界儿童问题首脑会议在纽约联合国总部召开，这是历史上第一次专门讨论儿童问题的首脑会议。联合国在世界儿童问题首脑会议中发布《儿童生存、保护和发展世界宣言》(以下简称《宣言》)，对保护儿童权利和改善生活做出了相应承诺；在《执行九十年代〈儿童生存、保护和发展世界宣言〉行动计划》(以下简称《行动计划》)中提出"一切为了孩子"。《宣言》和《行动计划》是国际社会对保护儿童权利所做的政治承诺和具体方案。

2. 我国关于幼儿法定权利的发展历程

(1) 1990年8月29日，中国常驻联合国大使代表中华人民共和国政府签署了《儿童权利公约》，中国成为第105个签约国。

(2) 1991年，第七届全国人民代表大会常务委员会第21次会议通过了《中华人民共和国未成年人保护法》，体现了儿童权利的新观念。

(3) 1991年12月29日，第七届全国人民代表大会常务委员会第23次会议决定批准中国加入《儿童权利公约》，同时声明：中华人民共和国将在符合其宪法第二十五条关于计划生育的规定的前提下，并根据《中华人民共和国未成年人保护法》第二条的规定，履行《儿童权利公约》第六条所规定的义务。从此《儿童权利公约》成为我国广泛认可的国际公约。

(4) 1992年3月2日，中国常驻联合国大使向联合国递交了中国的批准书，从而使中国成为《儿童权利公约》的第110个批准国。该公约于1992年4月2日对中国生效。

(5) 1992年，国务院颁布了《九十年代中国儿童发展规划纲要》，在全社会倡导"爱护儿童、教育儿童，为儿童做表率，为儿童办实事"的公民意识。

(6) 2001年、2011年、2021年，国务院分别印发《中国儿童发展纲要(2001—2010年)》《中国儿童发展纲要(2011—2020年)》《中国儿童发展纲要(2021—2030年)》，以期促进幼儿的发展，详细内容见表2-1。

表 2-1 《中国儿童发展纲要》

颁布时间	颁布背景	总体目标
2001 年	按照《中华人民共和国国民经济和社会发展第十个五年计划纲要》的总体要求，根据我国儿童发展的实际情况，以促进儿童发展为主题，以提高儿童身心素质为重点，以培养和造就 21 世纪社会主义现代化建设人才为目标，从儿童与健康、儿童与教育、儿童与法律保护、儿童与环境 4 个领域，提出了 2001—2010 年的目标和策略措施。	坚持“儿童优先”原则，保障儿童生存、发展、受保护和参与的权利，提高儿童整体素质，促进儿童身心健康发展。儿童健康的主要指标达到发展中国家的先进水平；儿童教育在基本普及九年义务教育的基础上，大中城市和经济发达地区有步骤地普及高中阶段教育；逐步完善保护儿童的法律法规体系。依法保障儿童权益；优化儿童成长环境，使困境儿童受到特殊保护。
2011 年	2011—2020 年，是我国全面建设小康社会的关键时期，儿童发展面临前所未有的机遇。为贯彻落实科学发展观，为儿童健康成长创造更加有利的社会环境，国务院依照《中华人民共和国未成年人保护法》等相关法律法规，遵循联合国《儿童权利公约》的宗旨，按照国家经济社会发展的总体目标和要求，结合我国儿童发展的实际情况，于 2011 年制定和实施新一轮儿童发展纲要《中国儿童发展纲要（2011—2020 年）》，为促进人的全面发展，提高中华民族整体素质奠定更加坚实的基础。	完善覆盖城乡儿童的基本医疗卫生制度，提高儿童身心健康水平；促进基本公共教育服务均等化，保障儿童享有更高质量的教育；扩大儿童福利范围，建立和完善适度普惠的儿童福利体系；提高儿童工作社会化服务水平，创建儿童友好型社会环境；完善保护儿童的法规体系和保护机制，依法保护儿童合法权益。
2021 年	儿童是国家的未来、民族的希望。当代中国少年儿童既是实现第一个百年奋斗目标的经历者、见证者，更是实现第二个百年奋斗目标、建设社会主义现代化强国的主力军。促进儿童健康成长，能够为国家可持续发展提供宝贵资源和不竭动力，是建设社会主义现代化强国、实现中华民族伟大复兴中国梦的必然要求。党和国家始终高度重视儿童事业发展，先后制定实施三个周期的中国儿童发展纲要，为儿童生存、发展、受保护和参与权利的实现提供了重要保障。	保障儿童权利的法律法规政策体系更加健全，促进儿童发展的工作机制更加完善，儿童优先的社会风尚普遍形成，城乡、区域、群体之间的儿童发展差距明显缩小。儿童享有更加均等和可及的基本公共服务，享有更加普惠和优越的福利保障，享有更加和谐友好的家庭和社会环境。儿童在健康、安全、教育、福利、家庭、环境、法律保护等领域的权利进一步实现，思想道德素养和全面发展水平显著提升，获得感、幸福感、安全感明显增强。展望 2035 年，与国家基本实现社会主义现代化相适应，儿童优先原则全面贯彻，儿童全面发展取得更为明显的实质性进展，广大儿童成长为建设社会主义现代化强国、担当民族复兴大任的时代新人。

（三）幼儿法定权利的内容

幼儿年龄虽小，但也有被尊重、重视的要求和权利，拥有基本的权利。《儿童权利公约》将儿童权利概括为四种，即生存权、发展权、受保护权、参与权。

本书将从幼儿的人身权和受教育权两个方面进行详细阐述，简单叙述幼儿的财产权、宗教信仰权、游戏权等相关权利。

1. 幼儿的人身权

人身权是指与人身相联系或不可分离的没有直接财产内容的权利,亦称人身非财产权。人身权与财产权共同构成了民法中的两大基本民事权利。人身权包括人格权和身份权两大类,其中人格权包括生命权、身体权、健康权、姓名权、名誉权、隐私权、肖像权;身份权包括亲权、配偶权、亲属权、荣誉权。本文着重分析幼儿人格权下的几大权利。

(1) 生命权

生命权是以自然人的性命维持和安全利益为内容的人格权。生命权是自然人的一项根本的人格权,它在维护自然人的生命安全的同时,也成为自然人享有其他人格权的前提和基础。公民的各项人格权均以公民的生存为前提,一旦公民的生命权遭到侵害,则其他人格权也不复存在。非经法律规定的事由和程序,任何主体都不得剥夺公民的生命权。《中华人民共和国母婴保健法》第三十二条提出:“严谨采用技术手段对胎儿进行性别鉴定,但医学上却有需要的除外。”幼儿的生命权应该在其胚胎就已获得。每个儿童都有其固有的生命健康权,这是幼儿得以发展的最基本条件,任何人不得非法剥夺和侵害。

常见侵犯生命权的行为:故意或过失杀人等。

(2) 身体权与健康权

身体权是指自然人保持其身体组织完整并支配其肢体、器官和其他身体组织并保护自己的身体不受他人违法侵犯的权利。健康权为自然人享有保持生理机能正常及其健康状况不受侵犯的权利。其内容主要包括健康保持权和特定情形下的健康利益支配权。

常见侵犯身体权与健康权的行为:非法拘禁、非法搜查、殴打、体罚、非法买卖器官等。

(3) 姓名权

姓名权是自然人依法享有的决定、变更和使用自己的姓名并得以排除他人干涉或非法使用的权利。姓名包括户籍上的姓名,以及曾用名、艺名、笔名,但乳名原则上不属于姓名。幼儿的姓名由其监护人决定或变更。幼儿园应正确使用幼儿的姓名,不得任意改变其姓名。

常见侵犯姓名权的行为:随意更改幼儿姓名等。

(4) 名誉权

名誉权是指公民或法人保持并维护自己名誉的权利。这些被维护的名誉是指具有人格尊严的名声,它是人格权的一种。

常见侵犯名誉权的行为:侮辱、诽谤等。

(5) 隐私权

隐私权作为一种基本人格权利,是指公民享有的私人生活安宁与私人信息依法受到保护,不被他人非法侵扰、知悉、搜集、利用和公开的一种人格权。包括隐私隐瞒权、隐私利用权、隐私支配权。

常见侵犯隐私权的行为:① 未经许可,公开他人姓名、肖像、住址和电话号码;② 非法跟踪他人,监视他人住所,安装窃听设备,私拍他人私生活镜头,窥探他人室内情况;③ 非法刺探他人财产状况或未经本人允许公布其财产状况;④ 私拆他人信件,偷看他人日记，刺探他人私人文件内容，以及将他们公开；⑤ 调查、刺探他人社会关系并非法公之于众；⑥ 泄露公民的个人材料或公之于众或扩大公开范围；⑦ 收集公民不愿向社会公开的纯属个人的情况等。

（6）肖像权

肖像权是指自然人对自己的肖像享有再现使用并排斥他人侵害的权利。包括肖像制作专有权、肖像使用专有权、肖像利益维护权。

常见侵犯肖像权的行为：① 未经公民同意，以营利为目的利用其肖像作广告、商标、装饰橱窗等；② 恶意毁损、玷污、丑化公民的肖像等。

【案例讨论】

年仅4岁的玲玲活泼可爱，她所在的幼儿园为她拍摄了几张照片，并将照片卖给了儿童玩具生产商张某，张某用玲玲的照片为玩具做形象宣传。玲玲父母认为幼儿园侵害了女儿的肖像权，但幼儿园认为照片属于幼儿园的作品，其行为不属于侵权。

你认为幼儿园的做法对吗？为什么？

评析：《中华人民共和国侵权责任法》第二条规定，公民的肖像权应受到合法保护。任何人若未经当事人许可，擅自公布其肖像照等信息，造成当事人人格权利受损的，可依照《侵权责任法》要求其承担赔礼道歉、损害赔偿等责任。幼儿享有肖像权，没经过幼儿监护人的同意，私自使用幼儿照片作为商用是不合理的，侵犯了幼儿的肖像权。

（7）著作权

著作权也称版权，指作者及其他著作权人对其创作的文学、艺术和科学等作品享有的权利。包括著作人身权和著作财产权。我国公民不论民族、性别、职务、地位及文化程度，也不论年龄大小，只要其作品符合著作权法的有关规定即形成著作权。

常见侵犯肖像权的行为：① 未经幼儿监护人同意，使用幼儿作品；② 未按合同支付幼儿稿酬等。

【案例讨论】

某幼儿园幼儿张某很有绘画天赋，他的画多次在儿童画展上获奖。某家出版社计划出版《儿童优秀美术作品选》，经该幼儿园老师的推荐，使用了张某的作品。但出版印刷时，作品署名只有“××幼儿园供稿”字样。张某家长知道后，就找到出版社索要样书、稿酬及作者证明。出版社答复：样书可以给，作者证明可以开，但选登张某的画得到了幼儿园的同意，稿酬已经统一支付给了幼儿园。幼儿园则认为张某的画作得到了幼儿园老师的指导，又被推荐出版，对张某来说是一种荣耀，家长不应再索要稿酬。

你认为幼儿园的做法对吗？为什么？

评析：现实中，由于幼儿年龄小，其著作权往往被忽视。我国《著作权法实施条例》第二条规定：“著作权法所称作品，是指文学、艺术和科学领域，具有独创性并能以某种有形形式复制的智力创作成果。”从这一规定看，小作家完全符合条件，其创作的作品应受到《著作权法》的有效保护。年龄的大小虽能影响人的行为能力，但不能影响人的权利能力。由于张某为无民事行为能力人，故该权利由其监护人代为行使。幼儿园在未经作者监护人许可的情况下，将作品提供给出版社，且没有给作品署名，他们共同侵犯了张某的著作权，理应将稿酬付给张某的家长。而且，如果家长追究，出版社和幼儿园还应承担赔偿责任。

2. 幼儿的受教育权

受教育权是一项基本人权，受教育权是公民所享有的并由国家保障实现的接受教育的权利，是宪法赋予的一项基本权利，也是公民享有其他文化教育的前提和基础。包括公民享有从国家接受文化教育的机会和获得受教育的条件和认可权利。《儿童权利公约》第二十八条规定：缔约国确认儿童有受教育的权利，为在机会均等的基础上逐步实现此项权利，缔约国尤应：实现全面的免费义务小学教育，采取措施鼓励学生按时出勤和降低辍学率。

(1) 受教育机会权

受教育机会权指个体有权通过学习和受教育获得生存与发展的机会，是受教育权存在与发展的前提性与基础性权利。受教育机会权可分为入学机会权、选学机会权、升学机会权等。

常见侵犯受教育机会权的行为：① 幼儿园招生以考试的方式择优录取；② 幼儿园高收费；③ 拒收残疾儿童入园等。

(2) 受教育条件权

受教育条件权指受教育者有要求教育机构举办者提供符合国家要求的教育设施设备，保障教育教学正常运转的权利。包括教育条件的要求权和利用权。

常见侵犯受教育条件权的行为：① 社会力量办园为主，政府投入过低；② 民营幼儿园能省则省，教育经费来源不稳定，盲目扩招，幼儿数量超出限额；③ 艺术、体育类课程单独收费等。

(3) 受教育认可权

受教育认可权指公民在受教育过程中或完成了受教育行为后，有获得公正评价的权利，如果是学历教育还有获得相关证书的权利。包括公正评价权、获得学业学位证书权。

常见侵犯受教育认可权的行为：① 对幼儿的问题行为随意进行否定评价；② 将幼儿分成“小偷”“笨蛋”等三六九等，区别对待现象；③ 将特立独行的孩子作为反面例子，进行孤立和忽视等。

3. 幼儿的财产权、宗教信仰权、游戏权

(1) 财产权

幼儿在幼儿园期间，其财产应得到幼儿园的管理和保护，教师不得任意损坏、没收、抵押、占有、使用。幼儿园未尽到保护职责造成损坏的，应当承担民事责任。

(2) 宗教信仰权

幼儿园应该尊重幼儿不同的民族生活习惯和宗教信仰。保教人员不得以自己的意愿要求幼儿改变习俗，做有违于其民族生活习惯、宗教信仰的事情。

(3) 游戏权

幼儿有权享有休息和闲暇，从事与幼儿年龄相适宜的游戏和娱乐活动，以及自由参加文化生活和艺术活动。

【知识拓展】

绘本《孩子的权利》

我是一个孩子。我有一双眼睛、一双手，我能说话，我更有一颗心。当然，我还有我的权利。

我有权拥有一个名字，她是属于我自己的；有权拥有一个家，她是温暖的；有权拥有自己的国籍；这些都是我的权利。

当我生病的时候，我有权得到医治，使用最好的药物。我有权去跑步，有权去跳跃，有权去攀登，还有权高声叫喊。我很健康！拥有健康的身体感觉真棒！

我有权接受国家的免费教育，好知道小鸟、飞机，还有花儿的种子，飞行的奥秘。

如果我的身体，不像大多数孩子那样健全，我有权得到爸爸、妈妈，还有朋友和国家的帮助。

我有权不受暴力的伤害。任何人无权利用我牟利——绝对无权，因为我是孩子。

我有权得到大人的保护，免受灾难的袭击。当大雨瓢泼或者不幸降临的时候，大人们会为我撑起巨大的伞来保护我。

我有权呼吸新鲜空气——那空气像蓝天一样纯净，像冰雪一样透明。我有权玩耍、创造、想象，我也有权做鬼脸、翻跟头。

我有权选择自己的朋友。一个人跳舞，真的没有那么好玩。

我有权自由表达自己真实的想法，不管爸爸高兴还是不高兴；我有权说出自己内心的感受，即使这样会惹妈妈生气。

这些都是我的权利。因为我的国家和大多数国家一样，是联合国《儿童权利公约》的签约国，而我，作为一个孩子，也就拥有了公约赋予我的权利。

什么时候，世界上所有的孩子，才能真正拥有他们的权利？明天？后天？二十年以后？我们的权利，现在，此刻，就应该得到尊重，因为我们，现在，此刻，就是孩子。

二、幼儿的法定义务

（一）幼儿法定义务的概念

义务就是个体对他人或社会做自己应当做的事，个人在社会生活中，需要履行各种义务，包括政治义务、经济义务、法律义务等。

幼儿的法定义务就是幼儿对他人或社会做自己应当做的，对他人、集体和社会应尽的道德责任。

（二）幼儿法定义务的内容

幼儿的权利与义务是同时存在的，享受一定的权利就应履行一定的义务，但是幼儿是无民事行为能力人，又是无刑事责任人，与成人有相当大的不同，根据我国宪法第二章和教育法第 43 条的规定，幼儿应履行以下义务：

(1) 遵守幼儿行为规范，尊敬师长，讲文明讲礼貌，养成良好的思想品德和行为习惯。

(2) 热爱祖国，热爱家乡，有民族的自豪感，自尊心。

(3) 尊重他人，关心他人，热爱班级和学校集体，爱护集体荣誉。

(4) 依法纳税的义务。幼儿作为中华人民共和国公民，与其他公民一样，在符合国家税法规定的情况下，也具有依法纳税的义务。

【知识拓展】

1. 税法没有说未成年人免税。只要有纳税行为，就有纳税义务。这是公民的义务，不分年龄。

2. 未成年人如果取得了应税收入就应该纳税，因为纳税是法定义务。比如未成年人购买彩票中奖，收入就应该按偶然所得所适用的税率缴纳个人所得税。个人所得税是公民获得报酬时必须缴纳的税款，不以公民年龄为依据。公民获得报酬既包括劳动所得，也包括非劳动所得。正常情况下，未成年人不参加劳动，雇佣童工是违法的，因此大家没有未成年人缴税的概念。但未成年人其他方式所得，包括稿酬、片酬等，以及中奖都是要缴纳个人所得税的。

3. 税收制度一般是以法律形式规定的，从法律的角度划分，纳税人包括自然人与法人两种。自然人是指具有权利主体资格，能够以自己的名义独立享有财产权利，承担义务并能在法院和仲裁机关起诉、应诉的个人。不论成年人或未成年人，本国人或外国人，均属自然人。自然人是纳税人的重要组成部分。

虽然幼儿纳税有时候不是直接纳税，但他在各种消费时就已经充当了纳税人的角色。权利和义务永远是对等的，因此，未成年人也是纳税人。

三、幼儿的法定权利与义务之间的关系

幼儿的权利与义务是同时存在的，享受一定的权利就应履行一定的义务。两者之间

存在的关系是相互依存、密不可分的。有权利就有义务，有义务就有权利；没有无义务的权利，也没有无权利的义务。权利与义务是相辅相成、互相促进的。权利的实现需要义务的履行，义务的履行确保权利的实现。幼儿的权利和义务具有一致性，每个人既是享受权利的主体，又是履行义务的主体。任何幼儿享有宪法和法律规定的权利，同时必须履行宪法和法律规定的义务。幼儿的某些权利与义务是相互结合的，如劳动权、受教育权既是幼儿的权利，也是幼儿的义务。在日常的保教活动中，我们不仅要增强幼儿权利的观念，让幼儿和家长明确幼儿的法定权利，也要提升幼儿的义务意识，为幼儿依法履行义务奠定良好基础。

第二节　幼儿权利的保护

一、幼儿权利保护的必要性

1. 由幼儿的弱势群体地位决定

幼儿是一个在社会中处于相对不利地位的群体，他们不懂得如何维护自己的权利，没有能力维护自己的权利，通常甚至不知道自己享有哪些权利，是社会中易受侵害的群体，正是由于幼儿在社会中处于劣势地位，所以他们必须受到社会更多的关注与保护。

2. 由幼儿的特殊法律身份决定

幼儿是无民事行为能力的人，无法主张自己的权利。《民法典》第二十条规定：不满八周岁的未成年人为无民事行为能力人，由其法定代理人代理实施民事法律行为。

3. 由幼儿教育的重要职能决定

在幼儿教育中，如何看待、保障儿童权利的问题涉及教育最本质最核心的问题，是一个触及每个教育者教育观、儿童观等深层次观念的问题。幼儿教育工作者应当认识到，保障幼儿权利是幼儿教育的重要且基本的职能。这种教育与成人本位的教育的根本区别在于它的目的是帮助儿童最终成为成熟的、独立的、能正确地行使自己权利的合格社会公民，而不是成人的奴隶或附属品。为了实现这一职能，所有幼儿教育工作者都应在幼教实践中贯彻执行有关儿童权利保护的一系列法律、法规。

二、幼儿权利保护的主体

由于幼儿是无民事行为能力的人，无法主张自己的权利。很多时候，幼儿权利都由其法定代理人代理实施，幼儿从家庭生活转入幼儿园学习的过程中，其权利保护的主体会有相应的变化。

（一）家庭保护

2021 年 10 月 23 日，十三届全国人大常委会第三十一次会议表决通过了《中华人民共和国家庭教育促进法》。这是我国首次就家庭教育进行专门立法，自此以后，“依法带娃”有据可循。在保护幼儿权利方面，父母或其他监护人应当做到：

(1) 尊重幼儿接受学前教育的权利，不应剥夺幼儿接受教育的权利，不得使在幼儿园的幼儿辍学。

(2) 关心幼儿的日常生活和在幼儿园的活动，不让幼儿接触不适合他们的视、听、读物，不带幼儿进入不适合、不安全的活动场所。

(3) 教育幼儿遵守法纪，尊敬师长；要讲真话、实话，不说谎话，不骗人。

(4) 受家长学校或幼教机构的指导，学习掌握教育幼儿的科学方法。

(5) 继父母、养父母必须依法抚养、教育保护继子女，不得歧视、虐待、辱骂乃至遗弃幼儿。

【案例讨论】

李某(女)与王某(男)共同育有一婚生女王小小(化名)，现年3岁，正处于身心发展的重要阶段。一审法院判决准予双方离婚，王小小由李某抚养。因不服一审判决，王某上诉至长沙中院。在二审过程中，法官注意到二人都十分关爱小孩，都渴望获得抚养权。然而，双方在教育理念和配合探望方面始终不能达成一致，多次争执，致使矛盾不断升级，而此前王某未经协商强行将小孩带至异地的举动甚至惊动警方。2022年2月，长沙市中级人民法院针对两位监护人对现年3岁王小小(化名)的监护不当行为，向他们发出了《家庭教育告知书》。这是自《家庭教育促进法》生效后，湖南法院系统发出的首份《家庭教育告知书》。要求两位监护人切实担负起养育责任，加强亲子陪伴，注重言传与身教相结合，尊重直接抚养一方对于小孩生活习惯、学习习惯和学习目标的规划与安排。

评析：《中华人民共和国家庭教育促进法》第20条规定：“未成年人的父母分居或者离异的，应当相互配合履行家庭教育责任，任何一方不得拒绝或者怠于履行；除法律另有规定外，不得阻碍另一方实施家庭教育。”《中华人民共和国未成年人保护法》第24条规定“未成年人的父母离婚时，应当妥善处理未成年子女的抚养、教育、探望、财产等事宜，听取有表达意愿能力未成年人的意见。不得以抢夺、藏匿未成年子女等方式争夺抚养权。”《中华人民共和国家庭教育促进法》第34条规定：“人民法院在审理离婚案件时，应当对有未成年子女的夫妻双方提供家庭教育指导。”

长沙市中级人民法院在刚性法律的基础上以柔性的方式督促“失范”父母正确履行法定职责，就小孩的教育问题及时进行理性沟通，共同参与，发挥父母双方的作用，最大限度减少因父母离婚对小孩的不利影响。同时，长沙中院通过引入第三方专家进行指导，不仅能提高家庭教育指导的针对性和专业性，也能更好地汇聚社会力量为未成年人提供更强有力的保护，力求把科学专业的家庭教育理念、家庭教育知识和家庭教育方法送到家长手中，打通家庭教育指导服务的“最后一公里”，从而有效促进家长依法承担对未成年人实施家庭教育的主体责任。

(二) 幼儿园保护

随着年龄的增长，幼儿逐渐从家庭生活转入幼儿园学习。《侵权责任法》第三十八条规定："无民事行为能力人在幼儿园、学校或者其他教育机构学习、生活期间受到人身损害的，幼儿园、学校或者其他教育机构应当承担责任。"在保护幼儿权利方面，幼儿园、托幼机构和幼儿教师应当做到：

（1）幼儿园要为幼儿提供合格、卫生的教学和生活设施，要保证幼儿活动、饮食的健康与安全，保证幼儿充足的休息时间。

（2）幼儿教师应为人师表，以自身良好的言行影响和教育学生。对调皮、不听话的幼儿应当耐心教育，不得放任不管或任意剥夺其参加各项活动的权利。

（3）幼儿教师要尊重幼儿的好奇心与求知欲，保护幼儿的想象力和创造力，维护幼儿的童趣、童真和美好的心灵。

（4）教师应尊重幼儿的合法权益，维护幼儿的合法权利，对于损害幼儿权利的行为，可以通过合法的途径来交涉处理。

（5）对于残障幼儿，教师应采取保护性措施，帮助他们克服各方面的困难，教育其他幼儿要尊重、关心、爱护他们。

（6）幼儿园应与家长密切联系，并对家长进行家庭教育的指导，共同探讨教育幼儿的有效方法。

（三）社区保护

社区对于家庭保护起到着监督的作用，引导家长承担起保护幼儿的责任，增强家长对于家庭保护的意识。社区也是实施立法保护的媒介，国家政府有关法律需要通过社区来保障实施。社区是幼儿生活的大环境，在保护幼儿权利方面，社区应当做到：

（1）影视、文化、出版单位和人员，应为幼儿提供有利于其身心健康发展的精神产品。

（2）儿童乐园、公园等公共娱乐场所，应为幼儿提供符合幼儿特点、安全健康的设施环境。

（3）社区内的企事业单位要与幼儿园配合，为幼儿园的教育工作提供帮助。

（4）各级工会、妇联、体协应把保护幼儿的健康成长列为经常性的工作，会同教育部门对幼儿教育提供咨询指导。

（5）居委会、村委会应在政府有关部门指导下，开展保护幼儿和有益于幼儿身心健康的活动。

（6）社区公民有义务帮助有困难的幼儿，有义务对家庭暴力和虐待幼儿的行为进行举报。

（四）立法保护

我国目前有一系列有关儿童生存、保护和发展的法律以及大量相应的法规和政策措施，已经形成了较为完备的保护儿童权益的法律体系。对于儿童的生命权、生存与发展、基本健康和保护、教育、休闲和文化活动以及残疾儿童的特殊保护等，在国际上的《儿童权利公约》以及我国的《宪法》《刑法》《民法通则》《婚姻法》《教育法》《义务教育法》《未成年人保护法》《预防未成年人犯罪法》《残疾人保障法》《母婴保健法》和《收养法》等有关法律中均有系统的规定，并规定对虐待、遗弃、故意杀害儿童以及偷盗、拐卖、绑架、出卖、收买儿童等犯罪行为，予以严厉惩罚。《幼儿园教育指导纲要（试行）》《幼儿园管理条例》《幼儿园工作规程》等行政法规是专门针对幼儿教育管理和指导颁发的重要法规，旨在推动我国幼教事业的健康发展和管理工作的科学化，助力我国幼儿教育逐步走上依法治教的轨道。

三、幼儿权利保护的原则

《儿童权利公约》是儿童权利保护的宪章，其以儿童独立的权利主体地位为中心，以儿童的最大利益为出发点，对儿童权利保护基本原则做了系统的规定，其中，儿童最大利益原则是纲领性的原则。我们在对幼儿权利进行保护时，应该遵循以下原则。

1. 非歧视原则

非歧视原则要求我们不歧视儿童，无差别尊重儿童。该原则在儿童权利保护中处于首要和基础性的位置，不是一种理想保护，而是最低限度的保护。成人应努力保证儿童不因年幼而受到成人的歧视、剥夺、虐待、侮辱或其他不平等的待遇；不应该因为儿童年幼而使用讽刺、挖苦性的语言来侮辱儿童；更不应因儿童没有抵抗和还击的能力而将儿童作为成人发泄怨气和打击报复的对象。《儿童权利公约》规定：缔约国应遵守本公约所载列的权利，并确保其管辖范围内的每一儿童均享受此种权利，不因儿童或其父母或法定监护人的种族、肤色、性别、语言、宗教、政治或其他见解、民族、族裔或社会出身、财产、伤残、出生或其他身份而有任何差别；缔约国应采取一切适当措施确保儿童得到保护，不受基于儿童父母、法定监护人或家庭成员的身份、活动、所表达的观点或信仰而加诸的一切形式的歧视或惩罚。

2. 儿童优先原则

儿童个体柔弱，身心发展不健全，抵抗外界侵害能力差，需要更多保护。在发生纠纷或伤害时，儿童的权益应当被优先考虑和尊重，并且争取儿童利益的最大化。《儿重权利公约》规定："关于儿童的一切行动，不论是由公私社会福利机构、法院、行政当局或立法机构执行，均应以儿童的最大利益为一种首要考虑。"

如《婚姻法》里明确说明，法院处理离婚案件时，应以"照顾子女和女方权益的原则"进行判决。又比如《未成年人保护法》规定：任何人不得在中小学、幼儿园、托儿所的教室、寝室、活动室和其他未成年人集中活动的场所吸烟；任何组织和个人不得披露未成年人的个人隐私。以上所有的法律法规充分说明无论发生什么事，儿童的权益应当被优先考虑和尊重。

3. 尊重儿童原则

尊重儿童原则要求成人尊重儿童的基本权利，尊重儿童的基本自由。具体包括尊重儿童的人格尊严，尊重儿童的观点和意见；尊重儿童的身心发展规律和特点，以儿童的生存和健康发展为重。《儿童权利公约》规定，缔约国应确保有主见能力的儿童有权对影响到其本人的一切事项自由发表自己的意见，对儿童的意见应按照其年龄和成熟程度给以适当的看待。为达此目的，儿童应在影响到儿童的任何司法和行政诉讼中，以符合国家法律的诉讼规则的方式，直接或通过代表或适当机构陈述意见。在涉及儿童的事务时要先听取儿童的意见，发挥儿童的主观能动性，让儿童的意见得到应有的尊重，进而实现儿童享有宪法规定的言论自由的权利。尊重儿童的人格，既要尊重儿童的人格尊严，又要尊重儿童的隐私。所谓隐私，又称个人秘密，指个人生活中不愿为他人知悉的秘密，包括私生活、日记、照相簿、生活习惯、财产状况、通讯秘密、健康状况等。儿童的隐私、家庭、住宅或通信不受任意或非法干涉，其荣誉和名誉不受非法攻击。

4. 多重保护原则

国家、社会和家庭对儿童权利的保护承担义不容辞的责任，只有多重保护，儿童权利的实现才能成为现实。《未成年人保护法》规定：保护未成年人，是国家机关、武装力量、政党、社会团体、企业事业组织、城乡基层群众性自治组织、未成年人的监护人和其他成年公民的共同社会责任。《儿童权利公约》明确了缔约国应尽其最大努力，确保父母双方对儿童的养育和发展负有共同责任的原则得到确认。父母或视具体情况而定的法定监护人对儿童的养育和发展负有首要责任。儿童的最大利益将是他们主要关心的事。社会也同样承担相应的责任，包括为儿童提供满足儿童生长和发展所需要的物质和文化资料、信息等，并对儿童的社会化进程提供正确而合理的指导。

四、幼儿权利保护的措施

保护幼儿的合法权利，日益成为幼儿教育工作中一个不容忽视的问题。《教育法》《教师法》《义务教育法》《未成年人保护法》等法律都对幼儿的各项权利做出了明确规定。但是由于各种因素的影响，在教育教学中有意或无意侵害幼儿合法权利的现象还时常发生，使幼儿的身心受到损害。对此，我们应该予以高度的重视。幼儿的权利受法律保护，不容任何人侵犯。为了预防和有效制止教师侵害幼儿权利行为的发生，我们应采取以下有效措施。

(一) 提高教师的法律素养

教师法律素养的提高不仅是依法治国的必然要求，同时也是保障幼儿权利的前提和基础。教师应自觉学习教育法律法规，明确幼儿所享有的权利，自己应履行的义务，园所应承担的责任，提高对幼儿权益保障的自觉性，从根本上提升广大教师的法律素养。从而使教师自觉用法律法规来规范自己的言行，在教育教学工作中公正地对待每一个幼儿，尊重幼儿权利。

(二) 培养幼儿的法律保护意识

为使幼儿的合法权利不受侵害，园所和教师应加强引导幼儿学习法律知识，培养幼儿的法律保护意识，使他们清楚自己所应享有的权利以及当自己的合法权利遭到侵害时应采取的保护措施，这对遏止侵害幼儿权利现象的发生和蔓延是非常必要的。

(三) 加强法律监督

要保护幼儿的权利，必须高度重视教育法律法规的监督约束机制的建立和完善。我国应根据国情，尽快建立、健全有关教育调解、申诉和仲裁制度，建立和完善与教育法律法规监督相关的一些权威性机构，从而加大监督力度。除此之外，报刊、电视等舆论工具要紧密配合，对典型案例予以曝光、抨击，还可以组织专题讨论，使依法治校、依法执教的观念深入人心。各级教育督导机构和督学也要加强行政监督作用，以加强执法检查监督力度，严肃处理侵害幼儿权利的行为。总之，要使各种监督手段形成一股强大的力量，保证监督做到经常化、制度化，从而有效保护幼儿的合法权利。

(四) 树立民主的师幼关系

当今社会是民主社会，作为当代幼儿教师，教育观念必须与时俱进，明确突出幼儿主体的重要性，树立师生平等观念，尊重幼儿，充分认识到在人格尊严上师生是平等的，对作为容易受到伤害的幼儿，应给予加倍的呵护，认真保护他们的合法权利。

(五) 加强法制宣传

要在各级政府和教育主管部门的工作人员和领导干部中开展法律法规的宣传、教育活动。还要通过举办家长园所交流会，向家长宣传教育法律法规，让每一位家长都知道幼儿在校应享有的法律权利，使学校教育、社会教育、家庭教育三者有机结合，共同维护幼儿的合法权利不受侵害。

本章小结

幼儿法定权利是指法律赋予 3—6 岁幼儿实现其利益的一种力量。幼儿作为民事主体，具有权利能力，依法享有法律法规规定的生命权、健康权、姓名权、名誉权、隐私权、肖像权等合法权益；尊重、保障幼儿的法定权利，是每一位幼儿教育工作者义不容辞的职责。幼儿的法定权利与义务是同时存在的，享受一定的权利就应履行一定的义务，两者之间存在的关系是相互依存、密不可分的。

儿童的弱势群体地位和无民事行为能力这一特殊法律身份，共同决定了需要家庭、幼儿园和社区，以及国家层面的立法来保护幼儿的合法权利。在保护儿童权利的过程中，我们要遵循非歧视原则、儿童优先原则、尊重儿童原则、多重保护原则。

为了预防和有效制止教师侵害幼儿权利行为的发生，我们应采取以下有效措施：提高教师的法律素养；培养幼儿的法律保护意识；加强法律监督；树立民主的师幼关系；加强法制宣传。

1. 简述幼儿法定权利与义务的关系。
2. 简述幼儿权利保护的主体以及应当坚持的原则。
3. 简述幼儿权利保护的具体措施。

学前教育的政府职责

1. 了解学前教育的性质与功能。
2. 把握政府在发展学前教育中的重要作用和主要职责。
3. 掌握我国学前教育的基本管理体制和办园体制。
4. 了解我国特色社会主义制度的优越性。

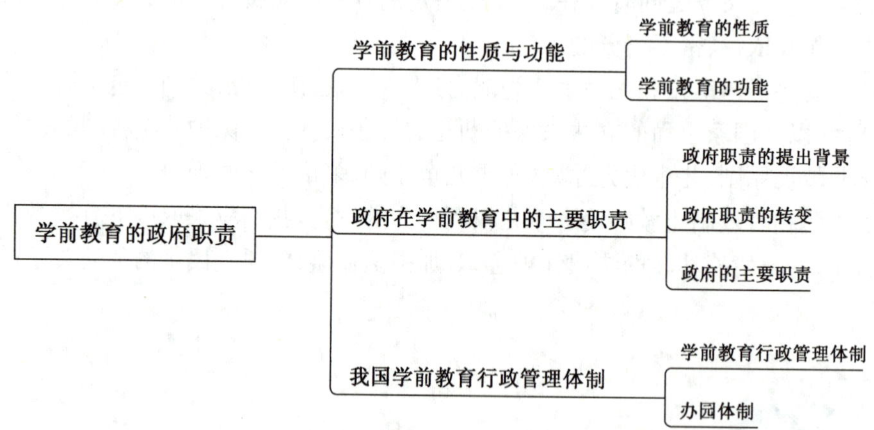

学前教育是我国教育体系的重要组成部分，也是基础教育的奠基部分，它不仅对幼儿的个体发展至关重要，对于国家和社会的发展也产生了深远的影响，因此我国高度重视发展学前教育事业，强调政府在学前教育事业发展过程承担中的首要责任。

20世纪80年代以来，我国的学前教育办学主体逐渐向多元化趋势发展，政府逐渐淡出学前教育领域，这使得我国的教育体制受到一些冲击，产生了部分问题。针对以上问题，政府高度重视，在2010年颁布的《国务院关于当前发展学前教育的若干意见》(以下简称《若干意见》)中将“坚持公益性和普惠性，努力构建覆盖城乡、布局合理的学前教育公共服务体系”确立为我国学前教育发展的基本方向。它明确了国家在发展学前教育过程中应当承担的首要职责。《国家中长期教育改革和发展规划纲要(2010—2020年)》(以下简称《教育规划纲要》)提出“明确政府职责”，也进一步明确了政府在促进学前教育发展过程中承担的主要责任。

第一节 学前教育的性质与功能

一、学前教育的性质

(一) 基础性

学前教育作为我国社会主义教育事业的重要组成部分，是我国学制系统的第一阶段。1951年由政务院发布的《关于改革学制的决定》将幼儿教育纳入学制系统。2010年《国务院关于当前发展学前教育的若干意见》也指出“学前教育是终身学习的开端，是国民教育体系的重要组成部分”。由此可见，学前教育早已被我国纳入学制系统，成为学制体系中不可或缺的部分。学前教育同时也是我国基础教育的重要组成部分。《关于幼儿教育改革与发展的指导意见》中指出：“幼儿教育是基础教育的重要组成部分，发展幼儿教育对于促进儿童身心全面健康发展，普及义务教育，提高国民整体素质，实现全面建设小康社会的奋斗目标具有重要意义。”学前教育对于塑造幼儿完整的社会性、健康的人格品质具有非常重要的作用。6岁以前是儿童养成良好行为习惯和健全人格品质的重要时期，它为幼儿进入小学阶段的学习做好准备，且这一时期的发展状况对儿童一生都具有持续性影响，它决定了儿童日后的人格品质、学习能力以及行为方式的发展、性质和水平。因此，学前教育是具有基础性的教育。

(二) 教育性

我国颁布了多部法规文件与政策，都明确了学前教育的基本特性之一就是教育性。

《中华人民共和国宪法》第一章第十九条规定:“国家发展社会主义的教育事业,提高全国人民的科学文化水平。国家举办各种学校,普及初等义务教育,发展中等教育、职业教育和高等教育,并且发展学前教育。”

1997 年印发的《全国幼儿教育事业“九五”发展目标实施意见》进一步提出:“幼儿教育是我国学制的第一阶段,是基础教育的有机组成部分。它既为幼儿入小学做准备,也为九年义务教育的实施奠定基础,发展幼儿教育事业是关系到人口素质提高和民族未来兴衰的大问题。”

2001 年教育部颁布的《幼儿园教育指导纲要(试行)》指出:“幼儿园教育是基础教育的重要组成部分,是我国学校教育和终身教育的奠基阶段。”

(三) 公益性和普惠性

学前教育作为公共事业天然具有公益性。《若干意见》中规定:“发展学前教育,必须坚持公益性和普惠性。”由此可见,学前教育必须具备公益性和普惠性两种性质,它反映了我国学前教育事业对于社会民众需求的积极响应。

1. 学前教育的公益性

学前教育的公益性是指它所提供的产品或服务只能由人们共同地占有和享用。学前教育带来的利益具有公共性、社会性,利益主体不仅仅社会群体中的某一成员,还包括了公众、社会、国家甚至整个人类。因此,学前教育作为整个教育系统的重要组成部分,具有很强的公益性。《若干意见》指出,学前教育“是重要的社会公益事业”。《教育法》第八条规定:“教育活动必须符合国家和社会公共利益。”由此可见,学前教育能为受教育者和其他社会成员带来的收益,不仅包含了经济层面的教育收益,还包括非经济层面的教育收益,且这种收益为大多数甚至全体公民无差别地享有。

学前教育的公益性由以下两点得以体现:第一,学前教育的社会功能。纵观学前教育发展史,世界上第一所托幼机构的成立就是以保护工人和贫困家庭年幼子女的生命安全为目的而举办的,该机构作为企业职工的一种福利,同时也可视为一种典型的社会公共福利事业,它成立的初衷就是带有慈善性、救助性的。同时学前教育在为受教育者本身带来教育收益的同时,还具有非常可观的社会收益,如大幅度提高国民人口素质,增加就业机会,预防并减少因贫困和愚昧导致的犯罪等社会性问题,为国家未来的人才资源储备奠定了基础。第二,学前教育要保障所有儿童均可公平享有受教育的权利。《儿童权利公约》规定,生存权和发展权是每个儿童都应享有的基本权利。《若干意见》中将“坚持公益性和普惠性,努力构建覆盖城乡、布局合理的学前教育公共服务体系”确立为我国学前教育发展的基本方向。享受国家提供的学前教育服务是每位儿童都享有的基本权利,国家和政府应当从制度和政策上予以保障。

2. 学前教育的普惠性

“普惠”一词包含了普遍性、非歧视性和非互惠性三个基本特点。为解决我国学前教育中出现的“入园难,入园贵”等现象,体现教育的公平与公正,我国政府选择大力发展普惠性幼儿园以满足社会公众对学前教育的需求。政府通过新建、扩建、改建幼儿园,在保证质量的前提下增加公办幼儿园数量,同时出台相关优惠政策,支持街道、农村集体举办幼儿园，对“面向大众、收费较低”的民办幼儿园给予政策倾斜等方式，加大普惠性学前教育资源，力求保证社会群众，尤其是弱势群体的子女（如农村留守儿童、残疾儿童、经济不发达地区儿童）能够享受基本的学前教育服务。

2010 年出台的《教育规划纲要》提出了“基本普及学前教育”的要求。国务院《若干意见》中强调学前教育普惠性的重要性与紧迫性。近年来，各级政府都将支持与发展普惠性幼儿园作为发展学前教育事业的重心之一，维护学前教育的普惠性也成为我国学前教育事业发展的根本导向。

我国普惠性幼儿园主要包括公办园和普惠性民办幼儿园，两者相辅相成，共同承担了普惠性学前教育的服务职能。

（四）保育与教育相结合的特性

学前教育的教育对象主要是 3—6 岁的学龄前儿童，而教育对象的年龄决定了学前教育必须“保教结合”，以保障幼儿身体和心理两方面得到充分、健康的发展。各级政府在我国学前教育事业的发展中主要承担行政管理职能，而幼儿园则是实施学前教育的主体。教育部 2022 年印发的《幼儿园保育教育质量评估指南》中指出，“要推动学前教育事业发展，必须落实保教结合的科学教育理念”；《幼儿园管理条例》规定“幼儿园应当贯彻保育与教育相结合的原则”；《幼儿园教育指导纲要（试行）》也强调幼儿园应该“保教并重”；《幼儿园工作规程》指出，“幼儿园是对 3 周岁以上学龄前幼儿实施保育和教育的机构”。

由于学前教育的对象具有特殊性，因此幼儿园教育和中小学教育不同，它要从幼儿的年龄特点和能力需要出发，对教学活动加以组织安排。幼儿园在教育幼儿的同时还应结合保育，这是学前教育区别于其他教育阶段的主要特点。在学前教育阶段，幼儿园教育的主要目标就是“促进幼儿身体正常发育和机能的协调发展，增强体质，促进心理健康，培养良好的生活习惯、卫生习惯和参加体育活动的兴趣”。教育包括了向幼儿传授知识经验，发展智力、语言能力及社会适应能力。保育涵盖的范围非常广泛，其中的“健康”不仅指幼儿的身体健康，还包括心理健康、良好的社会性等。幼儿的身体健康包括预防疾病，加强营养和体育锻炼，使幼儿拥有健康的体魄，合理安排幼儿的饮食、睡眠，帮助他们养成良好的生活习惯；心理健康包括培养幼儿积极的情感和良好的个性品质，帮助幼儿形成稳定、良好的情绪，注重培育健康、积极的情感；良好的社会性是指培养幼儿探索环境、适应社会的能力，以及幼儿良好的交往能力，培养幼儿具有与其他人交往的勇气，同时掌握与他人交往的技巧。学前教育阶段，幼儿园应依照德、智、体、美的要求，有目的、有计划地对幼儿进行全面发展的教育教学。保育和教育是学前教育中的两个不同方面，两者相辅相成、紧密结合。3—6 岁的幼儿，不管是生理还是心理上都处在生长发育的关键时期，因此不仅需要幼儿园的保育细心呵护，还需要教育带来的知识积累和良好品质的养成。

二、学前教育的功能

学前教育作为我国基础教育的奠基部分，不仅是基础教育的基础，也是国家教育体系的重要组成部分，更是终身教育的开端，因此其重要性不言而喻。国务院的《若干意见》指出：“办好学前教育，关系亿万儿童的健康成长，关系千家万户的切身利益，关系国家和民族的未来。”因此，发展学前教育事业不仅对幼儿个体和幼儿家庭有着重大作用，同时还极大地推动了我国教育事业和社会的发展。

（一）促进幼儿全面发展

1. 促进幼儿的社会性发展，完善幼儿人格品质

从《幼儿园暂行规程（草案）》到《幼儿教育指导纲要（试行）》，我国颁布的一系列学前教育政策与法规都强调应对幼儿实施全面发展的教育，以促进幼儿身心和谐良好地发展。《幼儿教育指导纲要（试行）》中更是明确指出“幼儿园的教育是全面的、启蒙性的，可以相对划分为健康、语言、社会、科学、艺术五个领域，也可作其他不同的划分。各领域的内容相互渗透，从不同的角度促进儿童情感、态度、能力、知识、技能等方面的发展”。

幼儿的性格、特征、态度和习惯构成了其人格品质；社会性则是指主体作为社会成员而活动时所表现出的有利于集体和社会发展的特性，包括利他性、协作性、依赖性，以及更加高级的自觉性等。这二者均受到其生活环境、后天教育等因素的影响。其中，学前教育阶段是儿童发展良好社会性、完善人格品质的重要阶段。在这一时期，幼儿在正确教育的影响下，在与他人的互动过程中，逐渐形成和发展自身对人、事、物的情感态度，从而为其后续的发展奠定了至为关键的人格基础与社会化基础。

2. 促进幼儿的能力发展，为幼小衔接奠定基础

3—6 岁是儿童认知能力发展最为迅速也是至关重要的时期，幼儿教育在其一生的发展中具有十分关键的基础性作用。2021 年，教育部印发了《关于大力推进幼儿园与小学科学衔接的指导意见》，其研制背景为：促进幼儿园和小学科学衔接，全面做好入学准备和入学适应教育工作，确保儿童顺利实现从幼儿园向小学生活过渡，对其身心健康和终身发展具有重要意义。儿童在学前教育阶段不仅拥有巨大的学习潜力及很强的模仿力、想象力和创造力，同时该阶段还是幼儿生理、心理、社会性多方面发展的关键时期，因此幼儿具有全面发展的“可能性”。在幼儿发展的敏感期内，其学习知识经验或养成某种行为习惯的效率会更高，但错过这一关键时期，则会导致学习效率低下，甚至是无法弥补。为了将幼儿全面发展的可能性变为现实，就需要成人为儿童提供适宜其发展的良好环境，尤其是良好的教育环境，同时，确保良好的教学质量也是保障儿童发展的重要基础。学前教育的质量直接影响了幼儿是否能形成正确的学习态度、培养良好的学习习惯和强烈的学习动机，因此它对儿童的认知发展和终身学习至关重要。

通过培养儿童良好的社会适应性、学习适应性、身体素质、学习与行为习惯、态度和能力等方面，帮助幼儿在身体、情感、社会性适应和学习适应等方面做好升学准备，使其能较好地适应小学的学习和生活。

3. 对特殊困难儿童的补偿性教育

针对教育处境不利的儿童，国家出台了多部政策给予相关的补偿性教育，如 2022 年教育部颁发的《特殊教育办学质量评价指南》明确强化了政府发展学前教育特殊教育的责任，包括坚持正确政治方向、统筹规划布局、改善办学条件、强化经费保障、健全工作机制 5 项关键指标，2011 年国务院颁布的《中国儿童发展纲要（2011—2020 年）》也在“儿童与教育”模块中强调了应当保障特殊困难儿童接受义务教育的权利。

实践证明学前阶段的补偿性教育的确能有效减少社会贫困，提高家庭生活质量且产生良好的社会经济效益。补偿性教育的对象主要是家庭经济状况较差、父母文化水平不高的儿童，通过接受学前教育，使这些儿童能更好地发展认知、智力、社会性等方面，为将来的小学教育、中学教育、高中教育打下扎实的基础，从而获得人的全面发展。

（二）推动教育事业和社会的进步

1. 推动教育事业的发展

学前教育作为我国学制的第一阶段，对国家教育事业的整体发展，尤其是基础教育的发展产生了深远的影响。接受过学前教育的儿童，能够在认知、语言、社会性等方面发展得更为完善，从幼儿园过渡到小学也更为顺利。实践证明，在学前教育阶段有意识地培养幼儿的学习适应能力，如抽象思维能力、观察能力、对语言指示的理解能力和读写算的基本技能；社会适应能力，如任务意识与完成任务的能力、规则意识与遵守规则的能力、独立意识与独立完成任务的能力、幼儿的主动性、人际交往能力等，能够让儿童的小学生活有一个良好的开端。这在很大程度上避免了儿童在基础教育阶段因能力不足导致教育过程不顺利。

2. 推动社会的进步

1979 年《城市幼儿园工作条例（试行草案）》规定：幼儿园工作的任务之一就是“减轻家长在教育孩子方面的负担，使他们能安心生产、工作和学习”。1996 年《幼儿园工作规程》规定幼儿园的任务是：“贯彻国家的教育方针，按照保育与教育相结合的原则，遵循幼儿身心发展特点和规律，实施德、智、体、美等方面全面发展的教育，促进幼儿身心和谐发展。幼儿园同时面向幼儿家长提供科学育儿指导。”幼儿的健康成长影响了一个甚至多个家庭的幸福，而家庭作为社会的基本组成单位，也决定了社会的幸福指数和稳定性。因此，幼儿的健康成长不仅仅是影响家庭生活是否和谐幸福、家庭生活质量是否有保障的关键性因素，同时也关系到社会能否正常、健康运转。

我国的学前教育机构不仅要从时间上为家长参加生产、工作和学习提供便利，同时也承担了为家庭提供科学育儿指导的重任。因此，学前教育的质量成为家长关注的核心，它直接影响了家长的生产、工作和学习效率。

第二节 政府在学前教育中的主要职责

一、政府职责的提出背景

20 世纪 70 年代开始，政府逐渐高度重视学前教育事业的发展。同时由于计划经济体制的解体，原本与之相对应的教育体系也逐渐瓦解，加之越来越多“双职工”家庭的出现，人们迫切需要专业的机构帮助父母减轻抚养幼儿的压力。为了满足人们对学前教育的需求，国务院设立托幼工作领导小组，地方也设立了相应机构来领导学前教育事业的发展。

(一) 法律规定政府应承担学前教育发展过程中的重要职责

《教育法》明确规定了国家实行学前教育、初等教育、中等教育、高等教育的学校教育制度。中等及中等以下教育在国务院领导下,由地方人民政府管理。2003年十部委《关于幼儿教育改革与发展指导意见》明确了教育部门为幼儿教育的主管部门,负责学前教育事业发展和质量提高的双重任务;明确了政府其他部门在学前教育领域中应该承担的责任。该指导意见要求"进一步完善幼儿教育管理体制和机制,切实履行政府职责",坚持实行地方负责、分级管理和有关部门分工负责的幼儿教育管理体制。综上可见,我国法律将发展学前教育明确为政府应尽的责任。而《规划纲要》的出台再次明确了政府对学前教育事业的重要责任,这意味着国家比以往更加重视学前教育。

(二) 政府履行学前教育职责的现状

我国历来非常重视学前教育事业的发展,各级政府在发展学前教育事业上积极履行相应职责。但由于少数地方政府对学前教育事业缺乏有效的顶层规划,财政投入力度不足,导致教师编制不足、待遇过低等问题长期得不到解决。同时还有部分地方性政府简单将幼儿园"市场化",减少财政投入,导致高质量的普惠性幼儿园越来越少。①

目前来看,政府在履行学前教育领域中的职责现状如下:

1. 政府大力发展公办幼儿园、普惠性民办幼儿园

大力发展公办幼儿园和普惠园是落实政府责任、保证学前教育公益性的重要举措。然而随着我国企事业单位大刀阔斧的改革,大多由原单位举办的幼儿园逐渐与这些企事业单位分离开来,我国开始了幼儿园办园体制社会化的探索过程。在此期间,公办幼儿园的数量迅速减少,民办幼儿园则在此期间得到了快速的发展。

2005年,我国民办幼儿园数量仅为6.88万所,根据最新公布的教育发展统计公报,2020年民办幼儿园数量升至16.8万所。15年间,民办幼儿园数量增加近10万所。2021年全国教育事业发展统计公报统计,全国共有幼儿园29.48万所,比上年增加3117所,增长1.07%。其中,普惠性幼儿园24.47万所,比上年增加1.06万所,增长4.55%,占全国幼儿园的比例83.00%。新增的公办幼儿园主要分布在乡村和镇区,而新增的民办幼儿园则主要分布在镇区和城区。快速增加的幼儿园数量的确有效缓解了我国适龄儿童"入园难"的现状,但是如何提高普惠性民办幼儿园的质量还需要更多的时间去解决。

2. 政府对学前教育的投入比例逐步上升

政府对学前教育的投入是我国学前教育事业取得发展的主要来源。有资料表明,学前教育总投入占全国教育总投入的比例,近10年间一直维持在1.24%—1.44%。财政经费在全国教育经费总投入中所占的比例也是最少的。学前教育作为基础教育的重要组成部分、也是我国学制体系中的第一级,从政府和社会获得的教育资源反而最少,经费投

① 庞丽娟.加快普及学前教育需要落实政府责任[N].光明日报,2010-04-01.

入水平也是最低的，这导致我国学前教育的经济基础最薄弱。但是近年来，随着各级政府对学前教育事业的重视程度不断提升，学前教育获得的投入总量也开始呈现不断增长的趋势。

3. 行政管理机构设置的合理化和人员配比的科学化程度不断提高

在确定"地方负责、分级管理"的工作思路后，学前教育管理的重心下移，地方政府尤其是区县政府开始系统规划管理辖区内的学前教育行政机构，提供制度支持。但是仍存在管理部门和管理人员不足的情况，2008 年的抽样调查显示，有一半以上的教育部门没有专设学前教育管理机构，有 1/4 的教育部门既没有专设机构也没有专职人员，一些地区的学前教育处于无人管理的"真空状态"①。若不设置合理的教育行政机构和人员安排，将很大程度制约我国学前教育事业的发展。

在"国十条"颁布之后，各级政府承担起相应的学前教育职责，教育部门设立专职人员管理学校教育工作，并加大公办园的举办规模和数量，同时在办园形式上进行了更多改革和创新，举办普惠性公办幼儿园，并加强对民办幼儿园办园质量等的监管责任，保持学前教育的公益性。

二、政府职责的转变

政府职能受到社会、政治、经济、文化等宏观因素的影响和制约。因此，政府在学前教育事业发展中承担的职能范围、权力界限和行为方式在不同时期也在不断调整变化。

（一）职责范围：由"全能政府"向"服务型政府"转变

过去我国实行计划经济，这导致政府在学前教育领域中扮演的角色属于"全能政府"，即行政部门通过计划、行政命令等方式，从宏观到微观对学前教育的发展和公办幼儿园实行全方位管理。随着我国经济体制的转型和改革开放的深入推进，1985 年中共中央《关于教育体制改革的决定》颁发，标志着政府在教育中的职能开始转变。

国家提出了"服务型政府"的理念后，政府职责由之前的全方位管理逐渐调整为主要从事"经济调节、市场监管、社会管理和公共服务"，政府在学前教育领域中的职责同时也是其公共服务职能的重要组成部分。

各级政府逐渐将职责范围转变为以宏观指导和提供服务为主，对幼儿园的管理模式也逐步发生转变。这种职能范围的转变并不意味着政府对学前教育责任有所减少，反而代表政府以更合理的规划、更灵活的手段去指引学前教育科学发展，构建学前教育公共服务体系。

（二）权力界限："统一领导，直接管理"向"省级统筹，分级管理"转变

1978—1985 年期间，我国学前教育的重心放在了修复和重建学前教育体系上，在该阶段国家对学前教育实行的是集中统一的行政管理体制。教育部设立了幼教特教处，加强中央政府的统一领导。由于当时我国学前教育资源的供给不足，国家提倡机关、工矿以

① 中国学前教育发展战略研究课题组. 中国学前教育发展战略研究[M]. 北京：教育科学出版社，2010：18－19.

及企事业单位自主重建内部的托幼机构。1985年后随着我国不断推进经济体制的改革，中央发布了《中共中央关于教育体制改革的决定》，其中明确规定："实行基础教育由地方负责、分级管理的原则，是发展我国教育事业、改革我国教育体制的基础一环。"这一纲领性文件的出台促使我国形成了地方负责、分级管理的职能高度分化型管理体制。在这一背景下，学前教育也进行了相应调整，1989年，经国务院批准正式实施的《幼儿园管理条例》第六条中也明确了"幼儿园管理实行地方负责、分级管理和各有关部门分工负责的原则"。

（三）行为方式：逐渐走向多元化和综合化

改革开放初期，我国政府对学前教育事业的管理方式更多的是运用行政手段，采取直接、微观的计划和命令。政府对学前教育的财政投入均由中央集中掌控，实行"计划定、财政拨、银行管"的方式，因此学前教育的经费投入、来源渠道都较为单一。同时，政府通过行政命令的方式对学前教育的发展进行直接管理。

到了20世纪80年代，随着我国经济体制的重大转型，政府对学前教育事业的管理以及调控手段、程度也相应地发生变化，逐步由过去的主要依靠行政、计划手段转向综合运用经济、政策、计划和信息等多种手段领导和管理学前教育事业。

由于学前教育本身还涉及文化、经济、卫生、福利等诸多领域，因此，除了依靠政府统筹管理、协调规划，还需要动员政府各职能部门共同参与、分工协作，在各个部门之间做好信息沟通、人员合作、资源共享等工作。

三、政府的主要职责

学前教育不仅是我国教育体系的重要组成部分，还是基础教育的奠基阶段，更是惠及无数幼儿的公共事业。大力发展学前教育不仅对幼儿个体的终身发展具有重要的基础性价值，同时对国家和社会的发展也产生了长效的收益及补偿功能。国家现在高度重视与发展学前教育事业，政府不仅是保障、促进学前教育事业发展的责任主体，同时还是明确、落实学前教育事业健康发展的重要保障。

政府在推动学前教育事业发展的过程中承担了总体规划、领导、组织、协调、管理与监督等职能，具体来说，主要体现在以下五个方面。

（一）强化政府相关职责

当前我国学前教育事业虽取得一些重大成就，但在发展过程中仍然暴露出一些不足。20世纪80年代以来，随着我国经济体制的改革，政府逐渐淡出学前教育领域，与此同时，幼儿园的办学主体也逐渐向多元化发展，原来的学前教育体制受到了强烈的冲击，引发以下几个问题：第一，政府行政管理机构和人员配置不健全，各级政府的行政管理力量不足，导致政府承担的责任难以落实。第二，部分行政管理部门将学前教育事业过分市场化，公办园发展不足、数量不够，而民办幼儿园受市场经济影响，发展重心偏向追求经济利益，导致出现"入园难、入园贵"等问题。第三，政府财政投入不够，与国际上他国相比，我国的学前教育财政投入比例远落后于世界其他国家；与国内其他学段相比，学前教育的财政性经费在全国教育经费总投入中所占比例也是最低。经费的不足产生了一系列其他问题，如幼儿教师的编制、待遇问题得不到解决，师资队伍整体素质不高、稳定性差等。

针对以上问题，政府应当强化自身职责，高度重视发学前教育事业的发展。《若干意见》中就提出学前教育发展的基本方向是“坚持公益性和普惠性，努力构建覆盖城乡、布局合理的学前教育公共服务体系”。

过去我国政府在发展学前教育事业中过多强调学前教育的非义务性，要改变这一现状，就需要政府转变观念，充分认识学前教育的基础性、强外部性和公益性等根本特性，坚持学前教育的公益性和普惠性，构建学前教育公共服务体系，保障适龄儿童接受有质量的学前教育，重建政府合理观念，强化政府职责。同时，政府还要充分认识到发展学前教育的重要性和紧迫性，将大力发展学前教育作为贯彻落实《教育规划纲要》的突破口，作为推动教育事业科学发展的重要任务。具体来说，有以下几点做法：

1. 制定办园标准

《教育规划纲要》提出政府应承担“制定学前教育办园标准，建立幼儿园准入制度”的行政管理职责，因此各级政府应当依照国家办园标准和本区域内民众对育儿的不同需求，因地制宜地制定各类幼儿园办园标准，并实行分类管理、分类指导。现阶段我国出现的“入园难”“入园贵”等问题客观存在，但不可为解决这个问题而降低基本办园条件和保教质量，特别是乡村和边远山区的幼儿园必须保证新办园符合办园标准。这也是规范学前教育市场的重要措施之一。

2. 制定收费标准

《教育规划纲要》提出“完善幼儿园收费管理办法”。各级政府应根据当地经济发展水平，核定幼儿园办园成本，制定合理的收费标准。《幼儿园收费管理暂行办法》规定，幼儿园收费统一为保育教育费、住宿费，幼儿园为在园幼儿教育、生活提供方便而代收代管的各类费用，应该遵循“家长自愿，据实收取，及时结算，定期公布”的原则，不得与保育教育费一并统一收取。同时幼儿园应通过设立公示栏、公示墙等形式向外公示收费项目、标准等相关内容，招生简章应写明幼儿园性质、办园条件、收费项目和收费标准等内容。

3. 建立质量评估与监管体系

《教育规划纲要》提出“加强学前教育管理，规范办园行为”，《幼儿园工作规程》提出了从办园条件、安全卫生、保育教育、教职工队伍、内部管理等五个方面对幼儿园展开评估。由此可见，政府应当以教育部门为主，协同有关部门建立起常规性的、全覆盖的质量评估与监管体系，同时将民办幼儿园与公办幼儿园一同纳入教育质量评估与监管体系中，以确保办园质量不断提高。建立健全质量评估体系也可有效防止一切违背幼儿身心特点和发展规律的教育内容进入幼儿园，确保幼儿身心的健康发展。

4. 配置相应机构与工作人员

学前教育目前面临的“入园难”“入园贵”等问题还较为突出，再加之我国学前教育基础还较薄弱，普及率不高，城乡地区发展不均衡等问题，导致目前的学前教育资源无法完全满足社会需求。因此政府还应当增设相应的机构和人员作为保障，强化政府行政管理力量，落实政府责任。

（二）多种渠道加大对学前教育的财政投入

教育投入是支撑国家长远发展的基础性、战略性投资，是教育事业的基础。有效的资金投入是保障我国学前教育事业健康发展的物质基础，也是保障学前教育硬件条件、提升师资素质的物质基础。《教育法》第五十四条规定：“国家建立以财政拨款为主、其他多种渠道筹措教育经费为辅的体制，逐步增加对教育的投入，保证国家举办的学校教育经费的稳定来源。”由此可见，我国教育经费的主要来源包括了国家财政性教育经费，社会团体和公民个人办学经费，社会捐赠、集资办学经费，学费、杂费及其他教育经费。20 世纪 80 年代，学前教育主要依靠国家和地方政府的财政投入，教育部门、妇联、卫生部门和各地的企业事业单位纷纷举办公立或福利性质的幼儿园。但随着我国经济体制与企业事业单位的深入改革，国家和政府逐渐减少对学前教育的投入，各地幼儿园开始逐步改制，推行学前教育的民营化。但我国 70%以上的非公办幼儿园基本上得不到国家和地方财政的支持。学前教育市场化导致民营幼儿园在经营过程中过分追逐经济利益最大化，导致我国学前教育的主要矛盾由过去的“幼有所育”逐步转向了“幼有优育”，这种矛盾在经济欠发达的农村、西部地区以及边远山区尤为明显。

为确保学前教育事业的公益性和普惠性，我国政府出台一系列措施，具体有以下几点：

1. 发挥政府主导作用，大力举办普惠性幼儿园

由政府主导，建立科学合理的学前教育办园体制。政府通过大力发展公办幼儿园，支持企事业单位和集体办园等具体措施，来扶持学前教育事业的发展，增加办学质量有保障、收费合理的普惠性幼儿园的数量，以满足人们对学前教育的需求。

【案例讨论】

位于威海临港区浙江路南侧的佳尚府小区，一所现代化的幼儿园映入眼帘，园所环境优雅整洁，教室宽敞明亮，童趣盎然。孩子们在拥有现代化标准的电教化教学设备的教室和最新配置标准的弹性塑胶场地上尽情享受着童年的乐趣，这正是临港区今年新开办的佳尚府幼儿园。目前，临港区共有幼儿园 15 所，在园幼儿 3 067 人，省级示范园比例达到 60%，普惠性幼儿园覆盖率达 100%。“广覆盖、保基本、有质量”的学前教育公共服务体系初步形成。

临港区加大教育经费投入，大力支持普惠性幼儿园发展，积极构建公办幼儿园资源扩充机制。威高锦和幼儿园将于今年 12 月底开园，怡康苑、观澜悦小区配套幼儿园均已完工，正在进行设计装修等各项工作，预计明年投入使用，共可增加学位 665 个。2023 年，蔄山镇将规划建设 1 所大型公办幼儿园，可提供学位 360 个。学前教育资源布局与结构更加合理完善，学前教育公益性、普惠性底色更加鲜明。

评析：政府的主导作用是学前教育健康发展和质量不断提高的重要保障。通过大力发展高质量的普惠性幼儿园可推动我国学前教育事业健康发展。

2. 调动社会积极性，扩大教育资金投资渠道

政府通过出台财政扶持、税收征收、土地规划等配套优惠政策，鼓励和引导社会力量出资办学。如完善捐赠教育资源的激励机制、个人所得税税前扣除教育捐赠支出等，充分调动全社会的力量支持学前教育的发展，鼓励民间集体或个人举办优质幼儿园，不断提高社会资源对学前教育的投入。

3. 完善资金投入机制

学前教育事业的发展速度很大程度取决于政府对其的投入力度，我国《规划纲要》明确指出，"非义务教育实行以政府投入为主、受教育者合理分担、其他多种渠道筹措经费的投入机制。"因此，我国学前教育事业的发展经费应当纳入各级政府财政预算。

政府应当建立科学规范的学前教育预算制度，优化财政支出结构，统筹各项收入，将教育作为财政支出重点领域予以优先保障。首先应严格按照教育法律法规规定，保证教育财政拨款增长明显高于财政经常性收入增长，保证教师工资和学生人均公用经费逐步增长；其次，各级政府应适当增加在学前教育领域的财政投入比例，建立健全财政投入的政策体系；最后，各地应根据实际情况，通过多种渠道筹措学前教育经费，通过建立合理的学前教育投入机制和成本分担机制来体现政府公共服务责任。

4. 扩大公办幼儿园资源

当下，我国公办幼儿园教育资源分布不均，特别是边远山区、西部地区有大量家庭面临"入公办园难""入民办园贵"等问题，针对该问题，政府不断加大对学前教育的财政投入，通过新建、扩建幼儿园，规划小区配套幼儿园，调整中小学的富余资源办园等途径，扩大公办学前教育资源，保障城镇家庭特别是低收入家庭的幼儿顺利入园。同时各级政府进一步明确自身应承担的公共教育服务职责，完善经费投入机制，保障幼儿园办学经费的稳定来源和增长。《教育规划纲要》提出："支持办好现有的乡镇和村幼儿园；重点支持中

西部贫困地区充分利用中小学富余校舍和社会资源，改扩建或新建乡镇和村幼儿园；对农村幼儿园园长和骨干教师进行培训。”

我国政府致力于加强对弱势群体的关照，以政策倾斜或购买服务的方式，给予在学前教育实践中受到不公平待遇或处境不利的幼儿家庭必要的补偿。其实施的“幼有所育”计划，由政府大力发展公办园，支持每个乡镇至少办好一所公办中心幼儿园，大村独立建园，小村联合办园或设分园，完善农村学前教育服务网络，帮助农村贫困家庭幼儿就近接受学前教育，解放农村劳动力。

5. 加强政府对教育经费的管理

各级政府在保障学前教育经费的同时建立了有效的管理监督机制。如通过规范收费行为，强化执行过程监控等手段，保证学前教育经费的专款专用和有效使用。

在幼儿园的收费制度上，政府根据当地的经济发展状况、教育成本和群众承受能力，调整学费标准，制定切实可行的收费办法和最低收费标准，避免了恶性竞争，确保幼儿园的教育质量与数量同步提升，从而在根本上确保幼儿受教育权利和公共利益的实现。在学前教育各项经费的监管机制上，政府明确了财政性投入比例，制定人均经费基线标准，加强对教育经费的预算、监督和管理，接受财务、审计等有关部门的监督检查，逐步建立健全学前教育经费使用问责制度。

资金投入是学前教育事业取得长远发展的重要物质基础。各级政府通过加大基础设施建设、改善办学环境，提供社会补贴等方式，增加对学前教育事业的财政投入；通过引导社会资金投入拓宽经费来源，构建政府主导、社会参与的学前教育资金投入体制，大力推动我国学前教育事业的公益性及普及化，保障学前教育事业健康发展。

（三）多种形式扩大学前教育资源

扩大普惠性学前教育资源是目前各级政府必须履行的职责之一，并且列入了国家和地方的“学前教育三年行动计划”。普惠性幼儿园包括公办园和普惠性民办幼儿园。2017年《关于实施第三期学前教育行动计划的意见》明确指出，到 2020 年“普惠性幼儿园覆盖率（公办幼儿园和普惠性民办幼儿园在园幼儿数占在园幼儿总数的比例）达到 80%左右”。我国要大力发展公办幼儿园，积极推动普惠性民办幼儿园，具体措施包括以下四个方面：

1. 发展公办幼儿园，完善学前教育公共服务体系

加大政府在学前教育领域的财政性投入，可通过以下几个途径：第一，可以通过新建、改建、扩建幼儿园的方式扩大公办幼儿园的数量；第二，对于建设超标准、高收费的幼儿园应当限制政府的财政投入；第三，可通过调整中小学的富余资源办园等途径，扩大公办幼儿园资源；第四，鼓励优质公办幼儿园积极开办分园或与其他主体合作办园；第五，政府出台制定相关优惠政策，支持街道、农村集体举办幼儿园。

【案例讨论】

2017 年 7 月 12 日，苏某与蒙某签订了幼儿园转让合同书。该合同约定：苏某自愿将

××幼儿园转让给蒙某使用；幼儿园现有装修、设备，在苏某收到蒙某的转让金后无偿归蒙某使用；幼儿园转让金为35 000元，签合同当日蒙某首付苏某17 500元的订金，剩余的17 500元在2017年9月10日前付清。合同还对该幼儿园的房屋租赁及原有员工留用、安置等问题作了约定。同日，蒙某向苏某支付了17 500元转让金。同年9月1日，×县教育局向蒙某核发了民办学校办学许可证，有效期2017年9月1日至2024年9月1日。余下的17 500元转让金蒙某在约定的时间届满时未能支付。为此，苏某曾找到××县府城镇中心学校，要求学校协助其追回剩余的17 500元转让金。余下的17 500元转让金蒙某至今未付。

后苏某起诉至法院，一审法院判决"蒙某支付苏某转让金17 500元及利息"，蒙某不服一审判决提起上诉，二审法院驳回上诉，维持原判。

评析：上述案例为幼儿园转让合同纠纷，从蒙某的角度讲，在转让幼儿园的过程中忽视了对于幼儿园资质等相关法规、规章的了解。

近几年国务院和地方政府出台了发展学前教育的法规、规章和扶持政策，鼓励优质公办幼儿园举办分园或合作办园，扩大办园规模，增加优质学前教育资源。支持街道、农村集体举办幼儿园。鼓励社会力量以多种形式举办幼儿园。

2. 鼓励社会力量以多种形式办园

政府可通过土地使用优惠政策、减免税费等方式，对社会力量办园给予政策性支持，尤其是针对面向大众且收费较低的民办幼儿园更应当积极扶持。可采取政府购买服务、减免租金、以奖代补、派驻公办教师等方式，来引导和支持民办幼儿园提供普惠性服务。同时政府还应当明确民办幼儿园在审批登记、分类定级、职称评定、资格认定、表彰奖励等方面与公办幼儿园具有同等地位。

3. 落实城镇小区配套幼儿园建设

《若干意见》明确指出城镇小区应当按照规定配套建设幼儿园，该建设责任由当地政府统筹安排，视情况举办公办幼儿园或委托办成普惠性民办幼儿园。同时《若干意见》还规定新建小区配套幼儿园要与小区建设"三同步"，即同步规划、同步建设、同步交付使用。随着我国城镇化水平的不断提高，积极推进城镇小区配套幼儿园的建设，并将其纳入政府公共服务的范畴中，对于促进学前教育事业发展、促进幼儿园合理布局具有重大意义。

4. 努力扩大农村学前教育资源

建设社会主义新农村的重要一环就是发展当地学前教育事业，将幼儿园建设纳入其公共服务环节并统一规划，优先建设，加快发展。各级政府应当加大对农村学前教育的投入，重点支持中西部地区；同时地方各级政府可设立学前教育专项资金，重点建设农村幼儿园。资源充足地区可独立建园，资源紧张地区可采取幼儿园设分园或联合办园，人口分散地区举办流动幼儿园、季节班等，同时由政府配备专职巡回指导教师，逐步完善我国农村学前教育网络。提升农村幼儿园数量的同时政府还要改善幼儿园的保教条件，保障基本保教设施、玩教具、幼儿读物的配置等。

（四）加强学前教育师资队伍建设

加强师资队伍建设重点是政府承担起优化教职工队伍结构的责任，通过核定教师编制的标准和实施办法以及设立财政经费保障教师培训、学习等途径，来构建、完善我国的学前教育师资队伍。根据《教育规划纲要》的要求，各级政府应严格执行幼儿教师资格标准，依法落实幼儿教师地位和待遇，加大幼儿教师的培养培训力度，并注意加强农村幼儿园师资队伍的建设与提升。

1. 核定编制，提高准入标准，优化教师队伍结构

各级政府应根据自身实际，在行政区域内核定幼儿园教职工的编制数量，同时要健全幼儿教师资格准入制度，从入口处严格把关。在面向社会公开招聘时，对幼儿教师的能力要求应兼顾学历、专业技能与职业道德操守，从源头上提升幼儿教师队伍的知识结构、专业技能和道德修养。

2. 依法落实幼儿教师地位，逐步提升福利待遇

当下我国幼儿教师面临问题主要有工作强度大，工资待遇低，教师编制数量少，配套的医疗、培训、进修等教职工福利无法享受等。这些问题消磨了幼儿教师工作的热情，也削弱了对自身工作的职业认同感，导致我国幼儿教师队伍不稳定，师资时常流失。

要增强幼儿教师的职业吸引力，稳定师资队伍的建设，政府应当逐步落实幼儿教师的地位，同时逐渐提高其福利待遇。各级政府在财政上明确幼儿教师的最低工资标准，落实绩效工资，以保障教师的合法地位。同时建立健全幼儿教师的社会保障制度，为教师提供良好的社会福利和保障，特别是农村和边远地区的基层教师，在工资、职务、职称方面给予适当政策倾斜；制定优惠政策，改善教师工作和生活条件；完善医疗保险、个人养老保险等社会保障制度。

3. 完善师资培养、培训体系

政府应当高度重视和加强对幼儿教师的培养培训力度，将培训经费列入政府开支，确保培养培训的财政支持；同时建立健全幼儿教师在职培训制度和职称晋升制度，切实保障幼儿教师的培训权利。《若干意见》提出了构建以师范院校为主体、综合大学参与、灵活开放的教师教育体系，通过多种渠道扩大幼师来源，缓解幼儿教师师资严重短缺的现状；同时提出了深化教育改革，增强教学能力训练、强化师德修养，以提高教师培养的质量；对农村幼儿园园长及骨干教师进行培训；完善教师培养、培训体系，做好培养、培训规划，优化队伍结构，提高教师专业水平和教学能力。这些举措在保证幼儿教师队伍的整体稳定性的同时还能不断提高教师专业素养。

（五）大力推进学前教育综合改革和立法

立法是国家宏观调控的重要手段之一，我国对教育体制的管理和调节体制的运行主要是通过立法实现的。目前我国学前教育领域法律法规还不够完善，具体表现在：法律规定不成体系，零散分布在其他相关法律法规中；具体实施中有法不依、违法不究的现象也屡见不鲜。这些立法上的不完善也给我国的学前教育事业发展带来了不利的影响，如财政经费投入不足、师资队伍建设困难、办学秩序混乱等，这些问题的出现

导致我国学前教育事业的发展滞后。为推进学前教育的良性发展，各地政府在加快建设幼儿园的同时也应当加强对学前教育领域的宏观指导，制定并完善相关法律法规，出台相关政策、制度。

1. 制定相关法律法规

我国应当加快学前教育立法进度，通过法律明确学前教育的性质、地位、目的、原则与宗旨；相关主体的权利、义务；学前教育的管理体制、法律保障等。同时还要明确规定学前教育的财政投入和保障条件；明确经费的监督与管理，保障资金稳定来源。最后还要通过立法明确政府的管理职责与监督职责，为社会公众监督政府的履职情况提供法律依据和保障。

2. 完善规章制度

制定立法的同时，政府还应推进学前教育综合改革，完善学前教育相应的规章制度。各地政府根据本地情况制定学前教育规章制度文件，建立工作推进机制，指导并管理具体工作以保障学前教育事业的健康发展。

第三节　我国学前教育行政管理体制

一、我国学前教育的行政管理体制

教育管理体制在教育事业发展中起着领导、组织、协调、监督与保障的作用，良好的学前教育管理体制是保障我国学前教育事业健康发展的核心，也是保障政府切实履行教育职责的关键所在。它体现的是国家对学前教育事业的宏观管理和重视程度。

目前我国在幼儿园的承办者资格、办园条件、登记注册、办园质量与评估监督等方面均作出了相应的规范与管理，但其中仍有部分疏漏导致产生相应问题。若无法对学前教育领域全方面进行有效的规范、管理，将会导致办园者的权益得不到有效保障，严重影响办园的积极性与教学质量。同时由于我国经济体制由计划经济转为市场经济，导致大量临时托管机构和非法成立的幼儿园过分追求经济利益，在办园过程中随意扩大班级规模、购买劣质玩具教具、低薪聘请不符合要求的教师及工作人员。为有效促进学前教育事业健康发展，政府还需进一步明确自身职责，完善教育管理体制。

1978—1985 年，国家对学前教育实行的是集中统一的行政管理体制。该阶段旨在恢复和重建我国学前教育体系，当时由教育部设立了幼教特教处，加强中央政府的统一领导。

1985—2003 年，国家实行地方负责、分级管理。该阶段学前教育由于管理权责不明，并未形成有效的管理体制和运行机制。

2003 年至今，我国开始尝试分级管理，强化省级统筹。《教育规划纲要》也进一步强调了学前教育的调整方向和目标，即“政府主导、成本分担、以县为主”。

我国现行的学前教育行政管理体制是“地方负责、分级管理和各有关部门分工负责”。其目的就是为了协调中央办学与地方办学的关系、政府与教育行政部门的关系、教育行政部门之间的关系、政府与学校的关系，以及学校与学校的关系。

（一）地方负责，分级管理

我国经济、文化、社会发展存在不均衡性，为了能有效统一、规划学前教育事业的发展，我国采取了“地方负责、分级管理”的行政管理体制。学前教育是我国基础教育的重要组成部分，将发展学前教育事业的责任与权力移交至地方政府，是为了充分调动地方政府的积极性，使其能够根据当地政治、经济、文化的发展水平与当地群众的实际需求，因地制宜地进行统筹规划、合理布局，以促进学前教育事业的整体发展。

地方负责指的是政府负责。学前教育作为基础教育的重要环节之一，各级政府应当承担起相应的行政管理职能。根据当地需求与自身实际，制定地方规章制度、政策措施，规划和布局本地学前教育事业的发展，对行政范围内的幼儿园进行规范管理。

将学前教育领域的行政管理权力分发至地方在很大程度上增强了政府的责任感，强化了其对幼儿教育事业的领导，同时由于将学前教育工作纳入地区经济、政治发展规划，政府各部门也增强了参与意识。对学前教育实行地方管理极大地推动了我国学前教育事业的发展，同时也在发展过程中形成了本地独有的地方特色。

（二）有关部门分工负责

政府主要通过职能部门对学前教育进行管理，由各级政府统筹，教育部门主管，有关部门协调配合，辖区内学前教育机构和家长共同参与。同时，充分发挥社区居委会和农村村民自治组织的作用、调动并利用多种社会资源，综合协调、共同促进学前教育事业稳定发展。

1. 教育部门主管学前教育

《幼儿园管理条例》第六条明确规定：“国家教育委员会主管全国的幼儿园管理工作地方各级人民政府的教育行政部门，主管本行政辖区内的幼儿园管理工作。”《教育法》第十五条规定：“国务院教育行政部门主管全国教育工作，统筹规划、协调管理全国的教育事业。县级以上地方各级人民政府教育行政部门主管本行政区域内的教育工作。”这意味着从中央人民政府到县级人民政府，在其下设立的教育行政部门都是政府对教育事业实施具体管理的职能部门，代表着政府管理教育事业，它既是政府决策的参谋者，也是决策的执行者。

《关于明确幼儿教育事业领导管理职责分工的请示》中明确规定，教育部门的主管职能主要包括：第一，认真贯彻中央、国务院关于幼儿教育的方针、政策、指示，拟定有关行政法规、重要规章制度；第二，研究拟定幼儿教育事业发展方针，综合编制事业发展规划；第三，承担对幼儿园的业务领导，制定相关标准，实行分类定级管理，建立幼儿教育督导和评估制度；第四，组织、培养和培训各类幼儿园的园长、教师，建立园长、教师考核和资格审定制度；第五，办好示范性幼儿园；第六，指导和推动幼儿教学的科学研究工作。

2. 各有关部门分工负责

学前教育的发展涉及经济、文化、卫生、福利等诸多方面，我国学前教育事业发展过程中面临的新情况与新问题，无法依靠教育部门独立应对和解决，因此需要各个政府职能部门积极参与、相互配合、密切合作。《关于明确幼儿教育事业领导管理职责分工的请示》中规定：必须在政府统一领导下，除地方政府举办幼儿园外，主要依靠部门、单位和集体、个人等方面力量发展幼儿教育事业，试行"地方负责，分级管理"和有关部门分工负责的原则。

政府各部门负责落实国家教育方针、政策，开展教育改革试验，根据职责分工来本区域内的教育事业稳定发展；同时还应按照国家统一标准，结合本地实际，确定幼儿园办学条件、教师编制等具体要求；针对贫困地区、少数民族地区建立专项补助基金；调配和管理幼儿园园长、教师，做好相关人员培养、培训工作。

二、我国学前教育的办园体制

《幼儿园管理条例》规定："地方各级政府可依据本条例举办幼儿园。并鼓励和支持企事业单位、社会团体、居民委员会、村民委员会和公民举办幼儿园或捐资助园。"由此可见，我国实行的是"政府主导、社会参与、公办民办并举"的办园体制。学前教育作为我国基础教育的奠基部分，也是国家教育体系的重要组成部分，当下的发展速度已无法满足人民日益增加的需求，面对"幼有所育"到"幼有优育"的转变，政府应当主动承担起行政管理职能，通过新建、扩建、改建幼儿园，在保证质量的前提下增加公办幼儿园数量，同时鼓励社会资源参与学前教育的发展中来，加强各方力量合作，利用富余资源开办幼儿园，保障学前教育事业更为科学、合理的发展。

目前，我国主要的办园主体可以分为三类：公办幼儿园、民办幼儿园、其他主体办园。

（一）公办幼儿园

公办幼儿园指的是政府及其部门利用国家财政教育经费举办的幼儿园，其财产归属国有资产，园长由教育局任命，幼儿园的建设、办公经费以及教师、保育员工资均由财政拨付。公办幼儿园通常需要满足以下两个条件：第一，办园主体是国家机构。幼儿园是公办或民办的决定因素就是办园主体的性质。《关于公办幼儿园能否承包的问题的复函》中明确指出，"公办幼儿园属于国家举办的事业单位"。由此可见公办园的举办主体必须是政府部门，就这一点而言，企事业单位、部队、集体办园均不属于公办幼儿园。第二，幼儿园经费以国家财政拨款为主，公办园的资金来源必须根据本地政府财政预算中的教育经费来及时、足额地拨给幼儿园，以保障幼儿园教育、保育工作的正常进行。这些经费既包括幼儿园的建设经费、设立经费，也包括幼儿园运营过程中产生的经费（如教职工工资、幼儿园日常生均补贴、日常管理经费等）。因此部分幼儿园在设立时虽然有国有资本投入，但在日常运行中必须自负盈亏，它们并不属于真正意义上的公办幼儿园。

目前，我国教育部门已经建立了较为完善的行政管理制度，针对公办幼儿园的园长、教师的任免，日常评级和监督等方面均做了明确的规定，其办园行为也受到有效的监督，同时财政部门也基本做到了为公办幼儿园的日常运营提供稳定、有效的经费保障。但标准化的管理模式和机构属性归属公有也产生了一些问题，如行政管理工作部门管理上缺乏创新性、财政资金使用的未得到高效使用以致产生浪费等现象；同时由于公办幼儿园资源分布不均、数量不够，导致农村地区、边远地区更易出现"入公办园难"的问题。要从根源上解决以上问题，就需要改革现有的机构运行机制，大胆创新，同时扩大学前教育资源，引入社会力量共同发展学前教育事业。

（二）民办幼儿园

民办幼儿园即民办学前教育机构，与公办幼儿园是相对的概念。它是指由政府组织以外的社会团体或者个人承办，利用非国家财政性经费，面向社会招收幼儿的学前教育机构。相较于其他类型的学前教育机构，民办幼儿园有着独属于自身的特殊性：第一，办园主体的非国家性与产权形式多样性的统一；第二，公益性与盈利性的统一；第三，规定的统一性与办园自主性的统一；第四，教育质量的一致性和办园特色多样性的统一。

为解决我国目前面临的"入园难""入园贵"等问题，需要对学前教育机构的运行机制进行改革，在扩大入园率的同时也要提高教育、保育的质量；为社会提供普惠性幼儿园均等的入园机会的同时也要满足多种选择的需要。《教育规划纲要》提出"要大力发展公办幼儿园，积极扶持民办幼儿园"，它充分肯定了民办幼儿园也是我国教育事业的重要组成部分，与公办幼儿园具有同等的法律地位，由此可见公办幼儿园与民办幼儿园之间不是对立、排斥而是相互补充、共同促进的关系，这在很大程度上调动了社会资源参与学前教育的积极性，满足了新形势新任务下社会群众对学前教育的需求。

民办幼儿园面向社会大众，地区布局合理，能够有效地弥补我国公办幼儿园资源不足的缺憾，且民办园的办园方式灵活，课程类型丰富多样，能够有效满足不同人群对学前教育的个性化需求。因此，民办园已成为我国学前教育服务队伍中不可或缺的成员。但和公办幼儿园得到政府大力支持相比，我国民办园的发展没有得到应有的重视，绝大多数的财政性经费投入均偏向了公办的学前教育机构。民办幼儿园从政府机构得到的财政投入有限，再加之市场经济影响下，办园主体过分注重经济利益，导致近年来，民办园不断出现幼儿教师虐待儿童、幼儿在园区发生安全事故等负面新闻。这些现象折射出我国民办园的幼儿教师素质不高、资金来源不稳定、园区存在安全隐患严重等问题，它不仅反映了政府对于民办园的监管存在疏漏，同时也严重影响了民办幼儿园的发展。

为解决这一问题，我国政府鼓励、支持民办幼儿园中"面向大众、收费较低"的普惠性民办园发展，通过土地政策、减免税费等方式，支持社会力量办园，以多种形式扶持和资助城乡民办幼儿园，引导其提供普惠性服务。政府为民办幼儿园的举办者提供了更多发展机会，在有效保障民办园的教育、保育质量和竞争力的同时，也让社会民众有了更多自由选择公办幼儿园或民办幼儿园的权利。

（三）其他主体办园

其他的办园主体包括了我国企事业单位、部队和集体单位。该形式的幼儿园与公办园、民办园共同组成了我国学前教育机构的完整体系，促进我国学前教育事业的发展。

本章小结

学前教育是我国基础教育的重要组成部分，也是学制系统的第一阶段，它具有基础性、教育性、公益性和普惠性、保育和教育相结合的特性。学前教育在促进幼儿全面发展的同时，还极大地推动了我国教育事业和社会的进步。大力发展学前教育事业是我国政府义不容辞的职责。近年来政府的职责范围从过去的“全能政府”向“服务型政府”转变；权力界限由过去的“统一领导，直接管理”向“省级统筹，分级管理”转变；行为方式逐渐走向多元化和综合化。政府的主要职责包括：强化政府相关职责，多种渠道加大对学前教育的财政投入，多种形式扩大学前教育资源，加强学前教育师资队伍建设，大力推进学前教育综合改革和立法等方面。我国学前教育行政管理体制实行的是“地方负责，分级管理，有关部门分工负责”。我国的办园体制实行的“政府主导、社会参与、公办民办并举”；主要的办园主体可以分为三类：公办园、民办园、其他主体办园。

思考题

1. 简述我国学前教育的性质与功能。
2. 简述学前教育领域我国政府职责的转变。
3. 请结合相关教育政策与法规，谈谈各级政府应当如何强化自身职责？

第四章 学前教育机构的法律地位

目标导航

1. 了解学前教育机构法律地位的含义与特点。

2. 了解学前教育机构设置的基本条件。

3. 掌握学前教育机构的基本权利和义务，并能运用法律知识保护学前教育机构的合法权益。

结构导图

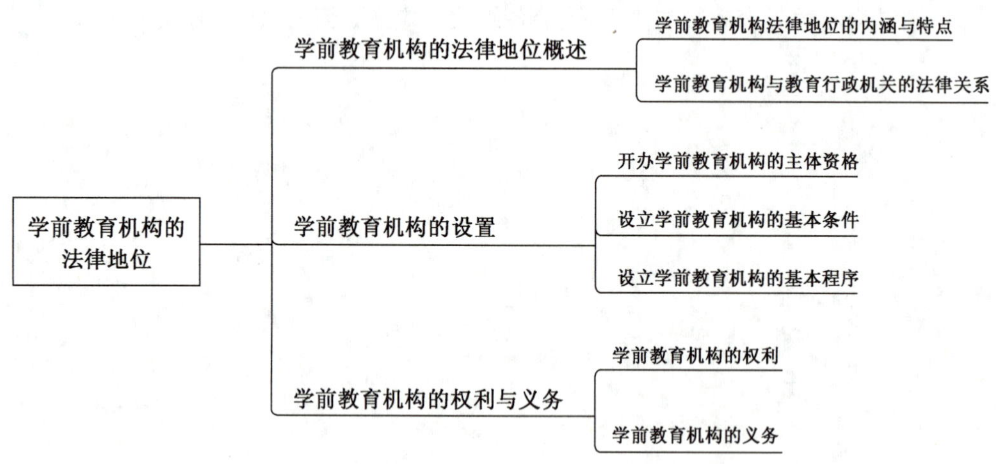

党的二十大报告提出："办好人民满意的教育"，"强化学前教育、特殊教育普惠发展"。党的二十大报告在总结过去五年的工作和新时代十年的伟大变革时指出我国"在幼有所学、学有所教、劳有所得、病有所医、老有所养、住有所居、弱有所扶上持续用力，人民生活全方位改善"，"建成世界上规模最大的教育体系、社会保障体系、医疗卫生体系，教育普及水平实现历史性跨越"。过去的这十年，我国持续、稳步地推进学前教育的健康发展，2021年，我国学前教育毛入园率已经达到88.1%，"入园难"问题得到基本解决，真正实现了学前教育的基本普及和惠普。我国已经迈入了全球普及三年学前教育的先进行列。根据党的二十大报告提出的建设高质量教育体系的要求，我们要扩大和优化学前教育资源，进一步完善学前教育规划，要考虑最后约12%儿童入园的攻坚战，给更多儿童提供接受优质学前教育的机会。在高质量发展的背景下，我们应强化有质量和高质量地普及学前教育，基本的含义是让儿童在达标的房舍中，接受合格教师按照《3—6岁儿童学习与发展指南》要求进行的科学的教育，落实全面发展的教育目标。要真正做到这一点，就必须坚持依法办园，切实按照《幼儿园管理条例》《幼儿园工作规程》《城市幼儿园建设标准(试行)》《幼儿园安全友好环境建设指南(试行)》等法规和文件要求，提供符合标准的充足的学前教育资源。

随着"三孩"政策的实施，普惠性资源区域性、结构性短缺的问题依然存在，制约学前教育发展的体制机制问题，如教育经费、教师待遇等问题仍未解决，我们还应看到，超大规模的幼儿园依然存在，一些地区班级人数超标的现象依然存在，儿童活动空间不足的现象依然存在，有卫生和安全隐患的班级尚未完全消除，这些因素都会对儿童的学习和发展产生不利影响，都是对高质量发展的重大挑战。所以学前教育仍需进行普及普惠发展，并在普及普惠的基础上，全面提升学前教育机构保教质量，实现优质的普及普惠。学前教育的普及普惠发展将进一步提升我国学前教育公共服务水平，促进高质量教育体系的建设，更有效地服务国家人口发展战略。

第一节 学前教育机构的法律地位概述

法律地位指法律主体享受权利与承担义务的资格。法律主体是法律关系的参加者，从类型上分，包括自然人和法人两种。

一、学前教育机构法律地位的内涵与特点

（一）学前教育机构法律地位的内涵

学前教育机构作为实施保育和教育活动的社会组织，是具有法律赋予的权利能力和行为能力的法人机构，具备法律主体资格。因此，学前教育机构的法律地位主要是指其作为实施保育教育活动的法律主体在法律上享受权利与承担义务的资格。

1. 学前教育机构法律地位的内在实质是基于法律规定

学前教育机构法律地位的实质是其法律主体资格，即“法律人格”。法学上借用“人格”一词，将社会组织人格化，拟制为“人”，使它们能够像自然人一样享有权利和承担义务。社会组织的“人格化”即为“法人”。《中华人民共和国民法典》（以下简称《民法典》）第五十七条规定：“法人是具有民事权利能力和民事行为能力，依法独立享有民事权利和承担民事义务的组织。”《中华人民共和国教育法》（以下简称《教育法》）第三十二条规定：“学校及其他教育机构具备法人条件的，自批准设立或者登记注册之日起取得法人资格。学校及其他教育机构在民事活动中依法享有民事权利，承担民事责任。”这就表明，立法者通过法律规定，赋予符合一定标准的学前教育机构独立人格和法人地位，使学前教育机构以民事法律关系主体的身份在法律保护范围内更好地实施保育教育活动，依法独立享有民事权利，承担民事义务。

需要指出的是，学前教育机构的法人地位与法律地位是两个不同的概念。《教育法》所规定的教育机构的法人地位，主要是其在民事法律关系中的法律地位。而学前教育机构的法律地位，既包括其在民事法律关系中的法人地位，也包括其在行政法律关系中的法人地位。也就是说，学前教育机构具有多种法律关系主体资格，在不同的法律关系中以不同的主体资格参与活动。学前教育机构在行政法律关系中的法律地位，由《宪法》和行政法所规定。

2. 学前教育机构法律地位的外在形式是基于法律条款

《教育法》规定了学校及其他教育机构的具体权利，但学校等教育机构又分为不同类型和不同层次，其权利义务的具体内容是各具特点的。学前教育机构、中小学和高等教育机构分别具有不同的设置条件、任务和特点，享有不同的权利，承担不同的义务。《幼儿园工作规程》中明确指出：“幼儿园是对三周岁以上学龄前儿童实施保育和教育的机构，是基础教育的重要组成部分，是学校教育制度的基础阶段。”“幼儿园的任务是贯彻国家的教育方针，按照保育与教育相结合的原则，遵循幼儿身心发展特点和规律，实施德智体美等方面全面发展的教育，促进幼儿身心和谐发展。幼儿园同时面向幼儿家长提供科学育儿指导。”这些法律条款都明确了学前教育机构作为实施保教活动的法律主体在法律上享受权利和承担义务的资格。

（二）学前教育机构法律地位的特点

1. 公共性

学前教育机构法律地位的公共性源于学校等教育机构是为公共利益而存在的主体，

具体表现在以下三个方面：

第一，学前教育机构的法律地位是依据具有行政法性质的《教育法》确立的，具有特殊的设置程序，其设立、变更、终止都要经由教育行政部门审批决定或注册登记。

第二，教育机构设立的目的是提高全民族素质，为社会发展培养人才及促进物质文明和精神文明建设。各种教育机构的活动都要符合国家和社会公共利益的需要，对国家、社会和人民负责，不得损害国家、社会和人民的公共利益。同时，无论是国家还是社会力量举办的学前教育机构，都必须接受国家和社会依法进行的管理和监督，体现国家的利益。国家和政府也要为各类学前教育机构提供必要的财政和政策支持。

第三，教育机构行使的教育权实质上属于国家教育权的一部分。现代社会教育发展的大趋势之一是教育权的社会化和国家化。然而，教育活动本身的特有规律，决定了国家的教育权不应当也不可能全部由国家直接行使，必须把教育教学的实施权授予教育机构。对于学前教育机构来说，这种保育教育实施权，既是国家授予的权利，又是国家教育的任务，只能正确行使而不能放弃。

2. 公益性

根据我国《民法典》的规定，民法上的法人依其设立的目的和活动内容的不同，可以分为营利法人和非营利法人。营利法人是以取得利润并分配给股东等出资人为目的的法人，包括有限责任公司、股份有限公司和其他企业法人。非营利法人是指为公共目的或者其他非盈利目的，不向出资人、设立人或者会员分配所取得利润的法人，包括事业单位、社会团体、基金会、社会服务机构等。《教育法》第二十六条规定："以财政性经费、捐赠资产举办或者参与举办的学校及其他教育机构不得设立为营利性组织。"《中华人民共和国民办教育促进法实施条例》(2021)虽将民办学校分类为营利性和非营利性，但在第一章第四条就明确要求"民办学校应当坚持教育公益性，对受教育者加强社会主义核心价值观教育，落实立德树人根本任务"。将教育机构规定为公益性机构，限制其广泛参与各种民事活动，这也是世界各国的惯例，其目的是保证教育机构的育人宗旨，保障受教育者的合法权益和社会的公共利益。

3. 多重性

我国学校等教育机构在实施活动时，根据条件和性质的不同，具有多重主体资格。当其参与教育行政法律关系，取得行政法上的权利和承担行政法上的义务时，他就是教育行政法律关系的主体。当其参与教育民事法律关系，取得民事权利和承担民事义务。

所谓教育行政法律关系，是指学校等教育机构在实施教育活动中与具有行政隶属关系的国家行政机关发生的关系。在教育行政法律关系中，学前教育机构主要是作为行政管理相对人出现，政府居于领导地位，对学前教育机构进行宏观调控，行使自己的教育管理职能，学前教育机构依法行使自己的权利。

所谓教育民事法律关系，是指教育机构与不具有行政隶属关系的行政机关、企事业组织、集体经济组织、社会团体、个人之间发生的社会关系。在教育民事法律关系中，学前教育教育机构与发生关系的其他主体处于自愿、平等关系，并在一定程度上体现等价有偿，如学校与教师签订聘任合同、学校之间联合办学等。

除了这两种主要的法律关系外，学前教育机构还与国家发生涉及国家对学校的财政拨款、国家对学前教育机构兴办产业给予税收优惠等经济法律关系，成为经济法律关系主体，具有经济法上的权利与义务，处于被管理与监督的地位。

二、学前教育机构与教育行政机关的法律关系

（一）学前教育机构与教育行政机关的法律关系的性质

学前教育机构与教育行政机关的法律关系是行政法律关系。这是由学前教育的公益属性所决定的，学前教育机构是为社会公共利益服务的，是国家行政的一部分。因此，政府及教育主管部门与学前教育机构之间，实际上是一种领导与被领导、管理与被管理的行政管理关系。

（二）学前教育机构与教育行政机关的法律关系的特征

1. 双方法律地位的不平等性

学前教育机构与教育行政机关之间的法律关系，不同于民事法律关系，法律关系主体双方的法律地位是不平等的。教育行政法律关系中，至少一方主体是国家行政机关或者其授权单位，这是教育行政法律关系最本质的特征。教育行政机关或政府与学前教育机构之间存在一种管理与被管理的行政隶属关系。这种隶属关系的地位有高低、强弱之分，特别是在行政管理中，教育行政机关既扮演了行政法律关系主体的一方，同时也扮演了一个裁判的角色，更是充当了最后的法律执行人。例如，当教育行政机关依法实施某种管理行为时，学前教育机构无权拒绝接受管理，而且当其拒绝执行教育行政机关的某些决定时，教育行政机关还可以强制执行。而当教育行政机关不履行其职责时，学前教育机构只能请求其履行或者向人民法院提起行政诉讼，却不能强制教育行政机关履行。学前教育机构与教育行政机关这种权利和义务不对等的关系，正是由于主体双方处于不同的法律地位所决定的。

2. 双方权利与义务的法定性

学前教育机构与教育行政机关或政府的权利义务是教育法律法规预先规定的，双方当事人没有自由选择的余地。例如，《幼儿园工作规程》中明确规定，幼儿园园长和教师应当具有相应的文凭和资格证书方可上岗。法定性有两个层次，一是学前教育机构应遵守规定，按规范标准录用园长和教师，二是教育行政机关在其管辖下降低录用标准的做法不具有法律效力，并且属于违规违法行为。在民事法律关系中，则不存在这种双方权利义务的法定性。民事主体双方可以在法律规定的范围内自行协商双方的权利和义务。

3. 权利的可救济性

行政救济是指公民、法人或其他组织认为具体行政行为直接侵害其合法权益，请求有权的国家机关，依法对行政违法或行政不当行为实施纠正，并追究其行政责任，以保护行政管理相对方的合法权益。当学前教育机构与教育行政机关发生纠纷、争议时，可由教育行政机关按照行政程序予以解决。当学前教育机构对行政裁决不服时，可以根据法律规定向人民法院提起行政诉讼，也可以不经过教育行政机关依法向人民法院起诉。教育行

政机关与学前教育机构之间，既有管理与被管理的关系，又有相互制约的关系。学前教育机构可以通过申诉、行政复议或诉讼渠道对教育行政机关实施监督，教育行政机关则对学前教育机构进行法律监督和业务监督，尊重学前教育机构的办学自主权，并支持、鼓励其自主管理内部事务。

第二节 学前教育机构的设置

一、开办学前教育机构的主体资格

开办学前教育机构的主体资格是指哪些组织和公民可以兴办学前教育机构的能力限定。我国《宪法》第十九条规定："国家举办各种学校，普及初等义务教育，发展中等教育、职业教育和高等教育，并且发展学前教育。国家发展各种教育设施"，"国家鼓励集体经济组织、国家企事业单位和其他社会力量，依照法律规定举办各种教育事业"。《教育法》第二十六条指出："国家制定教育发展规划，并举办学校及其他教育机构。国家鼓励企业事业组织、社会团体、其他社会组织及公民个人依法举办学校及其他教育机构。国家举办学校及其他教育机构，应当坚持勤俭节约的原则。以财政性经费捐赠资产或者参与举办的学校及其他教育机构，不得设立为营利性组织。"《民办教育促进法实施条例》(2021)第二章也对开办民办学前教育机构的主体，即社会组织和个人做了法律上的必要限定。

根据以上相关法律规定，国家及其各级地方政府、企事业组织、社会团体和个人均可成为举办学前教育机构的主体，可依法开办学前教育机构，确立了社会力量通过多种方式共同参与并共同促进我国学前教育事业发展的合法权利和地位。同时，也说明了以下组织和公民不得举办学前教育机构：

1. 不具有法人资格的社会组织；
2. 以营利为目的，被主管教育行政部门给予停办处罚的；
3. 限制民事行为能力或无民事行为能力者；
4. 被剥夺政治权利的，或被判处有期徒刑以上刑罚正在服刑者。

【案例讨论】

2016 年，未满三周岁的幼儿小海就读于镇海街道一所无证幼儿园。同年 10 月 8 日上午，小海搭乘该幼儿园接送车去上学。下车时由于跟车阿姨翁某未仔细核实上下车的人数是否一致，且司机胡某在停车时也未检查，就将车门锁上，致使小海一个人被锁在车上长达 7 小时。更让人不解的是，班主任张某在发现小海没有在班级时，也未跟踪到位或询问小海父母。直到当天下午 3 点多放学，司机准备开车送幼儿回家时，才发现小海躺在车厢地板上。此时将小海送到医院抢救为时已晚。同年 11 月 1 日，小海因为捂热综合征、多脏器功能衰竭死亡。

2018 年 1 月，司机胡某、跟车阿姨翁某和班主任张某因过失致人死亡，均被判处有期徒刑三年，缓刑四年。事故发生后，经有关部门调解，涉案幼儿园开办人林某支付给受害人小海家属医疗费、死亡赔偿金、丧葬费、精神损害抚慰金等共计人民币 911 209.63 元。2019 年 7 月，林某起诉班主任张某、幼儿园园长周某和司机胡某、跟车阿姨翁某，向他们追偿上述款项。而幼儿园业主林某无证办学，雇佣无校车驾驶资质的胡某驾驶普通面包车接送学生，存在重大过错，故根据雇主与雇员各自的过错程度，酌情认定由林某对幼儿小海死亡造成的损失承担 70%的责任；翁某承担 15%的赔偿责任；胡某和张某各承担 7.5%的赔偿责任。因此，法院判决：翁某支付给林某代垫的赔偿款 104 828.7 元，及该款自 2019 年 7 月 16 日起至还清之日止按年利率 6%计算的利息；张某、胡某各支付给林某代垫的赔偿款 52 414.35 元，及该款自 2019 年 7 月 16 日起至还清之日止按年利率 6%计算的利息。

评析：林某系无证办学，且未按要求配备专职校车司机和专业校车，直接导致事故发生，故其应承担主要责任，由翁某、胡某、张某承担次要责任。根据《最高人民法院关于审理人身损害赔偿案件适用法律若干问题的解释》第九条规定：“雇员因故意或重大过失致人损害后，雇主在承担连带赔偿责任后，有权向雇员追偿。”因张某、胡某和翁某对本案中小海的死亡存在重大过失，故雇主林某在承担赔偿责任后有权向其三人追偿。

办学必须办理相关审批手续，具备相应办学资质，否则造成损害后果应依法担责。接送幼儿上学一定要配备符合条件的校车，聘请具备校车驾驶资质的驾驶员，跟车人一定要核查各个学生的到课情况和校车搭乘人员的情况；驾驶员在到园锁车前，也应查看一下车内情况，切莫让悲剧重演。

二、设立学前教育机构的基本条件

根据《教育法》第二十七条关于设立学校及其他教育机构必须具备的基本条件的规定，开办学前教育机构必须具备以下四个实体要件：

（一）有组织机构和章程

学前教育机构的组织机构，是指共同活动的人群集合体通过建立适宜的机构及活动规则，确定领导关系和职权分工，将学前教育机构所拥有的人力、物力等组织起来，较好地实现学前教育机构的育人目标。一般包括园长、保教室、办公室、财务室、后勤、教职工代表大会、园务委员会等。该组织机构按一定形式与层次组成机构体系，对内维系不同人群集合体的内部关系，对外处理与特定机构和社会的外部关系。

学前教育机构的章程，是指为了保证机构正常运行，主要就学前教育机构的宗旨、内部管理体制、财务活动等重大的、基本的问题做出全面规范而形成的自律性文件。章程应载明的内容包括：学前教育机构的名称、办园宗旨，保育工作的主要任务，学前教育机构内部管理体制，教职工参与民主管理与监督的制度，财务管理制度，人事管理制度，举办者及其权利与职责，章程的修改，其他必要事项等。《教育法》规定，章程是设立学校及其他教育机构的重要条件之一。学前教育机构的章程是学前教育机构一切活动的“宪法”，它对于落实学前教育机构的法律地位和办学自主权，实行依法治园，建立自我发展、自我约束的良性运行机制，具有非常重大的意义。

（二）有合格的教职工

《幼儿园工作规程》第七章对幼儿园园长、教师、保育员、卫生保健人员、炊事员和其他工作人员的资质和条件做了明确的规定。

园长是幼儿园的行政负责人和法人代表，《幼儿园工作规程》明确规定幼儿园园长除了要符合《幼儿园工作规程》第三十九条对学前教育机构教职工的基本要求之外，还应当“具有《教师资格条例》规定的教师资格，具备大专以上学历，有三年以上学前教育机构工作经历和一定的组织管理能力，并取得幼儿园园长岗位培训合格证书”。

教师是学前教育机构中最重要的人力保障，是组织实施教育教学活动的主体。申请设立的学前教育机构的教师必须具备《教师法》规定的教师资格，取得相应的教师资格证书，要有健康证和卫生证，并且数量足够，教师队伍的学科结构、年龄结构、学历结构、职称结构等合理。

此外，学前教育机构还要有合格的保育员、医务人员、事务人员、后勤炊事人员等其工作人员。这些工作人员除了要符合《幼儿园工作规程》第三十九条对学前教育机构教职工的基本要求之外，依据《幼儿园工作规程》规定，“保育员应当具备高中毕业以上学历，受过幼儿保育职业培训”；“医师应当取卫生行政部门颁发的《医师执业证书》；护士应当取得《护士执业证书》；保健员应具有高中毕业以上学历，并经过当地妇幼保健机构组织的卫生保健专业知识培训”；“学前教育机构其他工作人员的资格和职责，按照国家和地方的有关规定执行”。

（三）有符合规定标准的教学场所及设施、设备等

园舍、场地、设备、设施是学前教育机构办学的硬件设施。我国《教育法》《幼儿园管理条例》《幼儿园工作规程》等法律法规均对这些学前教育机构办学最基础、最必要的物质条件做了相应的规定。

1. 园址、环境方面的要求

《幼儿园教育指导纲要（试行）》第四条从环境创设对幼儿身心健康、教育效果的角度，对园址环境提出了迫切的要求：“幼儿园应为幼儿提供健康丰富的生活和活动环境，满足他们多方面发展的需要，使他们在快乐的童年生活中获得有益于身心发展的经验。”

《幼儿园管理条例》第七条从学前教育机构设立的条件角度规定：“举办幼儿园必须将幼儿园设置在安全区域内。严禁在污染区和危险区内设置幼儿园。”所谓安全区域，一般指不会出现危险和事故、不会使幼儿身心受到威胁的区域；污染区，通常是指有粉尘污染、大气污染、水质污染、噪声污染的区域；危险区，通常是指危及人们健康与生命的区域。

《托儿所、幼儿园建筑设计规范》也对学前教育机构的选址做出了严格规定：“保证幼儿、教师及工作人员的环境安全，并具备防灾能力”；“应建设在日照充足、交通方便、场地

平整、干燥、排水通畅、环境优美、基础设施完善的地段”;“应远离各种污染源,并应符合国家现行有关卫生、防护标准的要求”。

2. 园舍方面的要求

《幼儿园工作规程》第六章“幼儿园的园舍、设备”专章规定了对学前教育机构园舍的要求:“幼儿园应当按照国家的相关规定设活动室、寝室、卫生间、保健室、综合活动室、厨房和办公用房等,并达到相应的建设标准。有条件的幼儿园应当优先扩大幼儿游戏和活动空间。寄宿制幼儿园应当增设隔离室、浴室和教职工值班室等。”“幼儿园应当有与其规模相适应的户外活动场地,配备必要的游戏和体育活动设施,创造条件开辟沙地、水池、种植园地等,并根据幼儿活动的需要绿化、美化园地。”

3. 设施设备方面的要求

设施设备是学前教育机构正常开展保教活动必备的物质基础。考虑到幼儿身心发展的特点,相关法律法规对学前教育机构的玩教具及生活用具也做了相应的规定。

《幼儿园工作规程》第三十六条规定:“幼儿园应当配备适合幼儿特点的桌椅、玩具架、盥洗卫生用具,以及必要的玩教具、图书和乐器等。玩教具应当具有教育意义并符合安全、卫生要求。幼儿园应当因地制宜,就地取材,自制玩教具。”教育部基础教育司于2020年发布的《幼儿园玩教具配备指南(征求意见稿)》,可为各地配备、选购玩教具提供参考。

(四)有必备的办学资金和稳定的经费来源

必备的办园资金和稳定的经费来源,是学前教育机构进行正常保育教育活动的物质保障,也是学前教育机构作为法律关系主体进行各项民事活动,享受权利和承担义务的物质基础。

《幼儿园管理条例》第十条规定:“举办幼儿园的单位或者个人必须具有进行保育、教育以及维修或扩建、改建幼儿园的园舍与设施的经费来源。”《幼儿园工作规程》第四十六条规定:“幼儿园的经费由举办者依法筹措,保障有必备的办园资金和稳定的经费来源。”

一般来说,学前教育机构的经费主要来源于财政拨款或举办者的投入、家长缴纳的保教费用以及社会捐助四个渠道,其中,公办学前教育机构的经费来源以财政拨款为主,民办学前教育机构的经费来源以举办者投入和家长缴费为主。

三、设立学前教育机构的基本程序

各级政府、企事业单位、社会团体、其他社会组织和公民个人在我国境内出资举办学前教育机构,并取得《教育法》规定的合法地位,除了需要满足前述的基本条件外,还需执行相应的设立审批程序。《教育法》第二十八条规定:“学校及其他教育机构的设立、变更和终止,应当按照国家有关规定办理审核、批准、注册或者备案手续。”这表明,我国各类学校和教育机构的设立,有审批与登记注册两种制度。相对于登记注册制度,审批制度更为严格,要受到布局、规划、资金等多方面因素的影响。审批制度一般适用于各级各类正规学校、独立设置的职业培训机构等。登记注册制度适用于学前教育机构等教育机构。《幼儿园管理条例》第十一条规定:“国家实行幼儿园登记注册制度,未经登记注册,任何单位和个人不得举办幼儿园。”

登记注册制度是指教育主管部门对申请者提交的申请设立教育机构的报告进行审核，如未发现有违背法律法规规定的情形，只要拟办的教育机构符合设置标准，都必须予以登记注册，使其取得合法地位；对违背法律法规或不符合设置标准的，予以拒绝，并以书面形式通知申请者。登记注册制度的实质是确认申请举办的教育机构的法律地位或事实。

（一）学前教育机构登记注册的程序

由于国家层面的学前教育相关法律法规暂未对各类学前教育机构的登记注册作详细的程序规定，依据《幼儿园管理条例》第十一条“国家实行幼儿园登记注册制度，未经登记注册，任何单位和个人不得举办幼儿园”及《民办教育促进法》第二章“设立”的相关规定，此处重点阐述民办学前教育机构登记注册的程序：

1. 举办者向审批机关申请筹设，提交下列申请材料：

（1）申办报告，内容应当主要包括：举办者、培养目标、办学规模、办学层次、办学形式、办学条件、内部管理体制、经费筹措与管理使用等；

（2）举办者的姓名、住址或者名称、地址；

（3）资产来源、资金数额及有效证明文件，并载明产权；

（4）属捐赠性质的校产须提交捐赠协议，载明捐赠人的姓名、所捐资产的数额、用途和管理方法及相关有效证明文件。

审批机关应当自受理筹设民办学前教育机构的申请之日起三十日内以书面形式做出是否同意的决定。同意筹设的，发给筹设批准书。不同意筹设的，应当说明理由。筹设期不得超过三年。超过三年的，举办者应当重新申报。

2. 举办者向审批机关申请正式设立，提交下列申请材料：

（1）筹设批准书；

（2）筹设情况报告；

（3）学前教育机构章程，首届机构理事会、董事会或者其他决策机构组成人员名单；

（4）学前教育机构资产的有效证明文件；

（5）园长、教师、财会人员的资格证明文件。

申请正式设立民办学前教育机构的，审批机关应当自受理之日起三个月内以书面形式做出是否批准的决定，并送达申请人。

另外，具备办学条件，达到设置标准的，可以直接申请正式设立，并应当提交上述流程1和流程2中(3)(4)(5)项规定的材料。

审批机关对批准正式设立的民办学前教育机构发给办学许可证。审批机关对不批准正式设立的，应当说明理由。

（二）学前教育机构登记注册的机关

《幼儿园管理条例》第十二条规定：“城市幼儿园的举办、停办，由所在区、不设区的市的人民政府教育行政部门登记注册。农村幼儿园的举办、停办，由所在乡、镇人民政府登记注册，并报县人民政府教育行政部门备案。”关于学前教育机构的变更和撤销，无论何种原因，均须向原登记注册机构办理注销备案手续。

【知识拓展】

《中华人民共和国学前教育法草案(征求意见稿)》(2020)中关于学前教育机构举办的相关条款：

第一章　总则

第六条(发展原则)　发展学前教育应当坚持政府主导，以政府举办为主，大力发展普惠性学前教育资源，鼓励、支持和规范社会力量参与。

……

第三章　幼儿园的规划与举办

第十八条(办园体制)　政府及其有关部门举办，或者军队、国有企业、人民团体、高等学校等事业单位、街道和村集体等集体经济组织等利用财政经费或者国有资产、集体资产举办的幼儿园为公办幼儿园。

前款规定以外的幼儿园为民办幼儿园，其中接受政府支持、执行收费政府指导价的非营利性民办幼儿园为普惠性民办幼儿园。省、自治区、直辖市或者设区的市、自治州人民政府制定普惠性民办幼儿园认定标准，由县级人民政府教育行政部门组织认定。

公办幼儿园和普惠性民办幼儿园为普惠性幼儿园，应当提供普惠性学前教育服务。政府可以向民办幼儿园购买普惠性学前教育服务。

第十九条(规划布局)　县级以上地方人民政府应当根据人口变化和城镇化发展趋势，以县级行政区划为单位制定幼儿园布局规划，将普惠性幼儿园建设纳入城乡公共管理和公共服务设施统一规划，列入本地区控制性详细规划和城市建设规划，并按照教育用地性质划拨土地，不得改变用途。

第二十条(配套建设)　新建居住社区(居住小区)、老城及棚户区改造、易地扶贫搬迁等应当按照国家和地方的相关标准配套建设幼儿园。建设开发单位应当保证配套幼儿园与首期建设的居民住宅区同步规划、同步设计、同步建设、同步验收、同步交付使用，并作为公共服务设施，产权移交地方人民政府，用于举办为公办幼儿园。

配套幼儿园不能满足本区域内适龄儿童入园需求的，县级人民政府应当通过新建、扩建，以及利用公共设施改建等方式统筹解决。

第二十一条(村镇体系)　地方人民政府应当加快构建农村学前教育公共服务体系，保证农村学前儿童接受普惠性学前教育。

公办乡镇中心幼儿园协助县级人民政府教育行政部门对本乡镇其他幼儿园进行管理，并提供业务指导。

第二十二条(单位办园)　鼓励支持企业事业单位、社会团体等举办幼儿园，为本单位职工子女接受学前教育提供便利，并为社会提供普惠性学前教育服务。

第二十三条(特殊教育)　县级以上地方人民政府应当根据本区域内残疾学前儿童的数量、类型和分布情况，统筹实施多种形式的学前特殊教育，推进融合教育。

幼儿园应当接收具有接受普通教育能力的残疾学前儿童入园。鼓励、支持有条件的特殊教育学校、儿童福利机构和康复机构设置幼儿园(班)。

第二十四条(设置条件) 设立幼儿园,应当具备下列基本条件:

(一) 有组织机构和章程;

(二) 有符合标准的园长、教师以及保育、卫生保健和其他工作人员;

(三) 符合国家规定的选址要求,设置在安全区域内;

(四) 有符合标准的园舍、安全设施设备及户外场地;

(五) 有必备的办学资金和稳定的经费来源;

(六) 符合法律法规规定的其他条件。

第二十五条(设立程序) 设立幼儿园应当由县级人民政府教育行政部门依法进行审批,取得办学许可后,按照有关法律、行政法规的规定进行相应法人登记。

第二十六条(举办限制) 任何组织或者个人不得利用财政经费、国有资产、集体资产举办或者支持举办营利性幼儿园。

公办幼儿园不得转制为民办幼儿园。公办幼儿园不得举办或者参与举办营利性民办幼儿园和其他教育机构。

第二十七条(逐利限制) 社会资本不得通过兼并收购、受托经营、加盟连锁、利用可变利益实体、协议控制等方式控制公办幼儿园、非营利性民办幼儿园。

幼儿园不得直接或者间接作为企业资产上市。上市公司及其控股股东不得通过资本市场融资投资营利性幼儿园,不得通过发行股份或者支付现金等方式购买营利性幼儿园资产。

第三节 学前教育机构的权利与义务

学前教育机构的法律地位决定了学前教育机构所享受的权利和应承担的义务。同时,学前教育机构的权利与义务也是保障其法律地位的重要条件。

一、学前教育机构的权利

学前教育机构权利指学前教育机构在保育教育活动中依法享有的权利,故又被称作办学自主权。

根据《教育法》《幼儿园管理条例》和《幼儿园工作规程》等有关法律法规,凡经合法手续设立的学前教育机构,享有以下基本权利:

(一) 自主管理权

自主管理权指学前教育机构按照章程确定办园宗旨、管理体制及各项重大原则,制定具体的规章制度和发展计划，自主做出管理决策，并建立、完善自己的管理系统，组织实施管理活动，不必事无巨细地向主管部门或举办者请示。主管部门或举办者对学前教育机构符合其章程规定的管理行为无权干涉。

（二）保育教育权

《幼儿园工作规程》第三条规定："幼儿园的任务是：贯彻国家的教育方针，按照身心发展特点和规律，保育与教育相结合的原则，遵循幼儿实施德、智、体、美等方面全面发展的教育，促进幼儿身心和谐发展。"学前教育机构有权根据自己的办学宗旨和任务，依据国家教育主管部门的有关规定，自行决定和实施自己的保育教育计划，决定具体的课程模式和教学方法，决定采用何种教材，决定一日活动安排，组织保教活动评比检查等。这项权利，既可以保证学前教育机构在全面贯彻教育方针时享有设计、安排、开展保教活动的自主权利，又可防止外来力量对学前教育机构保教活动的冲击、对学前教育机构正常保教秩序的干扰。

（三）招生权

学前教育机构可以根据自己的办园宗旨、培养目标、任务以及办学条件和能力，根据《幼儿园工作规程》中有关"学前教育机构每年秋季招生。平时如有缺额，可随时补招"的规定，有权制定本机构详细的招生办法，并对外发布招生广告，确定招生范围和来源，决定招生的具体数量和人员。学前教育机构在行使招生权时，必须遵守国家规定，不得违法招生。同时，教育主管部门也不得利用行政职权进行不必要的干涉，如无端限制或取消幼儿园的招生权等。

（四）学籍管理权

编订学籍档案是教育机构完成招生工作后的重要环节，是全面管理在校学生的基础。《教育法》第二十九条规定了学前教育机构有权对受教育者进行学籍管理，实施奖励或者处分。学籍管理权是指学前教育机构根据上级教育主管部门的学籍管理制度，确定幼儿报名注册的管理办法，建立幼儿学籍档案，实施幼儿学籍管理活动。幼儿学籍档案包括幼儿花名册、幼儿登记表、幼儿身心健康发展状况记录、幼儿家庭信息等。幼儿学籍档案的建立，便于学前教育机构对各年龄班加强管理，也便于教师全面掌握幼儿的情况，因材施教。

（五）人事聘任权

学前教育机构根据《教师法》及其他教职工管理的法规、规章和主管部门的规定，有权从办学条件、办学能力和实际编制情况出发，制定教师及其他职工的聘任方法，有权决定聘任、签订、解聘有关教师和其他职工，并对教师实施奖励和处分的权利。用好这项权利，有利于调动教职工的积极性，提高办园质量和效益。

（六）经费、设施的管理、使用权

学前教育机构对其占有的场地、教室、园舍、保教设备等设施，办园经费以及其他有关财产，享有财产管理权和使用权。学前教育机构行使此项权利，应遵守国家有关国有资产管理、教育经费投入及学前教育机构财务活动的规定，符合国家和社会公共利益，有利于学前教育机构发展和实现办园宗旨，有利于合理利用教育资源，不得妨碍保教和管理活动的正常进行，不得侵害投资者、举办者等有关权利人的财产权利。

（七）排除非法干涉权

依据《教育法》第二十九条的规定，学前教育机构有权"拒绝任何组织和个人对教育教学活动的非法干扰"，即学前教育机构对来自行政机关、企业事业组织、社会团体、个人等方面的非法干涉行为，有权拒绝和抵制。而所谓"非法干涉"，是指行为人违背法律法规和有关规定，做出的不利于保育教育活动的行为，如强行占用幼儿活动用房和场地，随意抽调学前教育机构职工另作他用，延误或停止学前教育机构保教活动开展，借口因材施教到学前教育机构乱办所谓"兴趣班"等以牟取经济利益等。当前，社会对学前教育机构的乱摊派以及某些教育行政部门业务机构的随意检查、干预过多，干扰了学前教育机构正常的保教秩序。对此，学前教育机构有权抵制并要求教育部门会同当地公安、司法、纪检监察等部门，及时予以查处。

（八）其他合法权利

学前教育机构除享受前述权利外，还享有现行法律法规及将来出台的法律法规赋予的其他权利。此项规定是对学前教育机构所享有的前述七项权利以外的合法权利的补充，有利于将来制定有关教育法律法规，进一步完善学前教育机构的办学自主权。

二、学前教育机构的义务

权利和义务是对立统一的，学前教育机构在享有权利的同时，必须履行相应的法定义务。学前教育机构的义务，是指学前教育机构在保教活动中必须履行的法定义务，即对学前教育机构在保教活动中必须做出一定行为（作为，积极义务），或不得做出一定行为（不作为，消极义务）的约束。《教育法》中强调学前教育机构义务的主要意义在于：一是为了保证学前教育机构实现其办学宗旨，实施保教活动的需要；二是为了保护幼儿、教师的合法权益，尤其是保障幼儿受教育权的实现。根据《教育法》第二十九条的规定，学前教育机构必须履行以下义务：

（一）遵守法律法规

遵守法律、法规的义务是基于《宪法》的规定，是宪法对一切公民和法人的一般要求。《宪法》第 5 条规定："一切国家机关和武装力量、各政党和各社会团体、各企业事业组织都必须遵守宪法和法律。一切违反宪法和法律的行为，必须予以追究。""任何组织或者个人都不得有超越宪法和法律的特权。"学前教育机构作为实施保育教育活动的法人组织，遵守法律、法规是其必须履行的基本义务。《教育法》第三十条规定了学前教育机构遵守法律法规的义务。学前教育机构是育人的社会组织，遵守法律法规是学前教育机构必须履行的最基本的义务。这里所讲的学前教育机构的守法义务包含两个层面的意思：一是学前教育机构作为一般的社会组织所应履行的法律义务，即遵守宪法、刑法、民法、行政法、经济法等；二是学前教育机构作为特殊的教育组织所应履行的特定的法律义务，如遵守教育方面的法律法规，履行教育法所规定的法律义务。此外，学前教育机构自行制定的内部管理制度也必须符合现行的法律法规的规定，不得与之相抵触，并不得超越本园的职权或授权的范围。

（二）贯彻国家的教育方针，执行国家保教标准，保证保教质量

《教育法》第五条规定："教育必须为社会主义现代化建设服务、为人民服务，必须与生产劳动和社会实践相结合，培养德智体美劳全面发展的社会主义建设者和接班人。"学前教育机构在保育教育过程中，要始终坚持社会主义办学方向，贯彻国家总体教育方针，结合《幼儿园工作规程》所规定的保育教育标准，面向全体幼儿，实施体、智、德、美等方面全面发展的教育，促进幼儿身心和谐发展。对违背幼儿身心发展规律和认知特点，提前教授小学内容、强化知识技能训练的"小学化"倾向要坚决杜绝。

（三）维护受教育者、教师及其他员工的合法权益

《教育法》第三十条第三项规定了学前教育机构有维护受教育者、教师及其他职工合法权益的义务。此项义务包括两个方面的含义：第一，学前教育机构本身不得侵犯幼儿、教师及其他员工的合法权益。如不得拒绝符合入学标准的幼儿入园，学前教育机构应保护好幼儿的人身安全，确保他们的身心健康，不得体罚或变相体罚幼儿。不得以任何理由克扣、拖欠教职工工资，不得在与教职工签订劳动合同时收取保证金、押金等。第二，当学前教育机构以外的社会组织或个人侵犯幼儿、教师及其他员工的合法权益时，学前教育机构应以合法方式，采取积极的措施保护幼儿、教师及其他员工的合法权益，并积极协助有关部门查处违法行为的当事人。

【案例讨论】

丁丁今年3岁半，是某幼儿园小班的小朋友，一天中午吃饭的时候，丁丁告诉老师他不想吃东西，老师忙起来就没有多问，由着丁丁没吃午饭就午睡了。下午小朋友们都在上游戏课的时候，丁丁忽然晕倒，老师急忙将他送至园医处治疗。

园医对丁丁进行了常规处理后，未见其病情有所好转，有的老师便提议立即将丁丁送往医院治疗，可值班的老师认为，丁丁不过是因为中午没吃饭的缘故而晕倒的，没什么大问题。双方一番讨论，结果延误了时间，致使丁丁没能得到及时的治疗，最后在送往医院的途中死亡。经法医鉴定，丁丁自身并无特定的疾病或体质，确定丁丁的死亡是由于其休克后未能得到及时、正确的治疗而导致的。

丁丁的家长得知情况后，要求幼儿园赔偿60余万元，否则就带领亲戚在幼儿园不走，并声称要向媒体披露。

思考：1. 园方是否要承担法律责任？

2. 面对这种问题，幼儿园该怎么办？

评析：本案涉及幼儿园在日常教育、保育活动中不履行法定义务所产生的法律责任问题。本案中值班教师的处理，很明显违背了幼儿园法定义务中的"在事故发生后应积极采取救助措施"这一条。此外，根据《学生伤害事故处理办法》第九条的规定，对于学生在校

期间突发疾病或者受到伤害，学校发现，但未根据实际情况采取相应措施，导致不良后果加重的，学校应当依法承担相应的责任。同时该《办法》第十五条规定："发生学生伤害事故，学校应当及时救助受伤害学生，并应当及时告知未成年学生的监护人；有条件的，应当采取紧急救援等方式救助。"从法律角度分析，应当履行的义务而没有履行，就要承担相应的法律责任。经法医鉴定，丁丁自身并无特定的疾病或体质，确定丁丁的死亡是由于其休克后未能得到及时、正确的治疗而导致的。事故发生后，当值老师误判病情，没有将孩子及时送诊，在事故发生后没有积极采取救助措施，也没有及时通知幼儿家长，未能履行其法定义务，是导致事故发生的主要因素，因此应承担主要责任。

《民法典》第1179条规定："侵害他人造成人身损害的，应当赔偿医疗费、护理费、交通费、营养费等为治疗和康复支出的合理费用，以及因误工减少的收入。造成残疾的，还应当赔偿辅助器具费和残疾赔偿金；造成死亡的，还应当赔偿丧葬费和死亡赔偿金。"另外，《民法典》第1191条规定："用人单位的工作人员因执行工作任务造成他人损害的，由用人单位承担侵权责任。用人单位承担侵权责任后，可以向有故意或重大过失的工作人员追偿。"因此，对幼儿的民事赔偿责任应由幼儿园承担。具体赔偿数额应依据《最高人民法院关于审理人身损害赔偿案件适用法律若干问题的解释》处理。

不过，维护权益必须遵循合法渠道。事故发生后，当事人可依法协商解决，协商不成的，可向人民法院起诉。但当事人不得无理取闹，扰乱幼儿园的教学秩序，否则一旦违反法律，可以追究有关人员的法律责任。

建议：

(1) 作为幼儿园，应清楚了解自己的法定义务，该履行的义务一定要认真履行。

(2) 幼儿园老师在日常的工作中，发现幼儿有任何异常现象，都要认真对待，绝不能掉以轻心，或凭主观推测，轻率处理。

(3) 家长也应了解幼儿园的法定义务，以便督促幼儿园切实履行，并在事故发生后冷静处理，依法维权。

(四) 以适当方式为幼儿监护人了解幼儿的发展状况及其他有关情况提供便利

学前教育机构的受教育者属于完全无民事行为能力人，因此其权利需要监护人的介入方可实现。这就要求学前教育机构以适当的方式为幼儿监护人了解幼儿的发展状况及其他情况提供便利。这一义务的本质是保障作为幼儿法定监护人的家长的相关知情权。具体而言，以适当方式指学前教育机构要通过设立和开展家长开放日、家园联系本、亲子活动、家长学校、教师家访、幼儿作品展览等合法的、正当的方式，保障幼儿监护人的知情权。学前教育机构在履行此项义务时，应特别注意避免侵犯受教育者的隐私权、名誉权等合法权益。

(五) 遵照国家有关规定收取费用并公开收费项目

该项义务的具体内容为：学前教育机构按照省、自治区、直辖市或市级教育行政部门会同物价部门制定收费项目和标准，从公益性质出发，按照成本分担原则，公平、合理地确定收费标准，并向社会、家长及时公布收费项目。不同性质和阶段的学校教育机构有不同的收费原则。一般而言，公办学前教育机构的收费项目及标准，由县级、市级教育主管部门、物价主管部门确定。民办学前教育机构则按照《中华人民共和国民办教育促进法》及其实施条例及相关规定，依据保育教育成本，合理确定，并报有关部门备案并公示。

（六）依法接受监督

《教育法》第三十条第六项规定："幼儿园应当履行依法接受监督的义务。"该项义务是学前教育机构作为行政相对人和独立法人双重身份均需承担的法定义务。学前教育机构对来自行政机关依法进行的检查监督，应予以积极配合，不得拒绝，更不得妨碍检查监督工作。我国存在法律监督的体系，依监督主体的不同，分为国家监督和社会监督两大系统。教育行政机关对学前教育机构守法的监督，属于行政机关的监督，而学前教育机构对教育行政机关执法的监督，属于社会组织的监督。

【案例讨论】

2015 年 6 月 4 日，武汉某幼儿园放学时，老师们正引导着小朋友们出校门，这时一名歹徒手持斧头突然冲到园门口，对幼儿实施了乱砍行为，造成三名幼儿受伤，其中两名受重伤，一名受轻伤。当时幼儿的家长们正在门口接孩子，人群比较密集。当歹徒突然手持斧头从人群中冲出来时，造成人群混乱，歹徒在混乱中持斧砍伤了三名幼儿。面对紧急突发情况，园方迅速报警，现场几名家长勇敢地上前联合制服了歹徒，警察赶到后迅速控制了歹徒。但本次事件造成了三名幼儿受伤，一名家长在制服歹徒过程中也受轻伤。幼儿园发现幼儿受伤后，立即组织将受伤孩子送往医院治疗，并及时通知了家长。经医院治疗，三名孩子共花去医疗费 40 000 多元。事后，三名孩子家长认为孩子是在幼儿园放学期间发生的伤害，要求幼儿园承担法律责任。

评析：本案主要涉及的法律问题为：幼儿放学已经离开校园范围后受损，幼儿园是否应担责。近年来国内已发生多起针对校园、学生的恶性恐怖袭击、暴力伤人事件。面对突发的此类案件，显然目前幼儿园的防范能力是不足以应对的。为此国家相继出台了反恐防暴的多项法律法规，教育行政部门也多次发文，要求各级学校建立反恐防暴预案。本案即是一起典型的暴力伤人事件，歹徒的行为不仅仅是民事侵权行为，已经对社会造成了严重危害，构成了刑事犯罪。幼儿园在面对此类突发暴恐袭击时，第一要建立起相关的反恐防暴预案，第二就是要加强门岗安保值班巡逻，第三就是要以预防为主。而面对已经发生的暴恐袭击，如幼儿园没有履行好相关的安全预防义务，则应该承担一定的赔偿责任。关于幼儿园在本案中责任承担的问题，有些老师可能认为，幼儿已经离开学校了，学校就没有管理责任了，因此幼儿在校外遭受的损害幼儿园没有责任。应该说，这种理解是片面的。首先必须明确的一点是，幼儿作为完全无民事行为能力人，幼儿园在管理义务上高于其他学校和教育机构。幼儿上学、放学、返校、离校途中，幼儿园根据实际情形都有一定的看管保护义务，这是根据幼儿的身心条件、行为能力决定的。其次在法律认定上不应将幼儿园对发生在放学、上学、返校、离校途中的安全管理责任等同于校内的安全管理责任，应根据情形区别对待,客观上讲幼儿园对校内的安全管理责任更高。一般情况下,幼儿放学时,幼儿园应尽到派专门老师引导陪同出校门的义务,如本案未履行该义务则应当认定幼儿园行为存在不当。根据《最高人民法院关于审理人身损害赔偿案件适用法律若干问题的解释》第七条"第三人侵权致未成年人遭受人身损害的,应当承担赔偿责任。学校、幼儿园等教育机构有过错的,应当承担相应的补充赔偿责任"以及《学生伤害事故处理办法》第十二条关于"来自学校外部的突发性、偶发性侵害造成的,学校已履行了相应职责,行为并无不当的,无法律责任"的规定,本案系由突发性的第三人侵权造成幼儿受伤,应当由第三人承担赔偿责任,幼儿园在本案中行为并无不当,面对突发的侵害不应承担赔偿责任。对于校外学生安全的问题,幼儿园的主要义务应该表现为对校园周边尽到看管、预警的安全注意义务,也应对校园周边环境治理有一定的义务。但有人会说幼儿园根本无执法权,无法治理校园周边环境,实际上幼儿园如果发现周边环境存在安全隐患,如交通安全、可疑人员等,应该尽到向相关部门报告并配合的义务,这就需要幼儿园联合公安、城管、工商等部门联合治理,以免在校外发生安全事故。

建议:

(1) 幼儿园要根据教育行政部门的要求,建立反恐防暴安全预案,尽到安全防范义务。

(2) 幼儿园要重视校园周边环境治理和建立安全预警、门岗巡查登记机制,发现可疑情况及时处理、报告。

(3) 对幼儿上学、放学、返校、离校途中尽到安全教育、与家长信息沟通、校门口接送等义务。

本章小结

学前教育机构的法律地位主要是指其作为实施保育教育活动的法律主体在法律上享受权利与承担义务的资格。学前教育机构法律地位具有公共性、公益性和多重性的特点。

根据我国相关法律规定,国家及其各级地方政府、企事业组织、社会团体和个人均可成为举办学前教育机构的主体,可依法开办学前教育机构,确立了社会力量通过多种方式共同参与并共同促进我国学前教育事业发展的合法权利和地位。同时,以下组织和公民不得举办学前教育机构:1. 不具有法人资格的社会组织;2. 以营利为目的,被主管教育行政部门给予停办处罚的;3. 限制民事行为能力或无民事行为能力者;4. 被剥夺政治权利的,或被判处有期徒刑以上刑罚正在服刑者。根据《教育法》第二十七条关于设立学校及其他教育机构必须具备的基本条件的规定,开办学前教育机构必须具备以下四个实体要件:1. 有组织机构和章程;2. 有合格的教职工;3. 有符合规定标准的教学场所及设施、设备等;4. 有必备的办学资金和稳定的经费来源。

学前教育机构的法律地位决定了学前教育机构所享受的权利和应承担的义务。学前教育机构行使的权利有:1. 自主管理权;2. 保育教育权;3. 招生权;4. 学籍管理权;5. 人事聘任权;6. 经费、设施管理使用权;7. 排除非法干涉权;8. 其他合法权利。

国家保护学校及其他教育机构的合法权益不受侵犯。学前教育机构也应当履行相应的义务,包括:1. 遵守法律法规;2. 贯彻国家的教育方针,执行国家教育教学标准,保证教育教学质量;3. 维护受教育者、教师及其他职工的合法权益;4. 以适当方式为幼儿监护人了解幼儿的发展状况及其他有关情况提供便利;5. 遵照国家有关规定收取费用并公开收费项目;6. 依法接受监督。

思考题

1. 简述学前教育机构法律地位的特点。
2. 设立学前教育机构要具备哪些基本条件?
3. 简述学前教育机构的基本权利。
4. 简述学前教育机构的基本义务。

幼儿园的保育与教育

目标导航

1. 了解幼儿园保育工作与教育工作；掌握幼儿园保育工作的意义和基本要求；掌握幼儿园教育工作的特点、原则和基本要求。

2. 掌握幼儿园保育与教育相结合的原则，能够在教育实践中贯彻执行保育与教育相结合的原则。

3. 强化自身保教结合的意识，创造一个良好、和谐的育人环境。

结构导图

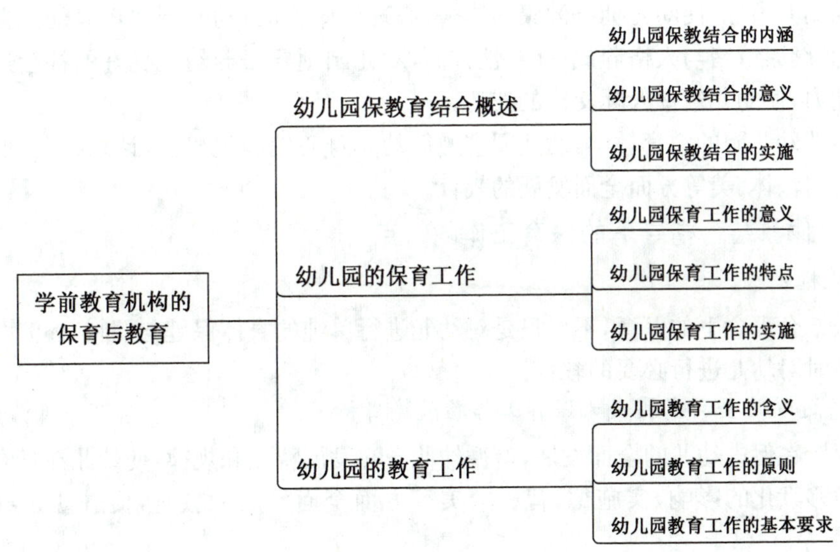

为切实加强幼儿园保育工作，有效提高保教人员整体业务素质，6月18日，某幼儿园开展了保育老师技能大赛。比赛采用理论和实践相结合的形式，内容有“理论知识考试”“清洁消毒”“个别照顾”三个环节。比赛开始前，保育老师先通过抽签来决定比赛顺序。在清洁消毒环节中，保育老师从消毒液的配制、擦拭桌面及次数、操作方法等方面进行规范操作，操作流程完整，考查了保育员的实践能力；在个别照顾环节中，以“幼儿呕吐后的处理”为例，现场考查了保育老师在一日生活中对突发事件的应变处理能力。

幼儿园保育工作“质”的提升，关系到未来幼儿教育“质”的同步上升。你知道幼儿园实施保教结合原则的意义吗？幼儿园又是如何落实保教结合原则的呢？

第一节　幼儿园保教结合概述

一、幼儿园保教结合的内涵

“保”即保护幼儿安全，保障幼儿健康。幼儿园要为幼儿提供身体健康发育、心理健康成长和社会交往等方面健康发展的环境。身体健康方面，幼儿园要做好疾病预防，提供营养和加强幼儿锻炼，使幼儿拥有健康的体魄；心理健康方面；幼儿园要培养幼儿良好的情绪，注重其健康情绪与人格养成；社会性方面，幼儿园则要培养幼儿良好的社会适应能力和社交能力，使幼儿掌握人际交往的技巧。

“教”即幼儿园的教育教学，幼儿园应遵循幼儿身心发展规律，有计划、有目的地对幼儿进行德、智、体、美等方面全面发展的教育。

（一）保教结合指导下的保育工作的特点

1. 随机融入保育工作

保教结合理念下的保育，不再只是对幼儿进行单纯的身体保健与照料，还涉及运用教育机智适时对幼儿进行必要的教育。

2. 促进幼儿全面发展成为保育工作的最终目标

保育旨在促进幼儿的全面发展，遵循幼儿身心发展特点和规律，使幼儿在日常的生活中受到潜移默化的影响，实施德、智、体、美等方面全面发展的教育，促进幼儿身心和谐发展。

（二）保教结合指导下的教育工作的特点

1. 课程实施的整合性取向

保教结合理念下的教育工作应积极关注幼儿生活，课程实施过程中强调教育、教学和保育之间的渗透整合。这就要求幼儿园在保育过程中，挖掘与延伸富含教育价值的幼儿兴趣点，以丰富课程内容；在教学活动中，善于解读幼儿表现背后的生理或心理需求。

2. 幼儿教师从"学会教学""学会保育"转向"学会研究""学会学习"

幼儿教师需充分利用机会，了解并尝试各种教育研究方法，学会利用各种教育资源和手段，收集、分析各种原始材料，并且从学习和探究的过程中获得乐趣，形成科学的"保教观""研究观"和"学习观"。

二、幼儿园保教结合的意义

实行保育与教育相结合，对我国幼教事业的发展具有极其深远的影响，其意义主要表现在如下三个方面。

（一）实行保教结合是幼儿教育的特点

幼儿园的教育对象是3周岁以上学龄前幼儿，他们年龄幼小，生理及心理机能都很柔弱，对自然环境、社会环境的适应能力都很差，对疾病的抵抗能力也很弱，又缺乏独立生活能力，因此，特别需要成人的照料和保护，更需要成人的关爱、指点和引导。按照幼儿身心发展特点，强调保育教育结合，是幼儿教育的一大特点。

（二）实行保教结合是幼儿身心发展的需要

幼儿时期是生长发育十分迅速、十分旺盛的时期，也是身体各种器官、各个系统的机能还没有发育成熟和完善的时期。从生理上看，他们的骨化没有完成，骨骼坚固性差，容易受损，容易变形；他们的肌肉柔嫩，力量弱，耐久性差，容易疲劳；他们的消化酶、胃酸分泌量少于成人，消化功能不稳定，适应能力差；他们的心脏容量小、负荷能力小；他们的膀胱小，排尿频繁。从心理上看，由于幼儿年龄小，生活经验少，活动能力、自我控制能力、生活自理能力都比较差，因此对成人的依赖性很强。他们需要爱抚、保护和安全感，需要和别人交往，建立起关系，需要成人或年长的儿童带领他们进入社会，获取经验。

幼儿生理心理发展的特点和需要，决定了成人必须对他们特别关注。一方面要精心照料和保护，另一方面要为他们创设良好的条件和环境，满足他们身心发展的要求，促进他们生理、心理的健康发展。专家研究表明，幼儿任何机体上的障碍，都有可能阻滞心理或精神上的发展；心理或精神上的异常，又会导致幼儿发展的迟缓，或身体上的疾病隐患。世界卫生组织曾经对"健康"下定义，即健康不仅是没有疾病或不虚弱，而且应该包括体格、心理和社会适应能力的全面发展。这样，保育的概念当然也就不能仅仅理解成对幼儿身体的照顾，还应包括对幼儿心理、个性的保护和培养。既然幼儿生理、心理的发展是相互依存、协调一致的，因此，幼儿园在完成教学任务时，坚持贯彻保教结合的原则，就显得十分重要了。

（三）实行保教结合是幼儿教育的发展趋势

当今，国内外学前教育专家和学者把幼儿教育事业的发展划分为三个阶段。

第一阶段是20世纪40—50年代，这一阶段是争取幼儿有基本生活保障的福利事业阶段，主要倡导保护儿童的生存，让幼儿学会生活。

第二阶段是20世纪60—70年代,科研成果揭示了幼儿正处于智力发展的重要时期,引起了对处境不利幼儿教育的重视。幼儿教育发展到保育、教育相结合阶段,除让幼儿学习生活自理外,强调让幼儿充分活动,学会学习。

第三阶段是20世纪80年代至今,社会发展不仅需要体力、智力充分发展的人,更需要有能合作、能交往、个性好的人,于是,专家和学者们提出了培养"完整儿童"的教育目标,并倡导让幼儿学会生活,学会学习,学会关心他人,即要让幼儿的体力、智力、情绪、个性都得到充分发展。

上述幼儿教育事业发展历程中的三个阶段,表明人们对幼儿教育理解的逐渐深刻,表明幼儿教育不仅仅是小学教育的预备阶段,它还为一个人的一生奠定基础。在幼儿阶段的教育过程中,幼儿各方面都得到良好的发展,可以为其以后的发展,起到良性循环的作用,因此,幼儿阶段的教育重点必须是为幼儿智力的发展、美好道德行为的培养、和谐人际关系及良好生活习惯的形成,打好全面坚实的基础。在《幼儿园管理条例》《幼儿园工作规程》两项法规中,都融入了保教结合的原则,表明了我国幼儿教育不仅善于总结、继承和发扬自身的经验和传统,而且在促进幼儿健康发展方面,也是符合世界幼儿教育发展趋势的。

【案例讨论】

某幼儿园因条件有限,只能多个班级合用一个盥洗室。当两个班级的幼儿都陆续洗完手出去时,盥洗室的地面干干净净,不见水迹。后来发现,每个幼儿在洗完小手之后,嘴里都在念着:"1、2、3、4、5、6、7、8、9、10。"他们一边念,一边把两只小手上的水甩到水池里,然后才去活动室擦手。当问到幼儿为什么要这样做时,一个幼儿毫不犹豫地回答说:"不念,地上弄得到处都是水,其他小朋友走过去会摔跤的。"另一个幼儿睁大眼睛,天真地说:"不念,地上弄得到处都是水,阿姨又要来拖地板了。"

评析:洗手是幼儿一日生活中必不可少的一个环节,也是每所幼儿园每个班级中每个幼儿每天都要做的小事。它不仅仅是保育工作,同样渗透着教育因素。这件小事做好了,既能使幼儿养成良好的卫生习惯,又能使幼儿从小树立起关心他人的美好情感。

三、幼儿园保教结合的实施

幼儿园保教结合的具体实施,可以从如下三个方面来进行。

(一)提高幼儿园教职工保教结合的意识

《幼儿园工作规程》第三十九条规定:"幼儿园教职工应当贯彻国家教育方针,具有良好品德,热爱教育事业,尊重和爱护幼儿,具有专业知识和技能以及相应的文化和专业素养,为人师表,忠于职责,身心健康。"因此,学习、贯彻幼儿教育的政策、法规,全面提高自身素质,应该成为幼儿园每个工作人员的自觉要求和行动。

保教结合原则,是我国幼儿教育的优良传统和宝贵经验,也是国家确定幼儿园任务时，要求贯彻的重要原则。有关保教结合的精神，渗透在《幼儿园工作规程》第四章“幼儿园的卫生保健”、第五章“幼儿园的教育”、第六章“幼儿园的园舍、设备”等许多条款中。《幼儿园管理条例》的第八、第九、第十三条也同样贯穿着保教结合的内容。以幼儿为教育对象、服务对象的幼儿园，所有工作人员都要学习它、掌握它，并在各自岗位上贯彻它。特别是幼儿教师，要注意把保育意识渗透在教育活动的每个环节里；保育员也应该积极配合幼儿教师，在活动中、在幼儿一日生活中，在做保育工作的同时实现教育要求，逐步达到幼儿园的保教目标。

(二) 将保教结合渗透到幼儿日常生活中

幼儿一日生活中的每个环节，都包含着丰富的保育、教育的内容。比如，《托儿所、幼儿园卫生保健制度》对幼儿园的生活制度、幼儿饮食、体格锻炼、卫生保健和安全，都做了相应规定。幼儿园工作人员应该把握时机，创造性地贯彻保教结合的原则，抓好幼儿全面发展的早期培养工作。

《幼儿园工作规程》第二十七条规定：“幼儿园日常生活组织，应当从实际出发，建立必要、合理的常规，坚持一贯性和灵活性相结合，培养幼儿的良好习惯和初步的生活自理能力。”第十七条规定：“幼儿园必须切实做好幼儿生理和心理卫生保健工作。幼儿园应严格执行《托儿所、幼儿园卫生保健制度》以及其他有关卫生保健的法规、规章和制度。”第十八条提出：“幼儿园应当制定合理的幼儿一日生活作息制度。正餐间隔时间为 3.5—4 小时，在正常情况下，幼儿户外活动时间（包括户外体育活动时间）每天不得少于 2 小时，寄宿制幼儿园不得少于 3 小时；高寒、高温地区可酌情增减。”接着从第十九条到第二十四条，又分别对幼儿园涉及的卫生、保健、安全检查制度，幼儿膳食、饮水、大小便、体育活动，以及夏季和冬季的防护都做了具体要求。

上述规定，总的来说，就是要求幼儿园工作人员，必须为幼儿建立合理的生活常规。幼儿园的所有工作人员，都应该通过幼儿的生活起居和活动安排，自觉主动地给予他们精心的照料、热情的引导，重视对他们心理、生理健康的保护；关心他们的情绪和安全感，并且抓住时机，因人、因时、因地制宜地向幼儿传授有关生活常识，训练幼儿基本的生活技能，培养幼儿良好的生活习惯、卫生习惯和文明礼貌行为，培养幼儿初步的自我保护能力、生活自理能力和交往能力，并且通过有序的生活，让幼儿逐步建立起时间概念，初步学会安排自己的生活，从而促进幼儿身心健康成长。

(三) 建构安全、和谐的生活化教育环境

环境对人的成长发展起着重要的作用，幼儿园的环境创设，是实施保教结合、促进幼儿发展的必要条件和基础。

(1) 幼儿园的硬件建设和设施设备，要符合幼儿的年龄特点，符合国家确定的卫生安全标准。原国家教育委员、建设部、卫生部多次联合或单独发布的文件都做了有关规定。例如，《城市幼儿园建筑面积定额（试行）》《托儿所、幼儿园建筑设计规范》《托儿所、幼儿园卫生保健制度》《幼儿园管理条例》等，都对幼儿园的环境提出了相应的要求，即在幼儿园的园舍建设和设施设备、教具玩具、生活用具的配备上，要符合国家的安全、卫生标准，符

合幼儿的发展特点，符合保育、教育的要求。

在防污染、防中毒、防危险的前提下，幼儿园要创设良好的物质环境，使得保教结合原则的实行有更好的物质基础。这样，必然有利于保护幼儿的安全，增进幼儿的健康，保障幼儿的生存权利，促进幼儿的身心健康发展。

（2）要创设良好的精神环境。“必须切实做好幼儿生理和心理卫生保健工作”，这是《幼儿园工作规程》对幼儿园提出的一项重要规定。要实现这一规定，除了要严格遵守卫生部颁发的《托儿所、幼儿园卫生保健制度》，以及其他有关幼儿园卫生保健的法规、规章和制度之外，幼儿园还应该为幼儿创设一个良好的精神环境。实践表明，以园长为核心，创设成人之间的良好精神环境至关重要。园长创设一种尊重、信任、关心、积极向上的精神环境，对全园教职工会产生强烈的感染力，形成成人间的团结、友爱、体贴、理解的氛围。这种氛围，又会导致成人与幼儿之间亲密和谐的关系的形成。

生活化教育环境的创设是以幼儿一日生活为导向，以幼儿生活实际需求为依据，在此基础上创设有利于幼儿身心全面健康发展的成长环境，创设富有生活气息的幼儿园物质环境、心理环境和文化环境，使幼儿的身心在和谐的环境下受到潜移默化的熏陶，从而拥有幸福快乐的童年。

第二节　幼儿园的保育工作

一、幼儿园保育工作的意义

幼儿园的保育工作是指幼儿园为幼儿提供生存、发展所必需的环境和物质条件，关爱、尊重幼儿，给予幼儿精心的照顾和保护，以促进幼儿的健康成长，逐步培养幼儿的生活自理能力、自我保护能力，使幼儿树立安全意识。

（一）保育工作是促进幼儿身心健康发展的基础

《幼儿园工作规程》第十七条规定：“幼儿园必须切实做好幼儿生理和心理卫生保健工作。”幼儿园应当严格执行《托儿所、幼儿园卫生保健管理办法》以及其他有关卫生保健的法规、规章和制度。从幼儿生理发展特点来看，学龄前是幼儿身体发育迅速、神经系统发育成熟的关键时期。幼儿体质柔弱，各种器官都很娇嫩，机体发育不完善，加上天性好动，但又缺乏生活经验，体力不足，自治能力、生活自理能力都很差，不具备独立生存能力，这就决定了成人必须对他们特别关注。一方面需要成人精心照顾和保护，一方面需要为他们创设良好的条件和环境。在幼儿园工作中，正是保育工作承担了这一任务。同时，当今社会，独生子女较多，为数不少的家长在埋怨孩子挑食、生活自理能力差、依赖性强等不良习惯的同时，又产生孩子还小，要他们自己干，既浪费时间，又做不好，还不如帮他们做好的矛盾心理。因此，培养幼儿良好的生活、卫生习惯也是幼儿园保育工作的重要任务。良好的生活、卫生习惯的养成可以让幼儿受益终生，反之则会影响幼儿的成长。

《幼儿园工作规程》把“促进幼儿身体正常发育和机能的协调发展，增强体质，促进心理健康。培养良好的生活习惯、卫生习惯和参加体育活动的兴趣”放在了保育和教育目标的首位。《幼儿园管理条例》第十三条也提出：“幼儿园应当保障幼儿的身体健康，培养幼儿的良好生活、卫生习惯。”因此，作为幼儿园工作人员，在保育工作中，必须掌握幼儿生理、心理特点，要注意保护幼儿，维护他们的生命安全，并且要创设条件，开展必要的体育锻炼，增强他们的体质，帮助他们养成健康、安全生活所必需的行为习惯和正确的态度，促进幼儿身体健康发展。

（二）保育工作是幼儿园实施生活教育的直接途径

保育并不是要求教师要包办孩子的一切，不让孩子独立。其实，照顾孩子生活的保育过程可以成为帮助孩子逐渐独立生活的教育过程。也就是说，保育工作完全可以成为教育孩子的直接途径。教育家杜威和陶行知都强调生活教育的重要性，重视在生活中对孩子进行教育。

另外，保育就是进行生活教育的最好最直接的途径。幼儿园在五大领域的教育教学中也包括了生活教育。生活教育的一个显著特点就是借助直观、具象的事物来进行教学，它能有效吸引幼儿的注意力，激发幼儿的学习兴趣。

（三）保育工作为家长提供科学育儿指导

当前，社会上独生子女的物质条件非常优越，不少家长对子女的期望也越来越高，再加上隔代抚养情况的增多，一些家长对孩子保育、教育的不适度，必然影响了幼儿的健康成长。幼儿园有责任在做好保育工作的同时，向家长传授科学的幼儿保育基本知识。只有当幼儿园、家庭等各方面的因素协同起来，保持教养态度的一致性，才能使幼儿健康成长。幼儿园可以为家长提供良好的保育指导，将先进的保育经验传授给家长，给家长提供适当的保育方法和保育措施，帮助家长掌握和实施，使得幼儿在园、在家里都能在统一的保教要求下发展，从而使家庭教育从被动保育中走出来，走向主动保育。幼儿园也可以通过和家长接触，了解和研究家长在家庭保育方面的好做法好经验，不仅可以丰富自己的保育工作，还可在家长会上进行推广。这样协调一致开展的保育工作，既有利于促进幼儿的健康成长，也为全民素质的提高尽了一份力。

（四）保育工作是师幼建立亲密关系的最佳方式

当幼儿离开家庭、离开父母，进入幼儿园学习生活时，幼儿园教师成为他们的主要陪伴者。有的幼儿此时会感觉到没有了归属感和安全感，没有了可以依恋的对象，这种焦虑感会影响幼儿的正常生活，我们称为“断层期”。

那么如何让幼儿克服这种焦虑感？作为幼儿教师，此时最重要的就是去与幼儿建立起亲密的关系来转移他们的依恋，减轻他们的焦虑与不适。幼儿教师应从幼儿一日生活中去关心幼儿、帮助幼儿、照顾幼儿，让幼儿感觉到幼儿教师就像妈妈一样。一旦幼儿与幼儿教师的依恋关系建立起来了，幼儿教师在幼儿园的教育教学活动就有了保证，幼儿也才会去听教师的话，很好地去完成在幼儿园的各种常规教学活动。

二、幼儿园保育工作的特点

1. 保育工作目标的延伸性

现代保育工作突破传统，不仅要照料幼儿生活起居，还要关注幼儿的身体健康、生活的安排、身体的保健和养育以及生长发育指标的达成，更要关注幼儿有益的兴趣、良好的品德和行为习惯的养成。

2. 保育工作内容的丰富性

现代幼儿保育工作应从幼儿生理、心理与社会等方面出发，强调综合性的保育，即从照顾幼儿的生理方面扩大到关注幼儿的心理和社会性发展，从简单的事务性工作扩展到幼儿的一日生活、游戏和教学活动，将丰富的保育内容渗透于幼儿一日活动的各个环节。

3. 保育工作人员的多样性

现代保教结合新理念下，保育工作人员不是保育员一人，因为保育工作不单单是保育员一人之责，更是全园所有教职工的职责。保育工作人员还有教育孩子的职责和保证孩子身心健康的职责。对幼儿实施保育的过程，实质上也是对幼儿在体、智、德、美诸方面实施有效影响的过程。

三、幼儿园保育工作的实施

幼儿园保育工作的主要目标是保证幼儿安全，照顾好幼儿的生活，促进幼儿身体正常发育，增强幼儿的体质，培养幼儿良好的生活卫生习惯等，它的基本要求是合理安排幼儿一日生活，提供合理的饮食，培养幼儿良好的生活卫生习惯，积极开展体育锻炼，增强幼儿体质，完善各项保育制度等。

（一）科学安排幼儿一日活动

合理的生活作息制度和有序的生活节奏，是保证幼儿身心健康发展的重要因素。《幼儿园工作规程》第十八条明确规定："幼儿园应制定合理的幼儿一日生活作息制度。"并且对幼儿两餐间隔时间和日托幼儿园、全托幼儿园户外活动时间都做了科学的规定。第二十六条还规定："幼儿园一日活动的组织应动静交替，注重幼儿的直接感知、实际操作和亲身体验，保证幼儿愉快的、有益的自由活动。"1985 年卫生部颁发的《托儿所、幼儿园卫生保健制度》在"生活制度"中，对幼儿一日生活活动的时间进行了分配，并专门列表供幼儿园参考。各类幼儿园(班)都应该因地制宜、因时制宜，按照法规要求，酌情安排好幼儿的一日生活。

幼儿一日活动的组织应注意以下几点。

(1) 时间分配方面，时间分配的结构应包括有利于幼儿身心发展的全部活动，动静要交替，室内外活动时间应平衡。

(2) 活动类型方面，有指导、有组织的集体活动与自选活动，安静活动与运动性活动，集体活动、小组活动、个人活动在时间分配上应有一定比例，要给幼儿一定的独自活动时间，以利于幼儿独立性的发展。

(3) 活动内容安排，应富有节奏和重复性，同时又有一贯性和灵活性，不要使幼儿产生生理、心理疲劳。尽可能减少时间上的等待和浪费。有些幼儿园存在幼儿睡眠时间不足、户外体育活动时间不足、语言刺激不足带来的听话、对话时间少的现象，应该引起重视，努力克服。

（二）做好疾病防控，培养幼儿良好的卫生习惯

贯彻“预防为主”的方针，是保证幼儿身体健康、减少疾病发生的重要措施。特别是幼儿抵抗力差，机体各项功能正在发育完善，刚由家庭进入幼儿园集体中，与外界接触多了之后，其感染疾病的可能性加大。因此，根据国家法规要求，在疾病防控方面，幼儿园要做好以下几项工作。

1. 定期进行健康检查

建立健康检查制度是了解幼儿生长发育状况，及时防病治病，保障幼儿健康的重要措施。《幼儿园工作规程》第十九条指出：“幼儿园应建立幼儿健康检查制度和幼儿健康卡或档案。每年体检一次，每半年测身高、视力一次，每季度量体重一次……对幼儿身体健康状况定期进行分析、评价。”《托儿所、幼儿园卫生保健制度》在“健康检查制度”中，则对入园检查、定期体检制度、晨检及全日健康观察制度三个方面做了详细的规定：“婴幼儿在入园（所）前必须进行全身体格检查。”“1 岁以内婴儿每季度体检一次。1 岁至 3 岁幼儿每半年体检一次，3 岁以上幼儿每年体检一次，每半年测身高、体重一次。”“坚持晨检及全日健康观察制度，认真做好一摸：有否发烧；二看：咽部、皮肤和精神；三问：饮食、睡眠、大小便情况；四查：有无携带不安全物品，发现问题及时处理。”这些都是广大保教工作人员日积月累、行之有效的经验，是保障幼儿健康，防患于未然的举措，每个幼儿园都要严格执行。

2. 建立并严格执行有关的卫生保健制度

《幼儿园工作规程》第二十条规定：“幼儿园应建立卫生消毒、晨检、午检制度和病儿隔离制度，配合卫生部门做好计划免疫工作。”第二十四条还要求：“幼儿园夏季要做好防暑降温工作，冬季要做好防寒保暖工作，防止中暑和冻伤。”此法规还要求幼儿园要做好计划免疫工作，这是促进幼儿身体健康成长的保证。幼儿园必须积极地、有计划地按防疫部门的布置，按年龄及季节完成预防接种工作，以提高幼儿对各种传染病的免疫力，预防某些急性传染病的感染。每次接种前，幼儿园工作人员都应该对幼儿进行教育，消除他们对打针的恐惧心理。

《幼儿园管理条例》第十八条规定：“幼儿园应当建立卫生保健制度，防止发生食物中毒和传染病的流行。”第二十条规定：“幼儿园发生食物中毒、传染病流行时，举办幼儿园的单位或者个人，应当立即采取紧急救护措施，并及时报告当地教育行政部门或卫生行政部门。”此法规的第十八条和第二十条都提到，针对食物中毒和传染病的流行，必须靠建立卫生保健制度和采取紧急救护措施。特别是传染病流行期间，幼儿园发生情况后，如何隔离消毒，《托儿所、幼儿园卫生保健制度》第五部分对此规定得细致又明确。为了保障全体幼儿的健康，消除家长的思想负担，幼儿园全体工作人员都应严格执行卫生保健制度，尽心尽责地做好幼儿的疾病防治工作。

《托儿所、幼儿园卫生保健制度》对卫生消毒及隔离制度、预防疾病制度、卫生保健登记、统计制度也都做了相应要求。

预防疾病，关键是要提高幼儿的身体素质，加强体育锻炼，增强幼儿体质，提高幼儿对疾病的抵抗能力。幼儿园也要按照上述法规要求，采取一定的防病措施。比如，搞好环境卫生、个人卫生，做好消毒工作。幼儿园应该建立室内外环境清扫制度，建立责任制，分工包干，应确立要求，定时清扫、定时消毒、定期检查。对幼儿卫生也应按规定勤加照料，日常生活用品、专人用品，定时清洗消毒，特别要指导幼儿讲究卫生，养成良好的生活、卫生习惯，逐步培养生活自立、自理的能力，增强对疾病的抵抗能力。

（三）建立安全防护和检查制度，增强幼儿自我保护意识

1. 建立健全幼儿园安全保护制度

幼儿年龄小，缺乏安全知识和自我防护能力，重视幼儿安全，加强安全保护教育，制定安全保护和检查制度，是幼儿园保育工作的重要组成部分，是国家对幼儿园的基本要求。

《儿童权利公约》第十九条第一款规定："缔约国应采取一切适当的立法、行政、社会和教育措施，保护儿童在受父母、法定监护人或其他任何负责照管儿童的人的照料时，不致受到任何形式的身心摧残、伤害或凌辱，忽视或照料不周，虐待或剥削，包括性侵犯。"

《中华人民共和国未成年人保护法》第十七条规定："学校应当全面贯彻国家的教育方针，实施素质教育，提高教育质量，注重培养未成年学生独立思考能力、创新能力和实践能力，促进未成年学生全面发展。"第二十六条又规定："幼儿园应当做好保育、教育工作，促进幼儿在体质、智力、品德等方面和谐发展。"

《幼儿园管理条例》明确规定："举办幼儿园必须将幼儿园设置在安全区域内。""严禁在污染区和危险区内设置幼儿园。""幼儿园应当建立安全防护制度，严禁在幼儿园内设置威胁幼儿安全的危险建筑物和设施，严禁使用有毒、有害物质制作教具、玩具。"还规定，凡"园舍、设施不符合国家卫生标准、安全标准、妨害幼儿身体健康或者威胁幼儿生命安全的"，"使用有毒、有害物质制作教具、玩具的"，"在幼儿园周围设置有危险、有污染或者影响幼儿园采光的建筑和设施的"，将由教育行政部门或者由教育行政部门建议有关部门对责任人员给予行政处分，情节严重构成犯罪的，由司法机关依法追究刑事责任。

《幼儿园工作规程》第二十条对安全防护工作做了更细致的规定："幼儿园应当严格执行国家和地方幼儿园安全管理的相关规定，建立健全门卫、房屋、设备、消防、交通、食品、药物、幼儿接送交接、活动组织和幼儿就寝值守等安全防护和检查制度，建立安全责任制和应急预案。"第十五条提出："幼儿园应当把安全教育融入一日生活，并定期组织开展多种形式的安全教育和事故预防演练。"

《托儿所、幼儿园卫生保健制度》在安全制度方面也提出了四项要求：各项活动要以孩子为中心，工作人员要注意儿童各项活动；要注意房屋、场地、家具、玩具、用具的安全，避免触电、碰伤、摔伤、烫（烧）伤等事故的发生；要妥善保管药物，幼儿服药前要仔细核对药品，剧毒药品要专人管理，严禁放在班上；要建立健全儿童接送制度，不得丢失幼儿。

全体工作人员乃至全体家长要严格执行各项安全防护制度，重视和加强对幼儿的安全防护教育，让幼儿在长期的教育氛围中增强安全意识，学习安全知识，学会自我保护，培养应变能力，这是我们促进幼儿健康发展的重要内容。

2. 重视幼儿安全教育

《幼儿园教育指导纲要（试行）》指出："幼儿园必须把保护幼儿的生命和促进幼儿的健康放在工作的首位，要让幼儿知道必要的安全保健常识、学习保护自己。"依据《指南》关于幼儿安全与自我保护能力的发展目标与建议，针对日常生活中培养幼儿的自我保护能力，通过以下途径进行：

（1）重视安全知识教育，培养幼儿自我保护能力。幼儿自我保护能力是幼儿正确地认识自身和周围环境、避免或杜绝自身受到伤害的积极行为。幼儿缺乏生活经验和对突发事件的应变能力，不知道自己的行为可能造成的后果。所以，首先要对幼儿进行安全教育，并有意识地教给幼儿一些安全方面的知识。如：教育幼儿遵守秩序，走路或上下楼梯时，不拥挤、不抢先；让幼儿知道行走时手不插入口袋里；进餐、饮水前用手摸一下冷热，以免烫嘴；教育幼儿不携带、玩弄危险物品，不随便把异物放入口、鼻、耳等，以免发生意外；让幼儿懂得玩水、玩火、玩电、玩燃气灶开关的危害性；让幼儿认识生活中常见的安全信号与标志，不靠近危险的东西，不在危险的地方玩；知道各种体育器械的用途与使用方法，注意安全等。其次，我们在向幼儿提出某些安全要求，讲授某些安全常识时，一定要强调如果不注意安全会出现的后果。如拿着某些小物品（小刀、小棒等）追逐、打闹会刺伤、碰伤他人；过马路左右看车，不要玩耍，否则容易被车撞倒。让幼儿明白不遵守这些规则的危险后果，理解了教师的限制是为了他们的安全，引导幼儿去遵守安全规则，幼儿的安全常识越多，自我保护能力就越强。

（2）采取多种形式，对幼儿进行系统的安全教育。一是寓教育于游戏中。在向幼儿传授安全知识时，我们应充分应用游戏的形式，使幼儿在欢乐、愉快的玩乐中获得一些自我保护的方法。二是坚持反复日常生活中的随机教育。自我保护能力不是一朝一夕就能培养出来的，需要在教育过程中反复练习，获得巩固。这就需要幼儿教师悉心指导，采取随机教育的方法，经常性地巩固、强化，使幼儿能自觉地运用所学的安全知识进行自我保护。在一日活动中，我们应注意对幼儿进行随机的、有针对性的自我保护教育。教幼儿掌握几种简单的急救方法，如流鼻血时的止血法，摔伤、碰伤时不能随便揉搓；异物进入鼻、耳、生殖器时不能自己用手乱抠；手脚被门、柜、玩具卡住时不能乱动，要呼救等。我们可以经常用已发生的不安全事件提醒幼儿，从中吸取教训，以提高幼儿的自我保护能力和对突发事件的应变能力。日常生活中的随机教育，适时地教给了幼儿自我保护的方法和应变的能力，能够把危险行为消灭在萌芽状态。三是主题活动中实施自我保护意识的教育。幼儿的年龄特点决定了他们对亲身经历的事情、感兴趣的东西才能较好地接受，并转化成自身的需求。我们应把幼儿的需求作为教育的基点充分挖掘教育资源，并在此基础上生成一系列安全主题活动，可收到良好的效果。

（3）家长配合中强化提高幼儿的自我保护能力。家长在幼儿的日常生活中对孩子的影响是潜移默化的。《幼儿园教育指导纲要（试行）》中明确指出："家庭是幼儿园重要的合作伙伴，应本着尊重、平等、合作的原则，争取家长的理解、支持和主动参与，并积极支持帮助家长提高教育能力。"因此，保持与家长沟通，使家长认同幼儿园的培养要求和教育策略，尽可能地吸引家长共同参与，对培养幼儿安全意识，提高幼儿自我保护能力，有着至关重要的作用。在家园共建活动中，围绕幼儿安全意识和自我保护能力方面的培养，可以有意识地要求家长做好相关工作，比如，为孩子创设安全的家庭环境，培养孩子灵活机智的反应能力等。

（四）提供合理的饮食，养成良好的进餐习惯

科学地安排饮食，是养成幼儿良好的进食习惯的保证。

《幼儿园工作规程》规定："供给膳食的幼儿园应为幼儿提供合理膳食，编制营养平衡的幼儿食谱，定期计算和分析幼儿的进食量和营养摄取量。""幼儿园应保证幼儿饮水，为幼儿饮水提供便利条件。"这里要特别提出的是，幼儿园的任务就是要促进幼儿的健康成长。进食、饮水、大小便，是人类生活、生存的基本需求。任何幼儿园都应该为此给幼儿提供方便。为了减少所谓的麻烦，不让幼儿自由饮水，甚至限制幼儿在园内大便，都是绝对错误的。园长们要加强教育和管理，严防此类现象发生。

《托儿所、幼儿园保健制度》对幼儿饮食也提出了三方面的要求。饮食管理方面，要求有专人负责，民主管理，并建立伙委会；伙食费要专款专用，计划开支，合理使用；伙食要因时制宜，制定代量食谱；每天要按人按量供应当天制作的饭菜；成人伙食和幼儿伙食严格分开，不允许侵占幼儿伙食；保健人员要定期进行营养分析，保证进食量和营养的摄入量；要按时开饭，保证幼儿吃好吃饱。幼儿饮食方面，食谱要适合幼儿年龄，食物要多种多样，保证幼儿得到合理的营养和足够的热量；食物要注意调配花样，科学烹调，尽力保留营养素；少吃甜食，晚餐不能以甜食、菜汤、面汤为主；要加强体弱儿的饮食管理，对病儿要视病情做病号饭。饮食卫生方面，要求保持厨房清洁；严格执行《食品卫生法》，炊事用具，生熟分开，食具严格消毒；食物有防蝇设备；不买、不加工变质食物，买进的熟食要热处理后再吃；搞好进食卫生，饭前用肥皂和流动的清水洗手，饭桌要用肥皂水或碱水揩洗干净；培养幼儿不吃零食、不偏食的习惯；水果要洗净削皮再吃；炊事员要坚持上灶前洗手，如厕前脱工作服，便后用肥皂洗手等。

要特别提出的是，幼儿园在为幼儿科学安排饮食的同时，要养成幼儿良好的进食习惯。比如，定时定量进食，使机体有规律地进行消化活动；不挑食、不偏食、少吃零食，使身体得到应有的营养；要细嚼慢咽，以利于消化吸收；要养成进餐的文明习惯，正确摆放和使用餐具，不随便抛洒饭菜，不大声说话，不随便离开饭桌，饭后漱口等。

（五）积极开展体育锻炼，增强幼儿体质

开展体育锻炼，促进幼儿身体机能的正常发展，是保证幼儿各方面健康发展的前提。

《幼儿园管理条例》第十三条强调："幼儿园应当保障幼儿的身体健康，培养幼儿的良好生活、卫生习惯。"《幼儿园工作规程》第五条进一步把"促进幼儿身体正常发育和机能的协调发展，增强体质，促进心理健康，培养良好的生活习惯、卫生习惯和参加体育活动的兴趣"作为幼儿体育的主要目标。第二十三条还规定："幼儿园应当积极开展适合幼儿的体育活动，充分利用日光、空气、水等自然因素以及本地自然环境，有计划地锻炼幼儿肌体，增强身体的适应和抵抗能力。正常情况下，每日户外体育活动不得少于 1 小时。幼儿园在开展体育活动时，应当对体弱或有残疾的幼儿予以特殊照顾。"

《托儿所、幼儿园保健制度》在“体格锻炼制度”中，对体格锻炼的原则、时间、实施进行了说明。

1. 要有组织地经常开展适合婴幼儿特点的游戏及体育活动，尤其要重视一岁半以下婴幼儿的体格锻炼，给婴儿每天做一至二次被动操和主动操，幼儿做一至二次体操或活动性游戏。

2. 在正常天气下，要有充足的户外活动时间，每天坚持两小时以上户外活动，加强冬季锻炼。

3. 要创造条件，充分利用日光、空气、水等自然因素，有计划地锻炼儿童体格。

4. 锻炼要经常和循序渐进。运动项目和运动量要适合各年龄组的特点。对个别体弱的幼儿要给以特殊照顾。

值得注意的是，当前许多幼儿园的幼儿一日活动中户外体育活动时间少于《幼儿园工作规程》的规定。幼儿园应该从知法守法的高度，组织好幼儿的户外体育活动，促进幼儿身体的健康发展。

1995 年 6 月，国务院发布的《全民健身计划纲要》第七条阐明了全民健身计划，“以全国人民为实施对象，以青少年儿童为实施重点”。并且强调：“青少年和儿童的健康成长关系到国家的富强和民族昌盛，要发动全社会关心他们的体质和健康。”幼儿正处在成长发展阶段，对自然适应能力比较差，常常因为乍冷乍热引起感冒。开展户外体育活动，利用阳光、空气，甚至水、风、雪等自然条件适当地开展锻炼，能增强幼儿对气候的应变力和对疾病的抵抗力，增强幼儿体质。

【案例讨论】

某幼儿园中班的小朋友们正在午睡，值日老师珠珠由于感觉很疲倦，就在寝室一张空的幼儿床上睡着了。这时，幼儿小海想起床上洗手间，但看不到珠珠教师，于是一直憋着，不敢起床去洗手间，后来实在憋不住了，只好自己急急忙忙从床上下来准备去洗手间。由于一时着急，结果小海一下子从床上摔下，被窗边的椅子碰破了头，又因为是憋尿太久后摔倒在地，还造成了膀胱受损。珠珠老师听到小海的跌倒声和哭声，立即将小海送到医院救治。

评析：上述案例中，珠珠老师违反了幼儿保育工作的要求，没有认真履行看管、照料幼儿睡眠的职责，直接导致幼儿小海身体受到伤害，因此，幼儿园应要求教师提高安全防范意识，保证幼儿在其视线范围和安全范围活动，履行好保护幼儿的职责。同时，教师须明确教育、保育工作环节的安全规程，幼儿园要加强对教师履行职责情况的监督管理。

第三节　幼儿园的教育工作

一、幼儿园教育工作的含义

幼儿园的教育活动是教师以多种形式，有目的、有计划地引导幼儿生动、活泼发展的过程。对幼儿进行教育，促进其身心健康发展是学前教育的主要任务。具体可以从如下三个方面来看：

首先，幼儿园的教育活动具有明确的目的性和计划性。它以促进幼儿的身心健康发展为教育目的，遵循幼儿身心发展特点和规律，具有明确的目的以及实施的计划。

其次，幼儿园教育活动以教师为主导，幼儿为主体。在教育活动中，教师充当参与、促进和指导的角色，充分调动幼儿的学习积极性，鼓励幼儿自主发展，每个幼儿都是独立的个体，其个别性和独特性应该受到尊重与珍视。因此，教师还要根据每个幼儿的兴趣、需要、水平，因人施教，把学习的权利交给学习的主体——幼儿，让他们更自由、更主动地学习。

最后，幼儿园教育活动采取多种形式。比如，生活活动、游戏活动与教学活动等形式。目前，在幼儿园常用的教学活动形式主要是集体、小组、区域活动，这三种形式各有其特点，适合于不同教育内容和教学需要。作为教师，要学会分析、判断，采用恰当的教育活动形式。

二、幼儿园教育工作的原则

关于幼儿园教育工作的原则，《幼儿园工作规程》中有具体的规定，这是教师在向幼儿进行教育时必须遵循的基本要求，具体规定如下。

（一）尊重幼儿的人格尊严和合法权益的原则

作为幼儿园教育对象的幼儿，首先是一个人，是我们社会的一员，他们享有人的尊严和权利。没有对幼儿的尊重，就谈不上真正的教育。幼儿虽然年龄小，但是，他们和教师之间的关系是平等的人与人的关系。教师要将幼儿作为具有独立人格的人来对待，尊重他的思想感情、兴趣、爱好、要求和愿望等。如果教师的言行中处处体现出对幼儿的尊重，注意倾听幼儿的想法，尊重幼儿的意愿，就会使幼儿意识到，他们在这个世界上是有价值、有能力、不可缺少的，从而建立起自信心，获得良好的自我概念，为自身的继续发展奠定基础。反之，教师如果随意呵斥、责备、惩罚幼儿，让幼儿常常感受到委屈、羞辱，他们便会认为自己是无能的、被人看不起的，从而丧失基本的自尊与自信。这种消极的自我概念一旦形成，将会影响幼儿自身的发展。

幼儿是不同于成人的正在发展中的社会成员，幼儿享有不同于成人的权利，有许多特殊的权利，如生存权、受教育权、受抚养权、发展权等，这反映了人类对幼儿在社会中的地位和权利的认可与尊重。但是,幼儿毕竟是稚嫩、弱小的个体,他们对自己权利的行使,还必须通过成人的教育和保护才能实现。家庭、学校、社会应当保障未成年人的合法权益不受侵犯,因此,教师不仅是幼儿的教育者,也应当是幼儿权益的实际维护者。

(二)促进幼儿全面发展的原则

促进幼儿全面发展的原则,指的是教师在制定教育计划、设计教育活动时应当注意,幼儿的发展是整体的发展,而不是片面的发展。必须促进幼儿德、智、体、美多方面全面发展,不能偏废任何一个方面。

幼儿的发展应是协调的发展。协调发展包括:幼儿身体的各个器官、各系统机能的协调发展;幼儿各种心理机能,包括认知、情感、性格、社会性、语言等协调发展;幼儿的生理和心理协调发展;幼儿个体的需要与社会的需求之间的协调发展等。

幼儿的发展是有个性的发展,除使每个幼儿达到国家统一要求的标准之外,还允许每个幼儿根据自己的特点和可能性,充分发挥各自的潜能,让不同的幼儿在不同的方面,能够实现自己的有特色的发展,而不是千人一面。

(三)面向全体、重视个别差异的原则

在教育过程中,教育者在关注全体受教育对象的同时,还应重视幼儿的个别差异,因人施教,有针对性地采取最有效、最合理的方式促进每个幼儿的发展。教育要促进每个幼儿的发展,教育必须面向每个幼儿,使每个幼儿都能达到教育目标的要求。

教育要促进幼儿在原有基础上的发展,要面向全体,使所有的幼儿都得到发展,并不是要求所有的幼儿都达到同等水平,也不是要求每个幼儿在所有方面都达到同样高度。由于每个幼儿的需要、兴趣、性格、能力、学习方式等各有不同的特点,因此,必须考虑每个幼儿的特殊需要,因人而异地进行教育,使每个幼儿都能发挥优点和特长,在自己原有的水平上得到应有的发展。

(四)充分利用家庭和社区教育资源的原则

教育者必须认识到,幼儿自身、幼儿群体,以及家庭、社会都是宝贵的教育资源,要充分发挥它们的教育作用。教育资源存在于幼儿的生活中。在家庭、社会、教育机构、街道、市场、田野中,在幼儿自身和幼儿群体中,在看电视、听广播、交谈、游戏、旅游等各种活动中,都存在着丰富的教育资源,都在对幼儿发挥着强大的影响作用,其广泛性、灵活性、多样性、即时性,是学校教育难以比拟的。

学校教育如果局限在学校内,不仅造成教育自身的封闭、狭隘,而且也是对教育资源的极大浪费。因此,教育应当有意识地去开发、利用这些资源,如:与家庭、社区合作,充分利用幼儿的经验和幼儿之间的相互影响,利用大众媒体等,使学校教育更丰富、更有效。

(五)以游戏为基本活动的原则

游戏是学前儿童身心发展的需要,是促进幼儿儿童身体、智能、道德品质、情感、创造性发展以及成长的重要手段。在游戏活动中易于唤起儿童的学习兴趣,使儿童玩中学,学中玩,学得轻松愉快。游戏所涉及的内容是与儿童的兴趣相关联的,游戏应该与儿童的行为相关联,游戏应该与儿童的主动、自发相关联。游戏既是课程的内容,又是课程实施的

背景，还是课程实施的途径。

“以游戏为基本活动”的原则，把游戏作为“对幼儿实行全面发展教育的重要形式”，让孩子们在“玩中学”。但是，真实情况却是我们越来越多地受到来自孩子父母和社会的影响，各种教学活动把孩子的游戏时间都霸占了，教学方式由“小学化”代替了“游戏化”。这种迎合家长、违背孩子本性的教育教学方式，对孩子们来说是枯燥无味的。

（六）发挥一日活动整体教育功能的原则

幼儿园一日活动是幼儿园每天进行的所有保育和教育活动。它包括由教师组织的活动（如：幼儿的生活活动、劳动活动、教学活动等）和幼儿的自主自由活动（如：自由游戏等）。幼儿园应充分认识和利用一日生活中各种活动的教育价值，通过合理组织、科学安排，让一日活动发挥一致、连贯、整体的教育功能，寓教育于一日活动中。

一日生活中的各种活动不可偏废。无论是幼儿吃喝拉撒睡一类的生活活动，还是活动课、参观等教学活动；无论是有组织的活动，还是幼儿自主自由的活动，都有重要的教育作用，对幼儿的发展都是不可缺少的。因此，不能顾此失彼，随意削弱或取消任何一种活动。各种活动必须有机统一为一个整体。每种活动不是分别、孤立地对幼儿发挥影响的。一日活动必须统一在共同的教育目标下，形成教育合力，才能发挥整体教育功能。

【案例讨论】

某幼儿园的燕子老师最近发现班里的幼儿发展不太均衡，尤其是阳阳的身体能力缺陷表现得最为突出。在上下楼梯时，他总是走得很慢，一步一步小心翼翼，时常引起后面队伍的阻塞；上体育课时，大家都在练习跨跳，可他怎么也跨不开腿，姿势比较笨拙，勉勉强强地能跳过去，却重重地落地。于是，燕子老师在阳阳上下楼梯时，特地在一旁关注着他，当阳阳紧张时，就拉拉他的小手，鼓励他慢慢走；上体育课时，也特地为阳阳定了一个比其他幼儿稍低的目标，使他更有信心；平时也经常跟他的家长联系，让他们多带孩子外出活动，多参加一些体育锻炼。

评析：在上述案例中，燕子老师做到了尊重幼儿身心发展规律和学习特点，尊重幼儿个体差异，考虑到阳阳的特殊需要，有针对性地采取最有效、最合理的方式对阳阳进行教育，从而增加阳阳的自信心，使他能够得到更好的进步和发展。

三、幼儿园教育工作的基本要求

《幼儿园工作规程》对幼儿园教育工作的基本要求作了规定，主要是以下方面。

（1）精心组织幼儿一日活动。《幼儿园工作规程》第二十六条规定：“幼儿一日活动的组织应动静交替，注重幼儿的直接感知、实际操作和亲身体验，保证幼儿愉快的、有益的自由活动。”

（2）建立必要、合理的常规。《幼儿园工作规程》第二十七条规定：“幼儿园日常生活组织，应当从实际出发，建立必要、合理的常规，坚持一贯性和灵活性相结合，培养幼儿的良好习惯和初步的生活自理能力。”

(3) 有目的、有计划地组织好教育活动。《幼儿园工作规程》第二十八条规定:“幼儿园应当为幼儿提供丰富多样的教育活动。教育活动内容应当根据教育目标,幼儿的实际水平和兴趣确定,以循序渐进为原则,有计划地选择和组织。教育活动的组织应当灵活地运用集体、小组和个别活动等形式,为每个幼儿提供充分参与的机会,满足幼儿多方面发展的需要,促进每个幼儿在不同水平上得到发展。教育活动的过程应注重支持幼儿的主动探索、操作实践、合作交流和表达表现,不应片面追求活动结果。”

(4) 以游戏为基本活动促进全面发展。《幼儿园工作规程》第二十九条规定:“幼儿园应当将游戏作为对幼儿进行全面发展教育的重要形式。幼儿园应当因地制宜创设游戏条件,提供丰富、适宜的游戏材料,保证充足的游戏时间,开展多种游戏。幼儿园应当根据幼儿的年龄特点指导游戏,鼓励和支持幼儿根据自身兴趣、需要和经验水平,自主选择游戏内容、游戏材料和伙伴,使幼儿在游戏过程中获得积极的情绪情感,促进幼儿能力和个性的全面发展。”

(5) 注重个体差异,因人施教。《幼儿园工作规程》第三十二条规定:“幼儿园应当充分尊重幼儿的个体差异,根据幼儿不同的心理发展水平,研究有效的活动形式和方法,注重培养幼儿良好的个性心理品质。幼儿园应当为在园残疾儿童提供更多的帮助和指导”。

(6) 寓德育于一日活动之中。《幼儿园工作规程》第三十一条规定:“幼儿园的品德教育应当以情感教育和培养良好行为习惯为主,注重潜移默化的影响,并贯穿于幼儿生活以及各项活动之中。”

(7) 重视幼儿园与小学的衔接。《幼儿园工作规程》第三十三条规定:“幼儿园和小学应当密切联系,互相配合,注意两个阶段教育的相互衔接。幼儿园不得提前教授小学教育内容,不得开展任何违背幼儿身心发展规律的活动。”

本章小结

幼儿的身心发展规律决定了学前教育阶段保育和教育工作相结合的重要性。在幼儿园中,保育和教育两者相辅相成、相互渗透、缺一不可。幼儿园实现保教结合的核心在于全面的保教观念、生成式的保教行为。幼儿园保育包括科学安排幼儿一日活动、提供合理的饮食、建立安全防护和检查制度、积极开展体育锻炼、培养幼儿良好的卫生习惯。

幼儿园的教育工作需要依据教学目标、内容、幼儿的年龄特点以及教师自身的素养等因素,采用多种教学方法。在幼儿园的教育中要遵循尊重儿童的人格尊严和合法权益、促进儿童全面发展、面向全体和重视个别差异、充分利用家庭和社区教育资源、以游戏为基本活动、发挥一日活动整体教育功能等原则;在生活与教育的互融中利用生活,适时把握教育契机,运用直接指导法和间接指导法给予幼儿更为科学合理的保教指导。

思考题

一、简答题

1. 简述幼儿园贯彻保教结合的意义。

2. 简述幼儿园开展保育工作的基本要求。

3. 简述幼儿园开展教育工作的原则。

二、论述题

1. 结合实际,论述幼儿园开展教育工作的具体方法。

2. 结合陶行知的生活教育理论,谈谈如何在一日生活中实现保教结合。

幼儿园的教职工

1. 了解幼儿园园长的职责。
2. 掌握幼儿园教师的权利与义务。
3. 掌握幼儿园工作人员的基本要求。
4. 能够运用法律知识维护教师的合法权利。
5. 能够践行教师职业道德规范，落实立德树人根本任务。

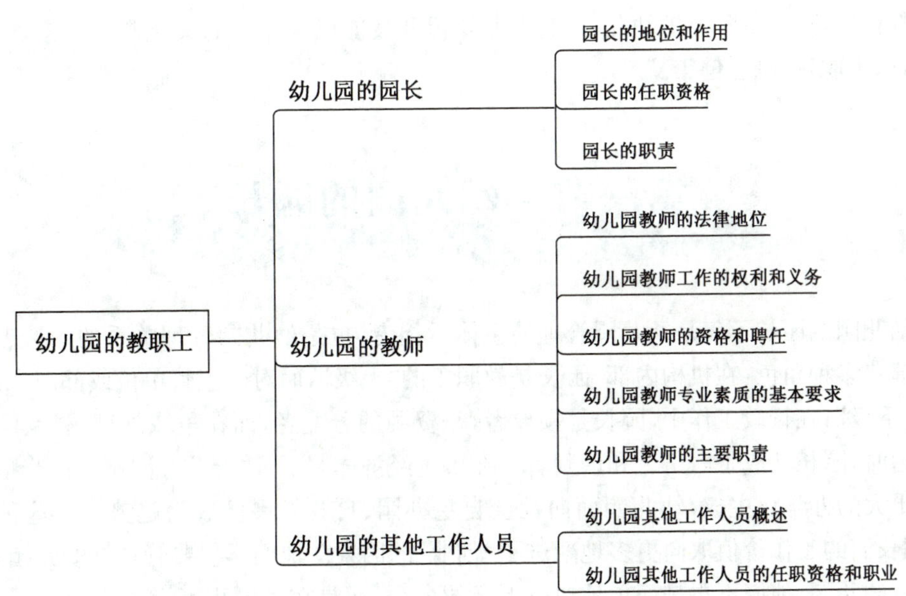

党的二十大提出，加强师德师风建设，培养高素质教师队伍，弘扬尊师重教社会风尚。近年来，党中央、国务院坚持把教师队伍建设作为基础工作。习近平总书记始终心系广大教师，对教师队伍建设作出了系列重要指示批示，强调教师是立教之本、兴教之源，号召广大教师做"四有"好老师、"四个引路人"。十年来，我国幼儿园教师培养规模不断扩大，2021 年，全国开设学前教育专业的本专科高校有 1 095 所，毕业生达到 26.5 万人，分别比 2011 年增加 591 所、23.1 万人，分别增长 1.2 倍、6.7 倍，为持续补充幼儿园师资提供了有力支撑。幼儿园教师配备也基本达标，2021 年，全国幼儿园园长和专任教师总数超过 350 万人，比 2011 年增加 200 万人，增长了 1.3 倍，生师比从 2011 年的 26：1 下降到 2021 年的 15：1，基本达到了"两教一保"的配备标准，师资短缺问题得到有效解决。幼儿园教师素质明显提高，学历结构进一步优化，2021 年专科以上学历的园长及专任教师占比达到 87.8%，比 2011 年提高了 24 个百分点。连续实施的幼儿园教师"国培计划"，2012—2020 年累计投入 43 亿元，培训幼儿园教师超过 243 万人次，教师专业水平明显提升。

《幼儿园工作规程》第七章对幼儿园的教职工及其任职资格与职责做了明确的规定："幼儿园按照国家相关规定设园长、副园长、教师、保育员、卫生保健人员、炊事员和其他工作人员等岗位，配足配齐教职工。""幼儿园教职工应当贯彻国家教育方针，具有良好品德，热爱教育事业，尊重和爱护幼儿，具有专业知识和技能以及相应的文化和专业素养，为人师表，忠于职责，身心健康。"

第一节　幼儿园的园长

幼儿园的园长不仅是幼儿园管理的主体承担者，也是幼儿园管理关系的缔造者。园长扮演着多种角色：在机构内部，园长是教职工的"上级"，而对于主管单位或部门来说，园长是"下级"；在行政工作中，园长是领导者，是资源的分配者，而在争取外部支持、同外界打交道时，园长又成了联络者和谈判者。在市场经济体制下，政府及办园单位逐步赋予幼儿园更大的办学自主权，幼儿园面向社会自主办园、自我发展已成为趋势。在这种环境下，园长们的工作价值取向更多地融进了"创业"的因素。他们不仅要管理好幼儿园，还要经营好幼儿园，他们不再是简单地执行上级的命令，而是在不同程度上自主地办园，可以说园长是幼儿园当之无愧的灵魂人物。

一、园长的地位和作用

1. 园长是幼儿园的行政负责人

《幼儿园管理条例》中明确了我国幼儿园实行园长负责制，园长在举办者和教育行政部门领导下，负责领导全园工作。园长负责制有着特定的内涵，它是以园长责任和职权为主要内容的园内管理体制之一，它包括上级领导、园长负责、党支部政治核心和保证监督、教职工民主参与管理四个既相互联系又相互区别的组成部分，目的是建立起统一的、高效率的园内指挥系统。

在幼儿园园长负责制体制中，园长是幼儿园的行政负责人，对内全面领导保育教育和行政工作，向全体教职工、幼儿负责；对外代表幼儿园，向举办者、幼儿家长及社区负责。园长和幼儿园的法定代表人是两个不同的概念，二者的法律地位截然不同。幼儿园的法定代表人是指依法代表幼儿园行使民事权利、履行民事义务的自然人，通常是幼儿园的举办者，实践中以注册登记为准。幼儿园的园长通常由举办者聘任或任命，园长与法定代表人可以是同一个人，也可以不是同一个人，但二者的法律地位不可混淆。

2. 园长具有与其责任相一致的权力

《幼儿园管理条例》第二十三条规定："幼儿园园长由举办幼儿园的单位或个人聘任，并向幼儿园的登记注册机关备案。"即教育部门办幼儿园，园长由县级及以上教育行政部门聘任；企事业单位办、集体办、民办幼儿园，园长由举办者按国家和地方相关规定聘任，报当地教育行政部门审核。经任命或聘任的园长，即具有上述法人代表的地位，依法行使行政决策权、行政指挥权、人事管理权和财务管理权等。

3. 园长在幼儿园管理中处于主导地位，是管理的主体

管理活动是一种人与人之间的双边活动过程，即领导者与被领导者之间相互作用的过程。领导者是矛盾的主要方面，起决定作用，即幼儿园的领导者是管理的主体，在管理过程中处于主导地位。然而，从实现园所任务目标来看，必须依赖两方面的积极性，既要有领导者的积极性，又要有广大教职工的积极性，要处理好二者的关系。管理学家认为，人的积极能动性的发挥程度与管理效能成正比。园长能否发挥领导职能，其领导主体作用如何，主要体现在能否调动教职工的积极性。

4. 园长是上级领导者和教职工之间的协调者

园长具有上下沟通的作用。园长一方面要主动贯彻上级的方针、政策及有关要求和规定，另一方面，园长又是园所组织和园所群体的代表，要向上级领导机关汇报情况，提出问题，反映教职工的意见、要求。由此可见，园长需要上情下达，下情上达，是上下之间沟通的纽带和桥梁。

二、园长的任职资格

根据《教师法》《幼儿园工作规程》《幼儿园园长专业标准》及《全国幼儿园园长任职资格、职责和岗位要求（试行）》等相关法律法规，幼儿园园长应当符合如下任职条件：

1. 拥护中国共产党的领导，热爱社会主义祖国，认真贯彻国家的教育方针。热爱幼

儿教育事业。

2. 具有专业知识和技能以及相应的文化和专业素养，忠于职责，身心健康。

3. 具有《教师资格条例》规定的教师资格，具备大专以上学历，有三年以上幼儿园工作经历和一定的组织管理能力，并取得幼儿园园长岗位培训合格证书。

三、园长的职责

（一）树立办学理念

1. 以德为先

坚持社会主义办园方向和党对教育的领导，贯彻党和国家的教育方针政策，将社会主义核心价值观融入幼儿园工作，履行法律赋予园长的权利和义务，主动维护儿童合法权益；热爱学前教育事业和幼儿园管理工作，具有服务国家、服务人民的社会责任感和使命感；践行职业道德规范，立德树人，关爱幼儿，尊重教职工，为人师表，勤勉敬业，公正廉洁。

2. 以幼儿为本

坚持幼儿为本的办园理念，把促进幼儿快乐健康成长作为幼儿园工作的出发点和落脚点，让幼儿度过快乐而有意义的童年；面向全体幼儿，平等对待不同民族、种族、性别、身体状况及家庭状况的幼儿；尊重个体差异，提供适宜教育，促进幼儿富有个性地全面发展；树立科学的儿童观与教育观，使每个幼儿都能接受有质量的教育。

3. 引领发展

园长作为幼儿园改革与发展的带头人，担负引领幼儿园和教师发展的重任。把握正确办园方向，坚持依法办园，建立健全幼儿园各项规章制度，实施科学管理、民主管理，推动幼儿园可持续发展；尊重教师专业发展规律，激发教师自主成长的内在动力。

4. 以能力为重

秉承先进教育理念和管理理念，突出园长的领导力和执行力。不断提高规划幼儿园发展、营造育人文化、领导保育教育、引领教师成长、优化内部管理和调适外部环境等方面的能力；坚持在不断的实践与反思过程中，提升自身的专业能力。

5. 终身学习

牢固树立终身学习的观念，将学习作为园长专业发展、改进工作的重要途径；优化专业知识结构，提高科学文化艺术素养；与时俱进，及时了解国内外学前教育改革与发展的趋势；注重学习型组织的建设，使幼儿园成为园长、教师、家长与幼儿共同成长的家园。

（二）规划幼儿园发展

（1）坚持学前教育的公益性、普惠性，充分认识学前教育对幼儿身心健康、习惯养成、智力发展具有重要意义。

（2）重视幼儿园发展规划的制定和实施，凝聚教职工智慧，建立共同发展愿景，明确发展目标，形成办园合力。

（3）尊重幼儿教育规律，继承优良办园传统，立足幼儿园实际，因地制宜办好幼儿园。

（4）掌握国家的教育方针和相关的法律法规，熟悉《幼儿园工作规程》《幼儿园教育指导纲要(试行)》《3—6 岁儿童学习与发展指南》等学前教育的相关政策。

(5) 了解国内外学前教育改革发展的基本趋势,学习优质幼儿园的成功经验。

(6) 掌握幼儿园发展规划制定、实施与测评的理论、方法与技术。

(7) 把握幼儿园发展现状,分析幼儿园发展面临的问题和挑战,形成幼儿园发展思路。

(8) 组织专家、教职工、家长、社区人士等多方力量参与制定幼儿园发展规划。

(9) 依据发展规划指导教职工制订并落实学年、学期工作计划,提供人、财、物等条件支持。

(10) 监测幼儿园发展规划实施过程与成效,根据实施情况修正幼儿园发展规划,调整工作计划,完善行动方案。

(三) 营造育人文化

(1) 把文化育人作为办园的重要内容与途径,促进幼儿体、智、德、美各方面的协调发展。

(2) 重视幼儿园文化潜移默化的教育功能,将中华优秀传统文化融入幼儿园文化建设。

(3) 将尊重和关爱师幼、体现人格尊严、感受和谐快乐作为幼儿园育人文化建设的核心,陶冶幼儿情操,启迪幼儿智慧。

(4) 具备一定的自然科学、人文社会科学知识,具有良好的品德和艺术修养。

(5) 了解幼儿园文化建设的基本理论,掌握促进优秀文化融入幼儿园教育的方法和途径。

(6) 掌握幼儿身心发展特点,理解和欣赏幼儿的特有表达方式。

(7) 营造体现办园理念的自然环境和人文环境,形成积极向上、宽容友善、充满爱心、健康活泼的园风园貌。

(8) 营造陶冶教师和幼儿情操的育人氛围,向教师推荐优秀的精神文化作品和幼儿经典读物,防范不良文化的负面影响。

(9) 根据幼儿身心发展特点和接受能力,将爱学习、爱劳动、爱祖国教育融入幼儿园一日生活和游戏活动之中。

(10) 凝聚幼儿园文化建设力量,鼓励幼儿积极参与,发挥教师的主导作用,鼓励社会(社区)和家庭参与幼儿园文化建设。

(四) 领导保育教育

(1) 坚持保教结合的基本原则,把幼儿的安全与健康放在首位,对幼儿发展有合理期望。

(2) 珍视游戏和生活的独特价值,尊重和保护幼儿的好奇心和学习兴趣,重视幼儿良好学习品质的培养。将人际交往和社会适应作为幼儿良好社会性发展的重要内容。不得以任何形式提前教授小学内容,防止和克服幼儿园教育“小学化”倾向。

(3) 尊重教师的保育教育经验和智慧,积极推进保育教育改革。

(4) 掌握国家关于幼儿不同年龄阶段的发展目标和幼儿园保育教育目标。

(5) 熟悉幼儿园环境创设、幼儿园一日生活、游戏活动等教育活动组织与实施的知识和方法。

(6) 了解国内外幼儿园保育教育的发展动态和改革经验,了解教育信息技术在幼儿园管理和保育教育活动中应用的一般原理和方法。

(7) 落实国家关于保育教育的相关规定,立足本园实际,组织制定并科学实施保育教育活动方案。

(8) 具备较强的课程领导和管理能力,指导幼儿园教师根据每个幼儿的发展需要,制定个性化的教育方案,组织开展灵活多样的教育活动。

(9) 建立园长深入班级指导保育教育活动制度,利用日常观察、观摩活动等方式,及时了解、评价保育教育状况并给予建设性反馈。

(10) 领导和保障保育教育研究活动的开展,提升保育教育水平。

【案例讨论】

2013 年 1 月 23 日下午,山东籍侯姓男子因车祸赔偿金问题与金东区曹宅镇张姓男子发生经济纠纷,侯姓男子以为对方的儿子在鸿泰幼儿园上学,遂持械闯入幼儿园欲对其子实施报复。其行为被金华市金东区曹宅镇鸿泰幼儿园园长喻阳春及工作人员发现并制服。园内幼儿安然无恙,喻阳春在与侯姓男子搏斗中背部、胸口两处受伤。女园长喻阳春勇斗歹徒的事迹被被授予"浙江省师德楷模"荣誉称号。

评析:喻阳春不顾个人安危,挺身而出,及时制止了犯罪嫌疑人的行凶行为,以英勇行动塑造了新时期人民教师的光辉形象,用无私大爱诠释了新时期人民教师的高尚师德。广大教师应以喻阳春为榜样,把学生放在第一位,爱岗敬业、关爱学生、为人师表、甘于奉献,以实际行动践行职业道德规范,为建设高素质专业化教师队伍,加快实现全省教育现代化而共同努力奋斗。

(五) 引领教师成长

(1) 尊重、信任、团结和赏识每一位保教人员,促进保教人员的团结合作。

(2) 重视园长在教师专业发展过程中的引领作用,积极创设条件,激励教师的专业发展。

(3) 具有明确的建立教师专业发展共同体的意识。

(4) 把握保教人员的职业素养要求,明确幼儿园教师的权利和义务。

(5) 熟悉幼儿园教师专业发展各阶段的规律和特点,掌握指导教师开展保育教育实践与研究的方法。

(6) 掌握园本教研、合作学习等学习型组织建设的方法以及激励教师主动发展的策略。

(7) 了解教师专业发展的需求,鼓励支持教师积极参加在职能力提升培训,为教师创造并提供专业发展的条件和环境。

(8) 建立健全教师专业发展激励和评价制度，构建教研训一体的机制，落实每位教师五年一周期不少于360学时的培训要求。

(9) 培养优良的师德师风，落实教师职业道德规范要求和违反职业道德行为处理办法，引导支持教师坚定理想信念，提高道德情操，掌握扎实学识，秉持仁爱之心，不断提升教师的精神境界。增强保教人员法治意识，严禁歧视、虐待、体罚或变相体罚等损害幼儿身心健康的行为。

(10) 维护和保障教职工合法权益和待遇，关爱教职工身心健康，建立优教优酬的激励制度。

(六) 优化内部管理

(1) 坚持依法办园，自觉接受教职工、家长和社会的监督。

(2) 崇尚以德治园，注重园长榜样示范、人格魅力、专业引领在管理中的积极作用。

(3) 尊重幼儿园管理规律，实行科学管理与民主管理。

(4) 掌握国家对幼儿园管理的法律法规、政策要求和园长的职责定位。

(5) 熟悉幼儿园管理的基本知识，了解国内外幼儿园管理的先进经验。

(6) 掌握幼儿园园舍规划、卫生保健、安全保卫、教职工管理、财务资产管理等方法与实务。

(7) 形成幼儿园领导班子的凝聚力，认真听取党组织对幼儿园重大决策的意见，充分发挥党组织的政治核心作用。

(8) 建立健全幼儿园管理的各项规章制度，严格落实教师、保育员、保健医、保安、厨师等岗位职责，提高幼儿园管理规范化、科学化水平。

(9) 建立教职工大会或教职工代表会议制度，推行园务公开，尊重和保障教职工参与幼儿园管理的民主权利，有条件的幼儿园可根据需要建立园务委员会。

(10) 建立和完善幼儿园应急机制，制定相应预案，定期实施安全演练，指导教职工正确应对和妥善处置各类自然灾害、公共卫生、意外伤害等突发事件。

(七) 调适外部环境

(1) 充分认识家庭是幼儿园重要的合作伙伴，积极争取家长的理解、支持和主动参与，促进家园共育。

(2) 重视利用自然环境和社会(社区)的教育资源，扩展幼儿生活和学习的空间。

(3) 注重引导幼儿适当参与社会生活，丰富生活经验，发展社会性。

(4) 掌握幼儿园与家长、相关社会机构及部门有效沟通的策略与方法。

(5) 熟悉社会(社区)教育资源的功能与特点。

(6) 指导教师了解幼儿家庭教育的基本情况，掌握家园共育的知识与方法。

(7) 建立幼儿园对外合作与交流机制，开放办园，形成幼儿园与家庭、社会(社区)及其他幼儿园的良性互动。

(8) 面向家庭和社会(社区)开展公益性科学育儿的指导和宣传，利用家长学校、家长会、家长开放日等形式，帮助家长了解幼儿园保教情况。开展家庭教育指导，注重通过多种途径，转变家长教育观念，提高家长科学育儿能力。

（9）加强幼儿园与社会（社区）的联系，利用文化、交通、消防等部门的社会教育资源，丰富幼儿园的教育活动。

（10）引导家长委员会及社会有关人士参与幼儿园教育、管理工作，吸纳合理建议。

此外，园长还应制订自我专业发展规划，爱岗敬业，增强专业发展自觉性。主动参加园长培训和自主研修，不断提升专业发展水平，努力成为学前教育和幼儿园管理专家。

【案例讨论】

做每个孩子的真心朋友

——记全国教书育人楷模、甘肃省兰州市实验幼儿园园长刘志

26年来，从一名幼儿教师成长为一名省级示范性幼儿园园长，从一个初出茅庐的大学生成长为享誉省内外的幼教专家，刘志一以贯之地坚守着让孩子们拥有快乐童年的信念，用爱心为孩子播撒幸福的种子，成为幼儿园一批批幼儿的“园长朋友”。

躬下身子，与每一个孩子做朋友

多年来，她总是每天第一个到园，最后一个离园，每天都要深入班级了解孩子们的饮食、午休和教育教学活动的开展情况。幼儿园有6个班级，240名在园幼儿。巡查一遍要花40分钟，这成了刘志和孩子们交流的好机会。刘志躬身和幼儿做朋友，刘志能叫出全园孩子的名字，掌握每个孩子的性格特点和在园基本情况，这让她在与家长沟通时能提出有针对性的育儿意见，受到家长的尊敬与爱戴。无论什么样的“问题孩子”，刘志总能有办法让他们走上健康成长的道路。

精细管理，办理想的幼儿园

让自信自主成为孩子们的人生态度，让体验探究成为孩子们的思维方式，让审美愉悦成为孩子们的性格品质，让甜甜美美成为孩子们对童年最美好的记忆，从而为他们今后幸福而有尊严的生活奠定基础。这是刘志的办园理念。

为了实现这一理念，刘志在教职工中大力提倡“爱、勤、精、新”精神，要求教师理智、完整、有智慧地爱幼儿，扎扎实实、勤勤恳恳地履行好自己的岗位职责，用精细化塑造教育的魅力，打造教育的品牌，以新的儿童观、教育观、发展观、质量观引领学前教育发展。

为了实现这一理念，刘志和班子成员一起结合幼儿园工作的特点和要求，重新调整与修订幼儿园规范性制度、流程性制度、评价性制度与奖惩性制度，用制度保证正常的保教工作秩序，增强教职工的责任意识，提高办园质量。

为了实现这一理念，刘志和她的团队积极构建家园合作共同体，使家长成为幼儿园重要的合作伙伴，共同促进幼儿身心健康、快乐发展。

为了调动教师学习探索的积极性，刘志以身作则，带头搞科研。多年来，刘志坚持每天早上读书一小时，她主持和组织的研究课题多次获得省、市教育科研大奖。

办好幼儿园，必须要有一支师德高尚、业务精湛、充满活力的保教队伍。为此，刘志提出了幼儿园队伍发展目标：园长——专家型、教师——研究型。刘志带头组织园本教研与园本培训，以教科研促进教师专业化成长，把培养指导青年教师提高业务水平作为重要任务来抓。目前，刘志建立了兰州市第一个学前教育名师工作室、第一个幼儿园名班主任工作室，有5位教师被高校特聘为幼师"国培"项目培训教师。

分享成果，让更多的幼儿得到呵护

"作为实验、示范性幼儿园，要充分发挥引领、辐射、带动作用，大胆分享成功的治园经验，让更多孩子得到爱的呵护。"在刘志的倡导下，幼儿园的所有教师都以把自己的成功经验和所有同行分享为荣。每年，全省各地许多幼儿园教师来学习观摩，刘志都会热情接待，无私地为同行提供专业支持与帮助，毫无保留地将办园经验与大家共同分享。

作为甘肃省幼教专家，刘志经常到一些贫困地区参与培训、支教。在刘志的号召下，从普通教师到园长，大家都积极投身支教帮扶工作，足迹遍布定西市、甘南藏族自治州等甘肃贫困地区幼儿园。

"辛勤耕耘，培育幼苗，终身无悔"，这是刘志26年来对幼儿教育不舍的情怀，也是她办理想幼儿教育的真实写照。

第二节 幼儿园的教师

一、幼儿园教师的法律地位

在《教育法》和《教师法》未颁布前，"教师"是在学校及教育机构从事教育教学工作人员的总称。随着《教师法》和《教育法》的相继颁行，赋予了"教师"特定的法律含义。法律意义上的"教师"是指履行教育教学职责的专业人员，承担着教书育人、培养社会主义事业建设者和接班人、提高民族素质的使命。幼儿园教师的地位，要从以下两个方面理解：

1. 幼儿园教师地位的本质特征

幼儿园教师是履行学前教育职责的专业人员，这是幼儿园教师地位的本质特征，也是幼儿园教师概念的内涵。这一内涵可以从两个方面来加以把握：

(1) 履行教育、教书育人职责是幼儿园教师的职业特征。只有直接承担教育工作职责的人，才具备幼儿园教师的最基本的条件。幼儿园中，不直接从事教育工作，未履行教育职责的行政管理人员、校办产业公司人员、教育辅助人员(包括后勤服务人员等)，都不能认定为教师，而分属教育职员或其他相应的专业技术职务系列。

(2) 专业人员是幼儿园教师的身份特征。同医生、律师等一样，教师是一种从事专门职业活动的专业人员，即教师必须具备专门规定的从事教育教学活动的资格，符合特定的要求。这里的"专业人员"包括三层含义：一是教师要达到符合规定的相应学历；二是教师要具备相应专业知识；三是教师要符合与其职业相称的其他有关规定，如语言表达能力、性格、身心健康状态等。对于本职工作不是教师，而临时到学校及幼儿园承担一些课程的人员，不能视为教师。

2. 幼儿园教师具有特定的权利和义务

在法律上，幼儿园教师具有两种身份：一方面，他们是普通公民；另一方面，他们是从事教育工作的专业人员。幼儿园教师的权利和义务是基于特定的职业性质而产生和存在的，具有如下特点：

(1) 在教育教学活动中产生并由教育法律规范所设定。幼儿园教师的基本权利义务既不同于宪法赋予每个公民都具有的政治权利和义务，也不同于教师作为普通公民所具有的民事权利和义务。它是基于教育活动而产生，并由教育法律规范所设定的权利和义务，是一种职业特定的法律权利和职业特定的法定义务。

(2) 与幼儿园教师职务和职责紧密相连。它具有两层含义：一是幼儿园教师的权利和义务始于其取得教师资格并在学校或其他教育机构任职，终于解聘。未取得教师资格而任职的，不具有此项基本权利和义务。二是幼儿园教师的权利和义务是其履行教育教学职责的要求和基本保证。当教师以教育者身份出现时，其与职责相关的权利和义务从某种意义上说是代表国家和社会利益，带有一定的“公务”性质，是不能随意放弃的。如果幼儿园教师随意放弃指导幼儿的学习和发展，实际上是没有履行教师的职责。

(3) 是一定社会物质生活条件能予以保证的。各国关于教师基本权利和义务的规定，都是该国当时的社会、经济发展水平和文化传统等所需要并能予以保证的权利和义务。随着社会的发展，必然会从法律上对教师的权利、义务产生新的要求，并通过制定或修改法律来加以实现。

二、幼儿园教师的权利和义务

(一) 幼儿园教师的权利

法律上的幼儿园教师的权利，是指幼儿园教师在教育活动中享有的由教育法赋予的权利，它是国家对幼儿园教师在教育活动中可以为或不为一定行为的许可与保障。它一般包括以下三部分内容：

(1) 幼儿园教师实施某种行为的权利，也可称积极行为的权利，如《教师法》规定的“从事科学研究、学术交流、参加专业的学术团体、在学术活动中充分发表意见”的权利。

(2) 幼儿园教师要求义务人履行法律义务的权利，如《教师法》规定教师享有“按时获取工资报酬”的权利。

(3) 当幼儿园教师的权利受到侵害时，有权诉诸法律，要求确认和保护其权利。

这三部分内容相互联系，不可分割。积极行为的权利体现了一定社会经济条件下所确认的教师享有的自主权利，这种权利在不受到义务人侵犯或按照教师的要求履行义务的前提下才能得到保障。同时，当教师权利受到侵害并诉诸法律时，国家将依法采用强制手段予以恢复，或使教师得到相应的补偿。离开法律的确认和保护，无所谓教师权利的存在。依据《教育法》和《教师法》的规定，我国幼儿园教师具有以下权利：

1. 教育权

教育权是指幼儿园教师进行保育教育活动，开展保育教育改革和实验的权利。其基本内容包括：

(1) 幼儿园教师可依据其所在幼儿园的课程计划、工作量等具体要求，结合自身的保育教育特点自主地组织课堂教育教学。

(2) 幼儿园教师可按照课程大纲的要求确定其教育内容和进度，并不断完善课程内容。

(3) 幼儿园教师可针对不同的教育对象，在教育教学的形式、方法、具体内容等方面进行改革、实验和完善。任何组织或个人都不得非法剥夺在聘教师从事教育活动，开展教育教学改革和实验的权利。

2. 科学研究权

科学研究权是指幼儿园教师从事科学研究、学术交流，参加专业的学术团体，在学术活动中发表意见的权利。这是教师作为专业技术人员所享有的基本权利之一。其基本内容包括以下三方面：

(1) 幼儿园教师在完成规定的保育教育任务的前提下，有权进行科学研究、技术开发、技术咨询等创造性劳动。有权将教育中的成功经验或专业领域的研究成果等，撰写成学术论文，著书立说。

(2) 幼儿园教师有参加有关的学术交流活动，以及参加依法成立的学术团体并在其中兼任工作的权利。

(3) 幼儿园教师有在学术研究中发表自己的观点，开展学术争鸣的自由。但应注意在保育教育活动中，要按课程大纲或课程基本要求进行讲授，不应任意发表与讲授内容无关且有损幼儿身心发展的个人看法。

3. 指导评定权

指导评定权是指幼儿园教师指导幼儿的学习和发展，评定幼儿成长发展的权利。这是幼儿园教师所享有的在教育过程中居于主导地位的基本权利。其基本内容包括：

(1) 幼儿园教师按照幼儿园的课程内容，指导幼儿主动地学习，促进幼儿全面地发展，并且通过观察、分析，对幼儿适时地给予评价。

(2) 幼儿园教师有权对幼儿的品德、学习、劳动等方面给予客观、公正、恰如其分的评价。

(3) 幼儿园教师有权运用正确的指导思想、科学的方式方法，使幼儿的个性和能力得到充分发展。

4. 获取报酬权

获取报酬权是指幼儿园教师按时获取工资报酬，享受国家规定的福利待遇以及寒暑假期的带薪休假。这是宪法规定的公民享有劳动的权利和劳动者有休息的权利的具体化。其基本内容包括以下两点：

(1) 幼儿园教师有权要求所在幼儿园及其主管部门根据国家教育法律、教师聘用合同的规定，按时、足额支付工资报酬，包括基础工资、职务工资、课时报酬、奖金、教龄津贴、班主任津贴及其他各种津贴在内的工资收入。

(2) 幼儿园教师有权享受国家规定的福利待遇,包括医疗、住房、退休等方面的各种待遇和优惠以及寒暑假期的带薪休假。

【案例讨论】

李梅幼师毕业后,应聘到某幼儿园工作。该幼儿园每个周六、周日都不放假,没有暑假,寒假也只有一个星期。老师一个人带一个班,从来没时间休息和进行业务学习。李梅和她的同事曾多次提出,老师应享有一定的假期,也希望能有一些学习的机会。园长却总以工作忙、要多为幼儿家长考虑着想等理由搪塞。无奈,李梅和同事们一起到当地教育行政部门反映情况,强烈要求幼儿园应考虑教师的权利和应享受的待遇。

李梅是否小题大做?该幼儿园的做法是否合理?

评析:本案中,园长借口幼儿园工作太忙,没办法安排老师休息和参加培训学习,这是违反《劳动法》和《教师法》的行为。《劳动合同法》第三十八条规定,用人单位应当保证劳动者每周至少休息一日。本案中,幼儿园周六、周日都不放假的做法,侵害了教师的休息权。幼儿园如果需要安排教职工在节假日加班的,则需征得教师的同意并支付加班费。此外,幼儿园应利用一切可以利用的条件和机会,安排教职员参加在职培训和学习,这是《劳动法》和《教师法》规定劳动者享有的基本权利,李梅找当地教育行政部门申请解决的要求是合理的。

建议:

(1) 幼儿园作为用人单位,应从幼儿园的长远发展考虑,尊重教师的权益,积极改善教师假期休息和在职培训的问题。

(2) 为保障自己的劳动权益不受损害,教职工在与幼儿园签订劳动合同时,可以将休息休假、进修培训等方面的内容事先加以约定,从而督促幼儿园认真履行。当劳动权益受到侵害时,可向主管部门申诉,寻求帮助和解决,或依法追究用人单位的责任。

5. 民主管理权

民主管理权是指幼儿园教师对幼儿园的保教工作、管理工作和教育行政部门的工作提出意见和建议,通过教职工代表大会或者其他形式,参与幼儿园管理的民主权利。其基本内容包括以下两点:

(1) 幼儿园教师享有对幼儿园及教育行政部门工作的批评和建议权,这是宪法规定的"公民对任何国家机关和国家工作人员,有提出批评和建议的权利"的具体表现。

(2) 幼儿园教师有权通过教职工代表大会、工会等组织形式以及其他适当方式参与幼儿园的民主管理,讨论幼儿园发展、改革等方面的重大事项,进一步发挥主动性和积极性,树立当家做主的主人翁意识,以保障自身的民主权利和切身利益,推进园内的民主建设,提高幼儿园管理的效率和水平。

6. 进修培训权

进修培训权是指幼儿园教师参加进修或者其他方式的培训的权利。其基本内容包括以下两点：

（1）幼儿园教师有权参加进修和接受其他多种形式的培训，不断更新知识，调整知识结构，以提高自己的思想品德和业务素质，从而保障保育教育的质量。

（2）教育行政部门和幼儿园及其他教育机构应当采取各种形式，开辟多种渠道，保证教师进修培训权的行使。同时，教师进修培训权的行使，要在完成本职工作前提下，有组织有计划地进行，不得影响正常的保育教育工作。

【知识拓展】

教育部财政部关于实施中小学幼儿园教师
国家级培训计划（2021—2025年）的通知

（节选）

教师函〔2021〕4号

各省、自治区、直辖市教育厅（教委）、财政厅（局），新疆生产建设兵团教育局、财政局：

为深入贯彻习近平总书记关于教育的重要论述和全国教育大会精神，落实《中共中央国务院关于全面深化新时代教师队伍建设改革的意见》《国民经济和社会发展第十四个五年规划和2035年远景目标纲要》，推进教师培训提质增效和教师队伍高质量发展，就“十四五”期间中小学幼儿园教师国家级培训计划（以下简称“国培计划”）实施工作通知如下。

一、基本思路

深刻把握教育高质量发展阶段的新要求，坚持示范引领与整体提升结合，为基础教育改革发展培养高端引领人才，为乡村振兴和中西部欠发达地区农村教育改革发展提供坚强师资支撑。

（一）支持重点。实施示范项目，重点加强方向方法引领、优质资源建设，培育教育家型教师和校园长、专家型培训者和团队。实施中西部骨干项目，重点支持中西部欠发达地区农村义务教育学校、幼儿园骨干教师、校园长和培训者深度培训；将巩固拓展脱贫攻坚成果同乡村振兴有效衔接，支持国家乡村振兴重点帮扶县教师校长能力整体提升。辐射带动省、市、县、校级教师培训，实现教师培训全覆盖。

（二）目标任务。推进以教师自主学习、系统提升、持续发展为导向的“国培计划”改革，实行分层分类精准培训，建立教师自主发展机制，探索教师自主选学等模式，推进人工智能与教师培训融合发展。完善教师专业发展支持服务体系，加强市县教师发展机构专业化建设，健全项目区县、高校、中小学校和幼儿园协同发展机制，加强教师培训者队伍专业化建设，健全教师发展评价、培训综合评价机制，全面推进教师培训提质增效。

（略）

教育部

财政部

2021年4月30日

（二）幼儿园教师的义务

幼儿园教师的义务，是指幼儿园教师依照《教育法》《教师法》及其他有关法律、法规，从事教育教学工作而必须履行的责任，表现为教师在教育活动中必须做出一定行为或不得做出一定行为的约束。它是由法律规定，并以国家强制力保障其履行。我国现行教育法规定幼儿园教师应履行以下义务：

第一，遵守宪法、法律法规和职业道德、社会公德，不断提高思想政治素质和个人修养，践行社会主义核心价值观。它包括如下几层内容：

(1) 幼儿园教师作为中华人民共和国的公民，必须遵守宪法、法律。幼儿园教师不仅是模范遵守宪法和法律的表率，而且要在保育教育工作中，自觉培养幼儿的法制观念、民主意识，使每个幼儿都成为遵纪守法的好公民。

(2) 幼儿园教师作为人类灵魂的工程师，应当遵守职业道德，由于幼儿园教师担负着培养下一代的任务，他们在传授科学文化知识的同时，对幼儿的思想品德、道德、法律意识的形成有着重要的影响。因此，幼儿园教师的职业道德，不仅是幼儿园教师自身行为的规范，也是法律要求教师应尽的基本义务。

(3) 幼儿园教师为人师表，对社会起着净化、表率的作用，对幼儿的成长有着潜移默化的影响，对整个国家的精神文明建设，也有着不可估量的作用。

第二，贯彻党和国家教育方针，践行立德树人根本任务，遵守职业行为准则，执行课程标准，履行岗位职责，潜心教书育人，完成教育教学工作任务。它包括以下几方面内容：

(1) 幼儿园教师在保教工作中，应当全面贯彻国家关于教育必须为社会主义现代化建设服务，必须与生产劳动相结合，培养体、智、德、美等方面全面发展的社会主义事业的建设者和接班人的方针，对幼儿进行全面指导。

(2) 幼儿园教师应遵守教育行政部门和幼儿园制订的保教工作计划，完成保教工作任务。

(3) 幼儿园教师应当履行聘任合同中约定的保育教育职责，完成职责范围内的保育教育任务。

第三，继承和弘扬中华优秀传统文化、革命文化和社会主义先进文化，对幼儿进行爱国主义、中华民族共同体意识和国家安全教育，思想品德和法治教育以及科学文化、环境保护、卫生健康等方面的教育，组织、带领幼儿开展有益的社会活动。这是对幼儿园教师从事保育教育工作内容方面的全面规范，其基本内容包括以下几个方面：

(1) 培养幼儿良好的生活习惯、卫生习惯和参加体育活动的兴趣，促进幼儿身体正常发育和机能的协调发展，增强幼儿体质。

(2) 激发幼儿有益的兴趣和求知欲望，培养幼儿运用感官和语言交往的基本能力以及初步的动手能力。

(3) 萌发幼儿爱家乡、爱祖国、爱集体、爱劳动、爱科学的情感，培养幼儿良好的品德行为习惯。

(4) 培养幼儿初步的感受美和表现美的情趣与能力。

第四，关心、爱护全体幼儿，尊重幼儿基本权利和人格尊严，促进幼儿德智体美劳全面发展。

人格尊严是宪法赋予公民的一项基本权利，由于幼儿在教育活动中居于受教育者的地位，其人格尊严往往容易受到侵犯，尤其是对有缺点错误的幼儿，幼儿园教师更应给予特别关怀，使他们也能健康地成长，绝不能采取简单粗暴的办法，不能侮辱、歧视他们，不能泄露幼儿隐私，更不能体罚或变相体罚幼儿。

第五，制止有害于幼儿的行为或者其他侵犯幼儿合法权益的行为，批评和抵制有害于幼儿健康成长的现象。这一义务有两方面含义：

（1）幼儿园教师制止的范围是特定的。主要指幼儿园教师在幼儿园工作和与保育教育工作相关的活动中，对侵犯其所负责教育管理的幼儿合法权益的违法行为给予制止。

（2）幼儿园教师批评和抵制的范围是一般意义上的。保护幼儿的合法权益和身心健康是全社会的责任，幼儿园教师自然更负有义不容辞的义务。因此，幼儿园教师对社会上出现的有害于幼儿身心健康成长的不良现象有义务进行批评和抵制。

第六，依法依规履行公共教育服务职责，公正评价、平等对待、科学管理学生。

幼儿的行为表现和发展变化具有重要的评价意义。幼儿园教师应全面了解幼儿的发展状况，防止片面性，尤其要避免只重知识和技能，忽略情感、社会性和实际能力的倾向。承认和关注幼儿的个体差异，避免用划一的标准评价不同的幼儿，在幼儿面前慎用横向的比较。以发展的眼光看待幼儿，既要了解现有水平，更要关注其发展的速度、特点和倾向等。

第七，适应时代要求和技术变革，更新教育观念，创新教育教学方法，不断提高教书育人能力，成为终身学习的倡导者、践行者。

教育教学工作是一项较强的专业性工作。担负着提高民族素质的使命，这就要求教师不断学习，加强自身的思想道德修养，使其保持较高的思想政治觉悟和教育教学专业水平，以适应教育教学工作需要。

第八，特别义务。幼儿园教师在履行职责时，应当注重保护未成年学生的人身安全和合法权益，制止学生欺凌和其他有害于学生的行为；发生自然灾害、事故灾难、公共卫生事件等突发事件或者学生伤害事故，应当积极保护、救助学生；应当与学生父母或者其他监护人相互配合，加强对家庭教育的指导，促进家校协同育人。

【案例讨论】

2022年9月5日12时52分，四川甘孜州泸定县发生6.8级地震。地震发生后，一段名为“地震瞬间，幼师集体起身冲向孩子们”的视频被大量转发，网友称这些幼儿教师为“最美逆行者”；在其他幼儿园和学校，也都能见到老师拼死保护学生的场景。网友纷纷点赞：“出事后第一时间想到的是学生，这才是真正的人民教师！”地震波袭来瞬间，峨眉山市苗苗幼儿园里刚要吃午饭的老师纷纷扔掉饭碗，迅速冲向休息室，抱起熟睡的孩子们跑向屋外，仅用了1分40秒，便将全幼儿园的400余名孩子带至安全区域；在汉源县安特国际幼儿园，有的老师一把抱起孩子，还有的老师一左一右抱着两个孩子，在转移过程中，厨房阿姨也自发加入转移孩子的行动。地震瞬间的一幕幕，定格下幼儿教师们的下意识反应，令人动容，这背后，不仅有责任担当，还有临危不乱的避险意识。

评析：发生自然灾害、事故灾难、公共卫生事件等突发事件或者学生伤害事故时，教师应当积极保护、救助学生，保护未成年学生的人身安全，这是作为教师的特别义务。地震中的这些幼儿教师，在最危难的一刻，不顾个人安危，将幼儿生命摆在首位，用自己的生命守护幼儿的生命。他们用生命维护师尊，铸就了师魂。他们用自己的行动践行和诠释了关爱学生、为人师表、甘于奉献的深刻含义。

三、幼儿园教师的资格和聘任

1. 幼儿园教师资格条件

依据《教师法》规定，我国实行教师资格制度。中国公民凡遵守宪法和法律，热爱教育事业，具有良好的思想品德，具备教师法规定的学历或者经国家教师资格考试合格，有教育教学能力，经认定合格的，可以取得教师资格。取得幼儿园教师资格，应当具备幼儿师范毕业及其以上学历。2018 年，《中共中央国务院关于全面深化新时代教师队伍建设改革的意见》(中发〔2018〕4 号)要求，逐步将幼儿园教师学历提升至专科。幼儿教师资格由县级以上地方人民政府教育行政部门认定。

有下列情形之一的，由县级以上人民政府教育行政部门撤销其教师资格：

(1) 弄虚作假、骗取教师资格的；

(2) 品行不良、侮辱学生，影响恶劣的。

被撤销教师资格的，自撤销之日起 5 年内不得重新申请认定教师资格，其教师资格证书由县级以上人民政府教育行政部门收缴。参加教师资格考试有作弊行为的，其考试成绩作废，3 年内不得再次参加教师资格考试。受到剥夺政治权利或者故意犯罪受到有期徒刑以上刑事处罚的，不能取得教师资格；已经取得教师资格的，丧失教师资格。

2. 幼儿园教师的聘任

《教师法》第十七条规定："学校和其他教育机构应当逐步实行教师聘任制。教师的聘任应当遵循双方地位平等的原则，由学校和教师签订聘任合同，明确规定双方的权利、义务和责任。"《幼儿园管理条例》和《幼儿园工作规程》也明确规定：幼儿园实行聘任制，幼儿园教师由幼儿园园长聘任，也可由举办幼儿园的单位或个人聘任。

教师聘任制度是指聘任双方在平等自愿的基础上，由学校或教育行政部门根据教育教学需要设置工作岗位，聘请具有教师资格的公民担任相应教师职务的一项制度。幼儿教师和幼儿园通过聘任制度确立一种法律关系。根据《劳动法》《劳动合同法》的规定，这种聘任关系属于劳动合同关系。双方签订的聘任合同具有法律效力，对双方均有约束力。幼儿教师与幼儿园均要按聘任合同履行义务。实行教师聘任制有利于建立合格稳定的教师队伍，提高办学的自主性，调动幼儿教师的积极性，提高幼儿教师的社会地位和待遇，提高学前保教质量，促进教师合理流动，增强教师队伍活力。

四、幼儿园教师专业素质的基本要求

幼儿园教师是履行幼儿园教育工作职责的专业人员，需要经过严格的培养与培训，具有良好的职业道德，掌握系统的专业知识和专业技能。《幼儿园教师专业标准（试行）》依据《中华人民共和国教师法》，从专业理念与师德、专业知识、专业技能三个维度提出了幼儿教师专业素质的基本要求。它是幼儿园教师开展保教活动的基本规范，是引领幼儿园教师专业发展的基本准则，是幼儿园教师培养、准入、培训、考核等工作的重要依据。

（一）基本理念

1. 师德为先

热爱学前教育事业，具有职业理想，践行社会主义核心价值体系，履行教师职业道德规范，依法执教。关爱幼儿，尊重幼儿人格，富有爱心、责任心、耐心和细心；为人师表，教书育人，自尊自律，做幼儿健康成长的启蒙者和引路人。

2. 幼儿为本

尊重幼儿权益，以幼儿为主体，充分调动和发挥幼儿的主动性；遵循幼儿身心发展特点和保教活动规律，提供适合的教育，保障幼儿快乐健康成长。

3. 能力为重

把学前教育理论与保教实践相结合，突出保教实践能力；研究幼儿，遵循幼儿成长规律，提升保教工作专业化水平；坚持实践、反思、再实践、再反思，不断提高专业能力。

4. 终身学习

学习先进学前教育理论，了解国内外学前教育改革与发展的经验和做法；优化知识结构，提高文化素养；具有终身学习与持续发展的意识和能力，做终身学习的典范。

（二）专业理念与师德要求

1. 职业理解与认识

（1）贯彻党和国家教育方针政策，遵守教育法律法规。

(2) 理解幼儿保教工作的意义,热爱学前教育事业,具有职业理想和敬业精神。

(3) 认同幼儿园教师的专业性和独特性,注重自身专业发展。

(4) 具有良好职业道德修养,为人师表。

(5) 具有团队合作精神,积极开展协作与交流。

2. 对幼儿的态度与行为

(1) 关爱幼儿,重视幼儿身心健康,将保护幼儿生命安全放在首位。

(2) 尊重幼儿人格,维护幼儿合法权益,平等对待每一个幼儿。不讽刺、挖苦、歧视幼儿,不体罚或变相体罚幼儿。

(3) 信任幼儿,尊重个体差异,主动了解和满足有益于幼儿身心发展的不同需求。

(4) 重视生活对幼儿健康成长的重要价值,积极创造条件,让幼儿拥有快乐的幼儿园生活。

3. 对幼儿保育和教育的态度与行为

(1) 注重保教结合,培育幼儿良好的意志品质,帮助幼儿形成良好的行为习惯。

(2) 注重保护幼儿的好奇心,培养幼儿的想象力,发掘幼儿的兴趣爱好。

(3) 重视环境和游戏对幼儿发展的独特作用,创设富有教育意义的环境氛围,将游戏作为幼儿的主要活动。

(4) 重视丰富幼儿多方面的直接经验,将探索、交往等实践活动作为幼儿最重要的学习方式。

(5) 重视自身日常态度言行对幼儿发展的重要影响与作用。

(6) 重视幼儿园、家庭和社区的合作,综合利用各种资源。

4. 个人修养与行为

(1) 富有爱心、责任心、耐心和细心。

(2) 乐观向上、热情开朗,有亲和力。

(3) 善于自我调节情绪,保持平和心态。

(4) 勤于学习,不断进取。

(5) 衣着整洁得体,语言规范健康,举止文明礼貌。

(三) 专业知识的基本要求

1. 幼儿发展知识

(1) 了解关于幼儿生存、发展和保护的有关法律法规及政策规定。

(2) 了解不同年龄幼儿身心发展特点、规律和促进幼儿全面发展的策略与方法。

(3) 了解幼儿在发展水平、速度与优势领域等方面的个体差异,掌握对应的策略与方法。

(4) 了解幼儿发展中容易出现的问题与适宜的对策。

(5) 了解有特殊需要幼儿的身心发展特点及教育策略与方法。

2. 幼儿保育和教育知识

(1) 熟悉幼儿园教育的目标、任务、内容、要求和基本原则。

(2) 掌握幼儿园环境创设、一日生活安排、游戏与教育活动、保育和班级管理的知识与方法。

(3) 熟知幼儿园的安全应急预案，掌握意外事故和危险情况下幼儿安全防护与救助的基本方法。

(4) 掌握观察、谈话、记录等了解幼儿的基本方法。

(5) 了解 0—3 岁婴幼儿保教和幼小衔接的有关知识与基本方法。

3. 通识性知识

(1) 具有一定的自然科学和人文社会科学知识。

(2) 了解中国教育基本情况。

(3) 掌握幼儿园各领域教育的特点与基本知识。

(4) 具有相应的艺术欣赏与表现知识。

(5) 具有一定的现代信息技术知识。

(四) 专业能力的基本要求

1. 环境的创设与利用

(1) 建立良好的师幼关系，帮助幼儿建立良好的同伴关系，让幼儿感到温暖和愉悦。

(2) 建立班级秩序与规则，营造良好的班级氛围，让幼儿感受到安全、舒适。

(3) 创设有助于促进幼儿成长、学习、游戏的教育环境。

(4) 合理利用资源，为幼儿提供和制作适合的玩教具和学习材料，引发和支持幼儿的主动活动。

2. 一日生活的组织与保育

(1) 合理安排和组织一日生活的各个环节，将教育灵活地渗透到一日生活中。

(2) 科学照料幼儿日常生活，指导和协助保育员做好班级常规保育和卫生工作。

(3) 充分利用各种教育契机，对幼儿进行随机教育。

(4) 有效保护幼儿，及时处理幼儿的常见事故，危险情况优先救护幼儿。

3. 游戏活动的支持与引导

(1) 提供符合幼儿兴趣需要、年龄特点和发展目标的游戏条件。

(2) 充分利用与合理设计游戏活动空间，提供丰富、适宜的游戏材料，支持、引发和促进幼儿的游戏。

(3) 鼓励幼儿自主选择游戏内容、伙伴和材料，支持幼儿主动地、创造性地开展游戏，充分体验游戏的快乐和满足。

(4) 引导幼儿在游戏活动中获得身体、认知、语言和社会性等多方面的发展。

4. 教育活动的计划与实施

(1) 制定阶段性的教育活动计划和具体活动方案。

(2) 在教育活动中观察幼儿，根据幼儿的表现和需要，调整活动，给予适宜的指导。

(3) 在教育活动的设计和实施中体现趣味性、综合性和生活化，灵活运用各种组织形式和适宜的教育方式。

(4) 提供更多的操作探索、交流合作、表达表现的机会，支持和促进幼儿主动学习。

5. 激励与评价

(1) 关注幼儿日常表现,及时发现和赏识每个幼儿的点滴进步,注重激发和保护幼儿的积极性、自信心。

(2) 有效运用观察、谈话、家园联系、作品分析等多种方法,客观地、全面地了解和评价幼儿。

(3) 有效运用评价结果,指导下一步教育活动的开展。

6. 沟通与合作

(1) 使用符合幼儿年龄特点的语言进行保教工作。

(2) 善于倾听,和蔼可亲,与幼儿进行有效沟通。

(3) 与同事合作交流,分享经验和资源,共同发展。

(4) 与家长进行有效沟通合作,共同促进幼儿发展。

(5) 协助幼儿园与社区建立合作互助的良好关系。

7. 反思与发展

(1) 主动收集分析相关信息,不断进行反思,改进保教工作。

(2) 针对保教工作中的现实需要与问题,进行探索和研究。

(3) 制定专业发展规划,不断提高自身专业素质。

五、幼儿园教师主要职责

根据《幼儿园工作规程》第四十一条规定,幼儿园教师对本班工作全面负责,其主要职责如下:

(1) 观察了解幼儿,依据国家有关规定,结合本班幼儿的发展水平和兴趣需要,制订和执行教育工作计划,合理安排幼儿一日生活。

(2) 创设良好的教育环境,合理组织教育内容,提供丰富的玩具和游戏材料,开展适宜的教育活动。

(3) 严格执行幼儿园安全、卫生保健制度,指导并配合保育员管理本班幼儿生活,做好卫生保健工作。

(4) 与家长保持经常联系,了解幼儿家庭的教育环境,商讨符合幼儿特点的教育措施,相互配合共同完成教育任务。

(5) 参加业务学习和保育教育研究活动。

(6) 定期总结评估保教工作实效,接受园长的指导和检查。

第三节　幼儿园的其他工作人员

一、幼儿园其他工作人员概述

《幼儿园工作规程》第三十八条明确规定："幼儿园按照国家相关规定设园长、副园长、教师、保育员、卫生保健人员、炊事员和其他工作人员等岗位，配足配齐教职工。"本书所指的幼儿园的其他工作人员指的是在幼儿园中不承担管理和教育教学工作的人员，即保育员、卫生保健人员、炊事员等。

幼儿园其他工作人员应具有良好品德，热爱幼儿教育事业，尊重和爱护幼儿，具有与本职业相关的专业知识和技能，具备正确的教育观、儿童观和保教结合的理念，为人师表，忠于职责，身心健康。

【知识拓展】

幼儿园教职工配备标准（暂行）（2013）

幼儿园教职工配备标准是幼儿园办园标准的重要内容，是促进幼儿园教师队伍建设的重要手段。为规范幼儿园办园行为，促进幼儿园教师队伍建设，满足幼儿在园生活、游戏和学习的需要，确保幼儿接受基本的、有质量的学前教育，促进幼儿健康成长，特制定本标准。

一、教职工与幼儿的比例

幼儿园教职工包括专任教师、保育员、卫生保健人员、行政人员、教辅人员、工勤人员。幼儿园保教人员包括专任教师和保育员。幼儿园应当按照服务类型、教职工与幼儿以及保教人员与幼儿的一定比例配备教职工，满足保教工作的基本需要。不同服务类型幼儿园教职工与幼儿的配备比例见表1。

表1　不同服务类型幼儿园教职工与幼儿的配备比例

服务类型	全园教职工与幼儿比	全园保教人员与幼儿比
全日制	1∶5—1∶7	1∶7—1∶9
半日制	1∶8—1∶10	1∶11—1∶13

二、专任教师和保育员配备

幼儿园应根据服务类型、幼儿年龄和班级规模配备数量适宜的专任教师和保育员，使每位幼儿在一日生活、游戏和学习中都能得到成人适当的照顾、帮助和指导。

全日制幼儿园每班配备2名专任教师和1名保育员，或配备3名专任教师；半日制幼儿园每班配备2名专任教师，有条件的可配备1名保育员。

寄宿制幼儿园至少应在全日制幼儿园基础上每班增配1名专任教师和1名保育员。

单班学前教育机构，如村学前教育教学点、幼儿班等，一般应配备2名专任教师，有条件的可配备1名保育员。

对所辖社区或村级幼儿园（班）负有管理和指导职责的中心幼儿园，应根据实际工作任务和需要增配巡回指导教师。

招收特殊需要儿童的幼儿园应根据特殊需要儿童的数量、类型及残疾程度，配备相应的特殊教育教师，并增加保教人员的配备数量。

幼儿园应根据当地学前教育发展的实际情况，增设教师岗位类别和数量，满足本园发展和保教工作的需要，并确保在教师进修、支教、病产假等情况下有可供临时顶岗的保教人员。

不同服务类型幼儿园各年龄班和混龄班班级规模、专任教师和保育员的配备标准见表2。寄宿制幼儿园每班幼儿人数酌减。

表2　幼儿园班级规模及专任教师和保育员配备标准

年龄班	班级规模（人）	全日制		半日制	
		专任教师	保育员	专任教师	保育员
小班（3—4岁）	20—25	2	1	2	有条件的应配备1名保育员
中班（4—5岁）	25—30	2	1	2	
大班（5—6岁）	30—35	2	1	2	
混龄班	<30	2	1	2—3	

三、其他人员配备

园长：6个班以下的幼儿园设1名，6—9个班的幼儿园不超过2名，10个班及以上的幼儿园可设3名。

卫生保健人员：根据《托儿所幼儿园卫生保健工作规范》配备。

炊事人员：幼儿园应根据餐点提供的实际需要和就餐幼儿人数配备适宜的炊事人员。每日三餐一点的幼儿园每40—45名幼儿配1名；少于三餐一点的幼儿园酌减；在园幼儿人数少于40名的供餐幼儿园（班）应配备1名专职炊事员。

财会人员：根据国家和地方有关财会工作规定配备。

安保人员：根据国家和地方有关安保工作规定配备。

幼儿园应根据实际需要配备数量适宜的教职工，积极实行一岗多责，提高用人效益。

四、本标准为各级各类幼儿园的合格标准。各地可根据当地经济社会发展水平和学前教育发展的实际情况，制定适合本地的具体实施方案。

五、本标准自发布之日起实行。

二、幼儿园其他工作人员任职资格和职责

（一）保育员

保育员是指在托幼园所、社会福利机构及其他保育机构中，辅助教师负责婴幼儿保健、养育和协助教师对婴幼儿进行教育的人员。保育员在幼儿的发展中扮演着照顾者、教育者等多种角色。

1. 任职资格

保育员应当具有良好品德，遵纪守法，热爱教育事业，尊重和爱护幼儿，爱岗敬业，为人师表，忠于职责，身心健康。应当具备高中毕业以上学历，受过幼儿保育职业培训，能履行幼儿保育员的职责。

2. 主要职责

（1）负责本班房舍、设备、环境的清洁卫生和消毒工作；

（2）在教师指导下，科学照料和管理幼儿生活，并配合本班教师组织教育活动；

（3）在卫生保健人员和本班教师指导下，严格执行幼儿园安全、卫生保健制度；

（4）妥善保管幼儿衣物和本班的设备、用具。

（二）卫生保健人员

幼儿园卫生保健人员包括医生、护士和保健员，卫生保健人员对全园幼儿身体健康负责。

1. 任职资格

保育员应当遵纪守法，具有良好品德，有良好的职业操守，爱岗敬业，尊重和爱护幼儿，责任心强，有良好的工作经验和能力。医师应当取得卫生行政部门颁发的《医师执业证书》；护士应当取得《护士执业证书》；保健员应当具有高中毕业以上学历，并经过当地妇幼保健机构组织的卫生保健专业知识培训。

2. 主要职责

（1）协助园长组织实施有关卫生保健方面的法规、规章和制度，并监督执行；

（2）负责指导调配幼儿膳食，检查食品、饮水和环境卫生；

（3）负责晨检、午检和健康观察，做好幼儿营养、生长发育的监测和评价；定期组织幼儿健康体检，做好幼儿健康档案管理；

（4）密切与当地卫生保健机构的联系，协助做好疾病防控和计划免疫工作；

（5）向幼儿园教职工和家长进行卫生保健宣传和指导。

（6）妥善管理医疗器械、消毒用具和药品。

（三）其他工作人员

幼儿园的其他工作人员包括幼儿园的会计、出纳、采购员、炊事员、门卫等，他们各自担负着幼儿园某一方面的工作，同样是幼儿园的重要力量。他们除了应该符合《幼儿园工作规程》对幼儿园工作人员提出的基本要求外，其任职资格和职责按照国家和地方的有关规定执行。

《幼儿园工作规程》对幼儿园的教职工及其任职资格以及职责做了明确的规定："幼儿园按照国家相关规定设园长、副园长、教师、保育员、卫生保健人员、炊事员和其他工作人员等岗位，配足配齐教职工。"幼儿园教职工应当贯彻国家教育方针，具有良好品德，热爱教育事业，尊重和爱护幼儿，具有专业知识和技能以及相应的文化和专业素养，为人师表，忠于职责，身心健康。

幼儿园园长是幼儿园的行政负责人，负责幼儿园的全面工作。对内全面领导保育教育和行政工作，向全体教职工、幼儿负责；对外代表幼儿园，向举办者、幼儿家长及社区负责。

幼儿园教师实行聘任制。幼儿教师是履行学前教育职责的专业人员，对本班工作全面负责。在教育活动中既享受由教育法赋予的权利，也履行相应的义务。

1. 什么是园长负责制？
2. 如何成为一名优秀的幼儿园园长？
3. 简述幼儿园教师的权利和义务。
4. 简述保育员的任职资格和主要职责。

幼儿教师职业道德

1. 树立正确的教师观，提升幼儿教育工作规范化、法制化的意识。
2. 清楚幼儿教师职业道德的特点、行为体现以及作用。
3. 掌握幼儿教师职业道德规范的内容，遵守日常行为规范。
4. 掌握幼儿教师职业道德培养与提升的途径和方法。
5. 能够自觉运用法律法规和道德规范来约束自身行为，成为优秀的幼儿教师。

结构导图

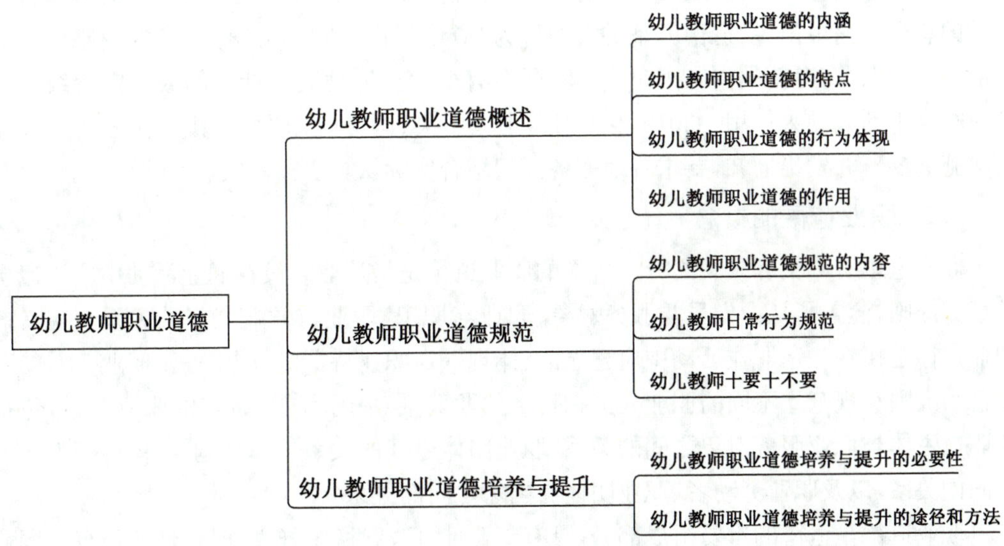

情境导入

音乐活动上，老师教唱《两只老虎》，大家都唱，睿睿故意把“两只老虎”改成“两只花猫”，其他小朋友听了跟着他模仿。李老师警告睿睿：“如果再改歌词，你就到小班去！”睿睿继续改歌词，甚至把调子拖长。李老师火了，走到睿睿跟前，大声吼道：“你给我出去！”睿睿哭着走出教室。李老师没有理会，继续教唱。睿睿站在教室门口哭，直到活动结束。回家后，睿睿告诉家人。第二天妈妈来找李老师理论，李老师解释说：“就是你们这些家长太溺爱孩子，孩子才那么任性！我们对他进行教育，难道不对吗？”

从幼儿教师职业道德角度，评析李老师的教育行为。

第一节　幼儿教师职业道德概述

一、幼儿教师职业道德的内涵

（一）道德的概念

道德属于上层建筑的范畴，是一种特殊的社会意识形态。它通过社会舆论、传统习俗和人们的内心信念来维持，是对人们的行为进行善恶评价的心理、意识、原则、规范和行为活动的总和。简单来说，道德就是讲人的行为“应该怎样”和“不应该怎样”的问题。社会生活离不开道德，道德的内容因时代的不同会有变化。道德通过社会的或一定阶级的舆论对社会生活起约束作用。2019 年 10 月，中共中央、国务院印发了《新时代公民道德建设实施纲要》，并发出通知，要求各地区各部门结合实际认真贯彻落实。

（二）职业道德的概念

职业道德有广义和狭义之分。广义的职业道德是指从业人员在职业活动中应该遵循的行为准则，涵盖了从业人员与服务对象、职业与职工、职业与职业之间的关系。狭义的职业道德是指在一定职业活动中应遵循的、体现一定职业特征的、调整一定职业关系的职业行为准则和规范。不同的职业人员在特定的职业活动中形成了特殊的职业关系，包括了职业主体与职业服务对象之间的关系、职业团体之间的关系、同一职业团体内部人与人之间的关系，以及职业劳动者、职业团体与国家之间的关系。

职业道德是道德的重要组成部分，具有专业性、广泛性、多样性、时代性的特点。职业道德渗透于各行各业，规范着从业人员的执业行为，并与不同的社会关系和社会行为相融合，在社会主义建设中发挥着其他规范不可替代的重要作用。职业道德，通过调节职业关系，维护正常的职业活动和秩序，从而为社会主义市场经济的运行提供良好的环境。

（三）幼儿教师职业道德的概念

幼儿教师职业道德，是指幼儿教师在从事教育劳动过程中形成的比较稳定的道德观念、行为规范和道德品质的总和，是调节教师与他人、集体、社会关系的行为准则，是一定社会对幼儿教师职业行为的基本要求和概括。

幼儿教师的职业道德可以具体体现在以下几个方面：

1. 职业理想

职业理想是指人们在一定的世界观、人生观和价值观的指导下，对于未来工作类别的选择以及在工作上达到何种成就的向往和追求。幼儿教师的职业理想就是个人对幼儿教师职业的追求，比如有些幼儿教师在走向工作岗位时就给自己树立理想，要成为一名具有课程研究能力的一线幼儿教师。

2. 职业责任

职业责任是指从事职业活动的人必须承担的职责和任务，它往往是通过法律和行政效力的职业章程或职业合同来规定的，一个人能否履行其职业责任，涉及一个职业工作者是否称职、能否胜任的问题。幼儿教师的职业责任范围很广，具体包括认真严谨地做好幼儿保教工作；保障幼儿在园安全；认真准备、开展每一次教育教学活动；做好幼儿游戏的支持者和引导者；积极与家长沟通，给予家长科学的育儿指导等。

3. 职业态度

职业态度是指人们对自身职业劳动的看法和采取的行为。社会上很多人对幼儿教师这一职业抱有偏见，认为幼儿教师就是照看孩子的、陪孩子玩的。作为幼儿教师，自己要从根本上端正心态，把幼儿教师职业当作光辉职业，要在一言一行上为幼儿的发展保驾护航。

4. 职业纪律

职业纪律是职业劳动者必须遵守的行为规范，俗话说："没有规矩，不成方圆。"职业纪律是维持职业活动的正常秩序，保证职业责任得以实现的重要措施。幼儿教师的职业纪律包括严格遵守国家法律法规的相关规定，遵守园所工作纪律和准则，配合园所管理等。

5. 职业技能

职业技能是从事一定职业的人们应当具备的技术和能力，它是从事职业工作的重要条件，是职业工作者实现职业理想，追求高尚职业道德的具体行动内容。幼儿教师的职业技能是在幼儿发展心理学、学前教育学和学前儿童卫生与保育的理论课程基础之上，逐渐提升的三笔字、简笔画、儿歌弹唱、儿歌清唱表演、故事讲述表演、幼儿舞蹈创编等专业特色技能。幼儿教师要有能力将特色技能运用在日常工作中，组织幼儿进行各项活动。

6. 职业良心

职业良心是人们在履行对他人、对社会的职业义务的过程中形成的道德责任感和道德自我评价能力，是一定的职业道德观念、职业道德情感、职业道德意志、职业道德信念在个人意识中的统一。一个有着职业良心的好的幼儿教师，应该要有爱心、童心、耐心和责任心。只有充满爱心的教师才能爱上幼儿园的工作；只有拥有一颗童心的教师才能真正和幼儿交朋友，才能去进一步了解幼儿，及时给予他们关心和帮助；只有有耐心的教师才能包容幼儿一次次的打闹、一次次的不听话；只有有责任心的教师，才能认真履职，真正关心爱护幼儿，做好自己的本职工作。

7. 职业作风

职业作风是人们在一定的职业活动中表现出来的一贯的态度和行为，职业作风是职业道德的重要范畴，社会上各种职业都有自己的作风。比如某幼儿教师坚持温柔且坚定的职业作风，她说教师与幼儿双方应该是在互相尊重的基础上一起制定规则，一起遵守规则，在碰到问题时不失友好地坚守规则。

8. 职业荣誉

职业荣誉包含两方面的内容：一方面是指社会用以评价劳动者行为的社会价值尺度，也就是对劳动者履行职业责任的道德行为的赞扬；另一方面，是指劳动者对自己职业活动所具有的社会价值的自我意识，也就是在职业良心中所包含的自爱和自尊。幼儿教师的职业荣誉是指幼师在履行职业义务后，社会所给予的赞扬与肯定，以及幼师个人产生的尊严和自豪感。社会给予幼儿教师“人类灵魂的工程师”的褒扬，国家、省、市等各级行政部门也会给表现突出的幼儿教师予以嘉奖，幼儿教师每天都在感受人间幼童的纯真和稚趣，开开心心一整天，这都是属于她们专有的荣誉。

二、幼儿教师职业道德的特点

《幼儿园教师专业标准》提出幼儿教师要秉承“师德为先、幼儿为本、能力为重、终身学习”的理念，《幼儿园工作规程》也规定我国学前教育目标是：“对学前儿童实施德、智、体、美诸方面全面发展的教育，促进其身心和谐发展。”围绕幼儿教师专业标准的理念和学前教育目标，幼儿教师的职业道德体现出了自己的特点。

1. 专门针对性

幼儿教师职业道德适用的专门针对性是指向幼儿教育的，这是幼儿教师职业道德的一个基本特点。幼儿教师职业道德的理论、规范、范畴，无一不是围绕幼儿教育问题和幼儿教师职业来展开的，无一不是围绕解决幼儿教师在保教活动中面临的关系和矛盾而形成的。因此，我们说教师职业道德具有很强的专门针对性。

【案例讨论】

某幼儿园近期需要进行全园幼儿体检活动。在活动前期，教师根据幼儿的现实情况和兴趣需要，了解到班级幼儿对“体检”这件事缺乏相关的生活经验，对“体检”又害怕又好奇，因此教师决定开展一系列有关“体检”的主题活动。在一系列活动中，教师围绕幼儿认知水平，从认识体检、体验体检，再到勇敢体检，循序渐进。孩子们对老师组织的系列活动充满兴趣，并积极参与其中。

评析：教师组织的一系列活动都是基于幼儿的实际发展水平、兴趣和需要来开展，活动中围绕幼儿的年龄特点、心理特点、发展水平来进行，充分体现了幼儿教师职业的专门针对性。老师们有序地带领孩子认识体检、体验体检，再到勇敢体检，用鼓励、表扬的方式给予幼儿心理疏导，积极营造一个轻松的检查氛围。孩子们通过一系列活动，不仅可以及时了解自己的生长发育及身体状况，同时也提高了幼儿爱护自己身体的意识，让幼儿园及家长对幼儿的身体健康情况有了更深入的了解。

2. 实践活动性

幼儿教师职业道德的内容与职业实践活动紧密相连，反映着特定职业活动对从业人员行为的道德要求。幼儿教师只有在实践过程中，才能体现其职业道德的水准。在实践中，幼儿教师只有尊重幼儿权益，以幼儿为主体，充分调动和发挥幼儿的主动性；遵循幼儿身心发展特点和保教活动规律，提供适合的教育，保障幼儿快乐、全面、健康地成长等，才能有效地体现出自身的职业道德。《幼儿园保育教育质量评估指南》里特别强调为教师将科学保教理念转化为实践、在实践中建立有效师幼关系、开展高质量师幼互动提供具体指引。这里也充分说明幼儿教师职业道德体现在日常的实践活动中。

3. 继承发扬性

幼儿教师的良好职业道德在长期实践过程中形成，会被作为经验和传统继承下来。我们常说的具有良好职业道德的幼儿教师应该热爱学前教育事业，具有职业理想，能够主动践行社会主义核心价值观，关爱幼儿，为人师表，积极做幼儿健康成长的启蒙者和引路人。随着社会的进步和时代的发展，幼儿教师职业道德要求的核心内容会被继承和发扬，从而形成被不同社会发展阶段普遍认同的职业道德规范。有一首歌曲唱到“长大后我就成了你”，很好地诠释了继承发扬性的特点。

【案例讨论】

刚参加工作的马老师缺少实践经验，在组织幼儿园的一日活动时常常感觉“控制不住场面”。通过观察，她发现郭老师经常组织谈话活动，以此来了解幼儿的兴趣与需要。郭老师每天工作时充满阳光与活力，在幼儿出现不好的行为时也会“严肃”地加以引导，所以孩子们都喜欢郭老师。马老师羡慕郭老师，于是经常向郭老师请教，向郭老师学习组织教学活动、班级管理和培养幼儿良好行为习惯等方面的方法。在不断的学习与实践中，马老师不断提升自身的专业水平，终于也成为一名优秀的幼儿教师。

评析：案例中的郭老师具备良好的职业道德，在幼儿园长期的实践过程中，她身上优秀的教育理念与职业态度被马老师继承和发扬下来，郭老师作为前辈，帮助马老师成为幼儿健康成长的引路人。

4. 丰富多样性

在幼儿教育发展的历史长河中，幼儿教师职业道德的内容越来越丰富。幼儿教师职业道德反映了幼儿教师这一行业关联的职业理想、职业态度、职业责任、职业技能、职业规范、职业良心、职业信念、职业作风、职业荣誉、职业情操等多样内容，以上涉及幼儿教师职业劳动的各个方面，充分体现了丰富多样性。

5. 广泛深远性

幼儿教师在幼儿面前具有强烈的示范性，幼儿教师的职业道德直接影响幼儿的心灵，塑造幼儿的性格和品质。我们常说"十年树木，百年树人"，幼儿教师的职业道德广泛地影响在园幼儿，而且会通过幼儿和家长影响整个社会的文明与进步。一位获得诺贝尔奖的老者在接受采访时，被提问到"哪所学校让你收获最多"，老者很自豪地回答是幼儿园。他说在幼儿园里，老师教会了他良好的生活卫生和行为习惯，教会了他如何与别人相处等终身受益的知识。

三、幼儿教师职业道德的行为体现

（一）"爱"是师德的精髓

品德和素养是幼儿教师发展的一个重要前提。"师德"是幼儿教师工作的精髓，其中"爱"是师德的精髓。

我国现代教育家夏沔尊说："教育之没有情感，没有爱，如同池塘没有水一样。没有水，就不成其池塘。没有爱就没有教育。"师爱乃师德之灵魂，幼儿教师爱幼儿，是一切教育成功的基础。教育就是播种爱，这是对师德最好的诠释。热爱幼儿是幼儿教师职业道德的核心，是教师必须具备的品质。教育的过程是师幼感情互相影响、互相交流的过程。教师只有对幼儿抱有深沉的爱，才能引起幼儿对教师的信任、亲近和崇拜，才能建立起教育幼儿的感情基础。幼儿教师的爱是鼓励，是尊重，是信任，是鞭策。当爱的暖流穿过那些纯朴的心田时，必将会发生神奇的教育效果。反之，如果你讨厌幼儿，那你的教育还没有开始，实质上就已经结束了。

【案例讨论】

小班欣欣今天第一天入园，由妈妈送去幼儿园，一路哭个不停，胡老师牵过欣欣的手，蹲下来拥抱她，轻轻擦干她脸上的泪水安慰道："宝贝，快别哭！老师爱你哦！和妈妈说再见，好吗？"早饭时，欣欣拿不稳勺子，吃一口包子就含在嘴里不咀嚼也不咽下去，吃得非常慢。喝牛奶时，她用舌头舔着喝，到早餐结束也没喝完。于是，胡老师耐心喂她吃早餐。离园时，胡老师跟欣欣妈妈进行交流，了解到欣欣体弱多病，家长因担心孩子吃不饱，怕孩子弄脏衣服，在家中很少让欣欣自己吃饭，喝水也一直用奶瓶。

从第二天开始，胡老师耐心教欣欣正确握勺方法，告诉她吃饭时嘴里不要含饭玩耍，两侧牙齿要同时咀嚼，并给欣欣示范如何用杯子喝水。胡老师还为家长推荐家庭教育方面的书籍，建议家长在家里锻炼欣欣自己吃饭喝水。经过一个多月的努力，欣欣能像别的幼儿一样正常进餐，入园焦虑也逐渐消失。

评析："爱儿童"是幼儿教师必备的专业态度，是对儿童的关爱和尊重。幼儿教师工作和服务的对象是活生生的幼儿，他们需要教师怀着热爱、珍惜、疼爱的心情去呵护。材料中欣欣在初入幼儿园时一路哭个不停，胡老师通过牵手、蹲下拥抱、擦眼泪和语言安慰等方式给予幼儿温暖和关怀，消除幼儿初入园时的焦虑情绪，同时在幼儿入园后能够帮助其适应幼儿园生活，教给她正确的进餐喝水方法，维护幼儿身体与心理健康，体现了师德的精髓。

（二）“敬业”是师德的核心

“教师是太阳底下最光辉的职业”，那么幼儿教师就是太阳底下最光辉又最美好的职业。幼儿教师职业道德作为一种实践性的道德，要求教师在教育实践中树立以为幼儿服务为核心的道德标准。幼儿教师是最辛苦的职业，也是最神圣的职业。

践行师德的核心表现就是爱岗敬业，而对敬业最好的阐述就是拥有一丝不苟的敬业精神。一丝不苟形容办事认真，连最细微的地方也毫不马虎。具体说来，幼儿教师工作一丝不苟、认真细致的重要性体现为以下几点：(1) 幼儿园的孩子自理能力较差，需要幼儿教师适时关注他们的生理需要；(2) 出于安全的需要，孩子们需要幼儿教师给予时刻的关注，并防止因孩子们缺乏一定的自控力及辨别是非的能力而造成的突发事件；(3) 幼儿教师的一举一动会在很大程度上影响孩子行为习惯的养成。

幼儿教育事业既是十分重要的事业，又是一个非常复杂的事业，有着特有的内在规律性，要求幼儿教师在教学活动中，不断探索教育规律，按规律办事。教师要实现这一职能，不仅要具备广博的知识，还必须在保育和教育中做到认真细致、一丝不苟，工作一丝不苟是幼儿教师职业道德的核心。

（三）“以身作则”是师德的焦点

董仲舒有言：“善为师者，既美其道，有慎其行。”意思是善于当老师的人，不但他的道义很完美，他的行为也很审慎。幼儿教师是孩子的榜样和示范，以身作则、为人师表是幼儿教师道德的特征，即教师以自己的行为为孩子做出榜样。以身作则的幼儿教师是懂得自尊自爱的。

经常听到有的家长说：“在孩子的眼中，老师的话就是圣旨，老师所说的、所做的都是正确的。”确实，幼儿因为社会经历少，掌握的知识有限，不能明辨是非，年龄越小的幼儿，判断对错的能力越弱。所以，只要是幼儿能感知的动作行为，都是他们学习和模仿的对象。在长期单一的职业生活中，幼儿教师扮演着不同的社会角色，难免受到自身社会实践过程中各种因素的干扰和渗透，其中团队文化、情感生活、家庭氛围等“非工作场景”占主要方面，还有职业倦怠、专业发展、外围舆论等也会带来很大的压力。幼儿教师应当科学地应对周边环境的负面影响，恪守人民教师应有的职业操守，不断加强自我修养，审视并纠正自身与幼儿教师职业道德规范不相符合的行为偏差。

【案例讨论】

在一次午睡中，幼儿躺下不久后，有不少孩子还没进入睡眠，一直在床上翻来翻去，于是我说：“今天谁睡着了就会有小红花！”听到我这句话后，小朋友们一个个小眼睛都闭起来，努力地想让自己睡着。当时我觉得自己的办法很有效，但是在幼儿起床后我忘了给他们贴小红花，小朋友们好像也都不记得这件事了。后来这个方法我又用了几次，终于在一次午睡中，有幼儿提出说："老师骗人，一直说给我们发小红花都没有发，还是某某老师说话算话！"听到这句话后，我突然意识到我的错误，别看小朋友们还小，其实他们都知道的，对于说话算话的老师，他们是比较尊重和喜欢的，对于这样的老师说的话，他们也会比较在意。后来我也尝试去做一名说话算话的老师，当我承诺他们什么时，不管再忙都会实现我的承诺。渐渐地我发现，小朋友们也受到我的影响，做一个说话算话的小朋友。有一次在幼儿游戏时，我看到涛涛拿着一粒糖偷偷地给阳阳，对他说："我答应给你一颗我爸爸旅游买回来的糖，现在拿来了，我可是说话算话的哦！"

案例中的老师是如何体现自身的职业道德的？

评析："以身作则"是幼儿教师为人师表的基本要求，也是影响和教育幼儿的重要途径。幼儿教育是孩子接受教育的启蒙阶段，幼儿教师的主要任务是呵护幼儿的天性，帮助幼儿获得有益的学习经验，提高生活和学习能力，促进幼儿身心全面和谐发展。幼儿教师在教育过程中的角色绝不仅仅是知识的传递者，更是幼儿学习活动的支持者、合作者、引导者。幼儿教师本身就是任何教科书、任何道德箴言、任何惩罚和奖励制度都不能代替的一种教育资源与力量。在以身作则中，幼儿教师需要做到求真、从善、尚美。幼儿教师在幼儿面前，要诚实守信、公平正直、言行一致、表里如一；把促进幼儿的健全发展当作自我职业人生的目的，并为之无私奉献；要有知性、德性、审美性等丰富内涵，以良好的言行给孩子树立榜样。材料中的老师随口答应幼儿的奖励并没有落实，面对幼儿的质疑，能够认真反思，并积极改进，做一名言而有信的教师，在孩子面前树立了一个良好的榜样，获得了幼儿的尊重。

（四）"家庭"和"社区"是师德的纽带

《幼儿园教育指导纲要（试行）》指出："社会学习是一个漫长的积累过程，需要幼儿园、家庭和社会密切合作、协调一致，共同促进幼儿良好社会性品质的形成。"幼儿教师职业道德在塑造幼儿品德的过程中发挥着不可小觑的作用，在幼儿教师的主要引导下，家庭、社区和幼儿园需要共同努力，促进幼儿的发展。

幼儿教师在日常工作中，可协助幼儿园与家庭建立良好的合作互助关系，培养幼儿的归属感和健康人格。绝大部分的研究认为，亲子间的依恋对健康人格的发展具有决定性作用。给予孩子依恋的母亲或其他照顾者提供了安全的环境，由此延伸出去，会使孩子在其他环境中有较好的反应。比如孩子进入幼儿园后，因为已与原先的照顾者建立起了安全感，便会将这种感觉延伸到新的环境中。但这种延伸是有一个过程的，孩子从家庭进入幼儿园，情感上不应是突然进入和突然分离，而是一个渐进式的过程。在衔接过程中，我们要让孩子体验到，家长与教师之间是有连接性的，孩子如果感觉到他们的父母是被他人重视和尊重的，他们会有自我价值感。所以，教师与家长间的彼此尊重融洽是至关重要的。纪录片《幼儿园》中的一个小班男孩在初上幼儿园时，大哭大喊，抱着妈妈不肯撒手，幼儿教师抱着小男孩说："不哭，老师就像妈妈一样的。"慢慢熟悉老师和幼儿园后，男孩子能主动挥手和妈妈告别。在这个过程中，幼儿教师影响着男孩，让孩子慢慢放下警惕和陌生感，愿意主动参与到幼儿园活动中。

儿童的身心发展不仅受到家庭、幼儿园的重要影响，社区、社会对儿童的综合影响也不容忽视。幼儿教师应创造条件让儿童积极参加社区活动，也可协助幼儿园与社区建立良好的合作互助关系，培养幼儿的各项社会实践能力，促进幼儿的身心发展和健康成长。幼儿教师带领幼儿参与社区活动时，幼儿可以见识到老师或父母的聪明与智慧，从而使他们感到骄傲和自豪，激发他们参与活动的欲望，潜移默化中，幼儿也会产生极大的自信心，逐步养成落落大方、善于表达、热心参与公众活动的好习惯。幼儿教师在与社区合作开展各种活动时，在热闹、开放的环境中，不仅能提高幼儿的语言表达能力，还能提高幼儿的社会适应和社交能力。幼儿教师与社区合作，组织幼儿参与力所能及的公益劳动，加大宣传劳动教育，幼儿就能在自我服务的基础上，为父母服务，为家庭服务，为社区服务，有利于他们获得极大的社会归属感，使他们更加热爱公益生活。

3—6岁的幼儿大部分的学习和生活环境由原生家庭转移到了幼儿园，幼儿教师对幼儿的成长发展起着主导性的作用，幼儿教师职业道德的高低对幼儿的影响更是占据着重要地位。然而，凭教师的一己之力很难把幼儿培养好，这里就必须把家庭、社区这些重要因素融入进来，让家庭和社区成为师德在实践活动中的强有力纽带，形成一股强大合力，共同促进幼儿发展。

四、幼儿教师职业道德的作用

高素质幼儿教师队伍的建设是教育事业发展的一个基本条件，高尚的职业道德无疑是高素质教师队伍的第一要素。下面我们从四个方面来分析和理解它的重要作用和价值。

1. 职业道德对幼儿发展的意义

幼儿是祖国的未来，孩子的成长小到关系一个家庭，是维系一个家庭的纽带；大到关系一个国家，是祖国未来的接班人。幼儿教师面对的主要是3—6岁的幼儿，她们在生理上没有完全的自理能力。幼儿教师不仅需要在教育上起到帮助幼儿成长的作用，同时还要在保育方面给予幼儿关心爱护。幼儿时期是人一生发展中非常重要的阶段，作为对幼儿影响重大的幼儿教师，他们的作用显得极其关键。幼儿教师的良好品德修养对幼儿思想品德的发展具有巨大的榜样作用，幼儿教师的职业道德水平和素质高低对于幼儿的终身发展起着至关重要的作用。纪录片《小人国》中的“调皮大王”池亦洋深受大李老师的影响，在同伴出现矛盾和问题的时候，能主动跳出来作为协调方，眼神和动作都像极了大李老师。相比以前说要把同伴们都打成肉泥的巨大反差，充分说明了大李老师的职业道德给池亦洋带来的巨大改变。

2. 职业道德对教师发展的意义

幼儿教师素质提升一直是学前教育专业发展的核心因素，职业道德被列在幼儿教师素质提高的基础和核心位置。良好的职业道德是幼儿教师快乐工作的源泉，也是幼儿快乐学习、健康成长的土壤。教师是教育的第一资源，是教育变革的实践者、推动者，是提高全民教育质量的保证。幼儿教师在教师职业道德的激励和引领下，能按要求，通过积极的自我锻炼、自我改造、自我陶冶、自我教育，不断提高自身的道德认识和选择能力，克服一切非道德意识的影响，不断提升自己的师德师风，为自己职业生涯的成长道路上添砖加瓦。幼儿教师的职业道德是幼儿教师保育、教育素质在幼儿园工作运行过程中得以体现的载体，如果没有职业道德做支撑，那么教师的专业技能也只是空中楼阁。

3. 职业道德对教育事业的意义

教师职业道德素质作为幼儿教师的基本素质，其水平的高低将直接关系我国幼儿教育事业的全面发展。加强教师的职业道德有利于推进幼儿的全面发展，有利于做好教育工作。良好的幼儿教师职业道德有利于推进教育均衡、协调、优质、高效发展，促进良好教育形象的树立，助推教育事业的良性发展，从而促使广大幼儿教师形成适合我国社会发展的道德品质，为教育事业做出应有的贡献。幼教事业的发展离不开幼儿教师师资队伍建设，而教师的师德建设是幼儿园教师师资队伍建设的重要一环。教师队伍建设工作以德为先，以德为重。幼儿教师职业是在幼儿教师职业道德前提指引下对幼儿进行教育教学的，也就是说，没有幼儿教师的职业道德作为基础素养要求，幼儿园保育和教育都缺乏行动上的指引。

4. 职业道德对家庭和社会的意义

教师的角色地位、社会责任崇高于其他职业，在于其言行、仪表、道德修养会影响其教育对象和社会公民。幼儿教师的职业道德对于传播人类文明、开发人类智慧、塑造人类灵魂起着重要作用，一代师风影响着一代人的精神风貌。幼儿教师的职业道德对教育幼儿、感化家长、辐射社会这几方面都起着重要的作用，对创造良好的社会道德环境影响深远，会有力地推动社会道德风尚的进步。良好的幼儿教师职业道德从一定程度上也会大力提升家园合作和园区合作，形成教育合力，促进幼儿的全面发展，对贯彻“以德治国”思想、构建和谐社会具有十分重要的现实意义。

第二节　幼儿教师职业道德规范

一、幼儿教师职业道德规范的内容

1. 学法守法，依法执教

学法守法、依法执教是指幼儿教师要认真学习宪法和法律，严格依照宪法和法律规范自己的言行，忠于人民的教育事业。学法守法、依法执教是幼儿教师从事教育活动的先决条件。其基本要求是：自觉学习和遵守《中华人民共和国宪法》《中华人民共和国教育法》《中华人民共和国教师法》《中华人民共和国未成年人保护法》等法律法规，严格遵守各级教育行政部门和所在幼儿园的各项规章制度；拥护党的基本路线，全面贯彻党的教育方针。

【案例讨论】

幼儿在集体教育活动中说话，老师会罚站，屡罚不改者，嘴巴上会被贴“封条”，这是发生在某幼儿园的怪事。该班幼儿乐乐、西西因为在听故事时大声说话，嘴巴被老师贴上胶布。这个班的带班教师张某在接受记者采访时表示，之所以采取上述极端措施，是因为个别孩子素质太差，实在是拿他们没有办法。

请评析案例中教师张某的做法。

评析：教师职业道德规范要求幼儿教育工作者做到学法守法，学法守法强调教师要自觉遵守教育法律法规，依法履行教师职责权利。案例中，张老师却对幼儿失去了耐心，采取了贴胶布的极端做法，严重侵犯了学生的权利，应当受到相应处罚。

2. 爱岗敬业，保教并重

爱岗敬业、保教并重是指幼儿教师要热爱本职工作，尽职尽责，把全部心血和精力投入幼教事业中。爱岗敬业、保教并重是幼儿教师做好本职工作的思想基础。其基本要求是：对教育事业要有高度的责任感和强烈的事业心；热爱教育，热爱岗位；尽职尽责，保教并重；注重培养幼儿良好的思想品德，不传播有害幼儿身心健康的思想；牢固树立保教并重的教育理念，努力促进幼儿体、智、德、美全面发展。

3. 尊重幼儿，热爱幼儿

尊重幼儿、热爱幼儿是指幼儿教师在教育教学过程中，要时时处处尊重幼儿，关心幼儿，爱护幼儿。尊重幼儿、热爱幼儿是幼儿教师职业情感的集中体现。其基本要求是：全面了解幼儿，关心爱护幼儿；对幼儿一视同仁，公平对待；对幼儿严格要求，循循善诱；尊重幼儿的人格、个性和自尊心；不讽刺、挖苦、歧视幼儿，不体罚或变相体罚幼儿；保护幼儿合法权益，促进幼儿全面、主动、健康发展。

【案例讨论】

“每一个儿童都有被爱的权利，都应该得到充分的发展。”这是幼儿园李老师对自己教育工作的体会。李老师在日常教学中不像有的老师那样频频去提问那些能说会道、反应机灵的孩子；她也经常关注那些比较胆小、很少回答问题的幼儿。有时这些幼儿可能过于紧张回答不出来，李老师就会让她先坐下来平静一下，语气温和地对小朋友说：“没关系，以后经常锻炼锻炼就好了。”活动结束后，李老师还主动与幼儿交往，培养其语言表达能力，并经常与该幼儿家长进行沟通，共同寻找适宜的培养方法。

你如何评析材料中的李老师？

评析：材料中的李老师语气温和，关注每一个孩子的发展，做到公平对待；并在活动后能有针对性地引导个别幼儿的发展，真正做到了热爱幼儿，促进幼儿的发展。

4. 严谨治学，锐意创新

严谨治学、锐意创新是指幼儿教师在研究学问、钻研业务、传授知识的过程中，要严肃谨慎，一丝不苟；勤于钻研，善于思考；勇于发现新问题，提出新解，创造新经验，做到推陈出新。严谨治学、锐意创新反映了幼儿教师探求科学真理的端正态度。其基本要求是：学习知识自觉主动，孜孜不倦；教学工作严格认真，一丝不苟；钻研业务刻苦勤奋，持之以恒；对待问题谦虚谨慎，不耻下问；及时更新教育观念，不断探索教育规律，积极开展教学内容、教学方法和教学手段的改革。

5. 团结协作，取长补短

团结协作、取长补短是指幼儿教师要正确处理与同事的关系，做到互相尊重，互相学习，团结一致，密切配合，共同促进幼教事业的发展。团结协作、取长补短是教育事业的内在要求。其基本要求是：谦虚谨慎，尊重同事，互相学习，互相帮助，维护其他教师在幼儿中的威信，维护集体荣誉，共创和谐园风。

6. 尊重家长，热情服务

尊重家长、热情服务是指幼儿教师要尊重幼儿家长，热情为家长服务，使学校教育和家庭教育形成合力，共同促进幼儿的健康成长。尊重家长、热情服务是做好幼教工作的一个重要方面。其基本要求是：尊重幼儿家长，对所有家长一视同仁，不训斥、指责家长；主动与家长联系沟通，取得家长的支持与配合，认真听取家长的意见和建议；积极向家长宣传科学的教育思想和教育方法，帮助家长确立正确的教育观；以促进幼儿健康发展为前提和最终目的，强化服务意识，时时处处设身处地为家长着想，为家长解除后顾之忧。

7. 拒腐防变，廉洁从教

拒腐防变、廉洁从教是指幼儿教师要正确处理事业与利益的关系，不利用职务之便牟取私利，做到清正廉洁，公正无私。拒腐防变、廉洁从教是教育事业的性质和教师的职业理想对教师提出的特殊要求。其基本要求是：培养高尚人格，坚守高尚情操，自觉抵制社会不良风气的影响，不利用自己的特殊身份牟取私利，为幼儿做出表率，达到身教与言教的统一。

【案例讨论】

张老师在幼儿园担任主班老师一职，带的班级到了学前班，有许多家长有给幼儿报课外辅导班的意愿。张老师一听立马投其所好，私聊班级家长，说自己可以接书法班、钢琴班、舞蹈班的业务，实际上是在给自己认识的培训机构拉人头赚提成。张老师在班上对幼儿几经宣传，在张老师那报了名的就有奖励贴纸和先玩户外活动的优待。

试运用教师职业道德知识对张老师的做法进行分析。

评析：廉洁是教师立教之本，作为一名幼儿教师，要带头宣传廉洁文化，把廉洁带进园所。幼儿教师有责任让幼儿从小树立廉洁意识，并且要处处为人师表，从小事做起，从自我做起，率先垂范，做出表率。幼儿教师要时刻提醒自己实实在在求学问、认认真真当老师、清清白白干事情，全身心地投入自己所钟爱的事业和工作中。案例中的张老师利用职务之便，组织幼儿家长报名有营利目的的兴趣班，并对报名参加兴趣班的孩子进行奖励和优待，这不公平公正的待遇，充分暴露了张老师的私心，这是她谋取私利的腐败手段。

8. 以身立教，为人师表

以身立教、为人师表是指幼儿教师在教育教学过程中，要用自己高尚的言行为幼儿做出表率，从而影响幼儿，教育幼儿。以身立教、为人师表体现了教师职业道德的典范性。其基本要求是：遵守劳动纪律，尊重社会公德；举止文明礼貌，语言健康规范；衣着整洁得体，教态端庄大方；生活检点，作风正派；以身作则，注重身教。

统一的幼儿教师职业道德规范的提出，具有双重的意义：一方面，为幼儿教师从事职业活动明确了行为准则；另一方面，为人们评价幼儿教师行为善恶提供了具体标准。

二、幼儿教师日常行为规范

1. 热情待人，彼此尊重，团结互助，能随时自如地运用礼貌用语，在幼儿面前对家长和同事能用尊称，对客人能主动打招呼。

2. 刻苦钻研业务，掌握并努力做到精通专业知识，认真学习教育理论，按教育教学规律办事。

3. 积极参加进修学习，不断充实新知识，总结新经验，改进教学方法，不断提高教学水平和能力。加强基本功训练，一专多能，提高自身素质，善思考，勤动手，勇探索。

4. 带班精神饱满，做到人到心到，聚精会神，不擅离岗位，不与人闲谈，不带个人情绪上岗。

5. 自觉做好保教准备工作，大教具隔周准备，小教具隔日准备，不打无准备之仗，认真组织各项活动。

6. 在一日活动中要充分发挥教师的主导作用及幼儿的主体作用，不随意更改保教计划，注重教育活动过程，促进每个幼儿在不同水平上的发展。

7. 教态自然大方，亲切稳重，讲普通话，语言文明，说话轻声悦耳，对幼儿使用正面语言，减少不必要的口头禅。

8. 举止大方，动作轻柔，坐、立、走姿势端正文雅。仪表端庄，服饰美观、轻便、整洁，便于工作。上班时不化妆，不留长指甲，不梳披肩发，不佩戴首饰，不穿高、中跟鞋和响底鞋，不穿奇装异服。要根据时间、场合、教育目的的需要来调节自己的外在形象。

9. 做事认真，有始有终，按时完成工作任务。

10. 保持周围环境整齐、清洁、优美，各种用品有固定存放的地方，用完后及时放回原处，不随便挪用别人的东西。

三、幼儿园教师十要十不要

1. 要全身心地投入本职工作，不要敷衍了事，得过且过。

2. 要认真学习，刻苦钻研，不要不学无术。

3. 要面向全体幼儿，不要偏爱。

4. 要促进幼儿身心和谐发展，不要只抓一项，忽视其他。

5. 要保教结合，互相渗透，不要重教轻保或重保轻教。

6. 要尊重幼儿、爱护幼儿，不要体罚或变相体罚幼儿。

7. 要为家长排忧解难,不要利用家长为自己谋私利。

8. 要谦虚谨慎、团结协作,不要互不服气、说三道四。

9. 要衣着整洁美观,便于工作,不要穿奇装异服。

10. 要礼貌待人、举止端庄,不要言行粗俗随便。

第三节 幼儿教师职业道德培养与提升

一、幼儿教师职业道德培养与提升的必要性

1. 幼儿教师职业道德的现状不容乐观

在人们的心中,幼儿教师被赋予了神圣的使命,绝大多数幼儿教师工作认真,兢兢业业,责任感强,用自己的行动诠释着幼儿教师的内在含义。但是,在近年来媒体的报道中,幼儿教师队伍中也出现了一些不和谐的画面,如体罚幼儿、揪扯幼儿耳朵等不良事件。幼儿教师职业道德的现状不容乐观首先体现在部分幼儿教师爱岗敬业精神与责任感缺失。比如,部分幼儿教师在教学过程中得过且过,不认真准备教育教学活动,浑水摸鱼的情况时有发生,直接导致幼儿教学活动流于形式,特别是工作时间较长的教师,其岗位意识与责任感会逐渐缺失。其次体现在部分幼儿教师的职业认同感弱,价值取向逐渐功利化。有学者在幼儿园教师职业认同感现状调查中发现,幼儿教师对自己在工作中受到尊重的感受和工资水平满意程度都觉得一般。幼儿教师的待遇相对较低,这就让部分幼儿教师对职业产生不认同感,甚至进行第二职业,没有潜心研究学前教育。尽管这部分现象是少数存在,但对学前教育风气影响、幼儿教师的思想危害都是显而易见的。最后体现在部分幼儿教师职业倦怠感增强,法律观念薄弱。教师的职业倦怠,是指教师在长期压力下不能顺利应对压力而产生的情绪、态度和行为的衰竭状态,一般表现为工作满意度低、工作热情和兴趣丧失及情感冷漠,导致工作成效和能力下降。幼儿教师面对的是生活上不能完全自理的幼儿,工作中需要付出加倍的耐心与责任心,在日复一日的工作中容易产生职业倦怠。

2. 幼儿教师职业道德的重要性越发凸显

党的十八大报告把教育放在改善民生和加强社会建设之首,强调要“加强教师队伍建设,提高师德水平和业务能力,增强教师教书育人的荣誉感和责任感”。2012 年,教育部出台《关于加强幼儿园教师队伍建设的意见》,针对当时幼儿园教师队伍数量不足、整体素质有待提高等问题,提出相应对策措施。

2020 年,教育部、中央组织部、中央宣传部、国家发展改革委、财政部、人力资源社会保障部、文化和旅游部等七部门联合印发《关于加强和改进新时代师德师风建设的意见》。该文件落实了中央的要求,回应社会的关切需要。国家对于教师的职业道德、职业素养看得越来越重要、全面,并提出建立健全师德师风长效机制的期望。幼儿教师所面对的对象

是3—6岁的幼儿，这一阶段幼儿的典型特点就是好模仿，所以幼儿教师更应该提高个人的教师职业道德。

2022年4月，教育部、中央宣传部、中央编办、国家发展改革委、财政部、人力资源社会保障部、住房和城乡建设部、国家乡村振兴局等八部门联合印发《新时代基础教育强师计划》(以下简称《强师计划》)。该计划是贯彻落实《中共中央国务院关于全面深化新时代教师队伍建设改革的意见》，是按照《中华人民共和国国民经济和社会发展第十四个五年规划和2035年远景目标纲要》要求，着力推动教师教育振兴发展，努力造就新时代高素质专业化创新型中小学(含幼儿园、特殊教育，下同)教师队伍，为加快实现基础教育现代化提供强有力的师资保障。《强师计划》的总体要求是以习近平新时代中国特色社会主义思想为指导，贯彻党的十九大和十九届历次全会精神，全面贯彻党的教育方针，坚持社会主义办学方向，落实立德树人根本任务，坚持培育和践行社会主义核心价值观，坚持把教师队伍建设作为基础工作来抓，加快构建教师思想政治建设、师德师风建设、业务能力建设相互促进的教师队伍建设新格局。遵循教师成长发展规律，以高素质教师人才培养为引领，以高水平教师教育体系建设为支撑，以提升教师思想政治素质、师德师风水平和教育教学能力为重点，筑基提质，补短扶弱，做优建强，全面提高教师培养培训质量，整体提升中小学教师队伍教书育人能力素质，促进教师数量、素质、结构协调发展，为构建高质量教育体系奠定坚实的师资基础。高质量教师是高质量教育发展的中坚力量，《强师计划》对新时代的"四有"好教师提出了更高要求。幼儿教师是基础教育教师的奠基人，在工作中，要遵守幼儿教师职业道德，在争取做好有理想信念、有道德情操、有扎实学识、有仁爱之心的教师路上不断努力。

2022年10月16日，中国共产党第二十次全国代表大会隆重召开，习近平总书记在二十大报告中，对于教育的战略地位进行了充分的肯定和强调。报告以"实施科教兴国战略，强化现代化建设人才支撑"为题进行讨论，而且位置前移到第五部分，充分说明党中央强调科教兴国和人才强国有特别重要的意义。二十大报告以办好人民满意的教育为主要抓手，强调要加强师德师风建设，培养高素质教师队伍，弘扬尊师重教社会风尚，再次体现了党中央对于教师队伍建设以及教师职业道德的关注与重视。

二、幼儿教师职业道德培养与提升的途径和方法

教育学家陶行知先生曾经说过："捧着一颗心来，不带半根草去。"幼儿教育工作是一项非常重要而伟大的工作，它是孩童成长道路上的启蒙教育，为孩子将来健康地成长奠定基础。幼儿教师是幼儿教育工作的领导者、实施者，其肩负着重大的社会使命，为下一代的健康成长和人才培养起着至关重要的作用。因此，幼儿教师的职业道德培养与提升是保证幼儿教育工作顺利进行的前提条件。作为一名幼儿教师，应该全身心地爱孩子，这就是教师最基本的职业道德。幼儿教师的职业道德是必须热爱幼教事业，热爱幼儿，关心集体，团结互助并正确处理好与同事和家长的关系。作为一名新世纪的幼儿教师，培养与提升自己的职业道德应该做到以下几点。

(一)树立终身学习意识,增强献身幼教事业的信念

1. 加强理论学习,丰富专业知识

俗话说:“刀不磨要生锈,人不学要落后。”幼儿教师作为幼儿教育的启蒙者,应加强对幼儿教师这个身份的理解和认识,认清自己的社会作用和职责。幼儿教育是一项崇高而愉悦的工作,其对培养国家人才、提高国民素质、发展文化科技等有着积极作用。幼儿教师在这其中扮演着引导者的身份,引领幼儿往正确的方向成长,对培养幼儿积极健康的心态起着非常重要的作用。一名称职的幼儿教师,除了有为幼儿教育付出的觉悟和师德为先的高尚品格外,还应具有过硬的专业技能,具有深厚的教育理论功底和教学能力。幼儿教师应提高职业道德修养,以身作则,将高尚的品格教授给幼儿,为幼儿往后的发展奠定良好的基础。

2. 提升思想境界,献身幼教事业

幼儿教师要发扬不怕苦不怕累的精神,从思想上彻底热爱并愿意献身幼儿教育事业,为幼儿教育工作的顺利进行贡献自己的一份力量。幼儿教育的服务对象是广大幼儿,幼儿普遍思想脆弱,依附性强,身心发展迅速。幼儿教育工作者应抓住机遇,迎接挑战。

3. 践行爱的教育,增强情感体验

冰心说“爱是教育的基础”,要做好一名称职的幼儿教师,应从心底热爱幼师这份职业,喜欢孩子,用爱去教导孩子。幼儿教师只有真的喜爱孩子,愿意与孩子接触、玩耍,才能更好地教授孩子知识和道理。幼儿教师应以慈母之心去对待幼儿,关怀幼儿,这样才能更好地、更有创造性地做好幼儿教育工作。

(二)注重个人修养之道,形成独特的幼师人格魅力

高尔基说:“一个人追求的目标越高,他的才力就发展得越快,对社会就越有益。”幼儿教师在追求职业发展的过程中,会面临着各种压力,随着时间的推移,会逐渐产生“职业倦怠”,严重危害幼儿教师的身心健康,影响幼儿教师进行创造性工作的热情,对于提高幼儿教育教学的质量和效益产生了较大的负面影响。幼儿教师如何注重个人修养之道,形成独特的个人魅力呢?下面从几个方面来阐述。

1. 树立正确的人生目标

人的行动是受思想支配的,在各种各样的思想中,对行动起长久作用的是人生目标。一个人对未来生活的追求,要与国家的需要、人民的需要、社会发展的需要结合在一起,这才是高尚正确的人生目标。一个人,只有树立正确的人生目标,才会有精神支柱,才会坚定方向,才会克服重重困难,迎难而上。

2. 调节职场的工作压力

幼儿教师面对的是3—6岁稚嫩的幼儿,来自家庭和社会的监督和舆论是与日俱增的。随着幼儿教育改革的全面铺开,对幼儿教师的总体素质提出了更高的要求,他们所承受的压力,远大于中小学教师。幼儿教师要学会调节职场的工作压力。首先要客观评价自身的优缺点,看到自身的长处,也要正视自身的短板,调整心态,努力做到扬长补短,提高自身的工作热情和积极性。其次要和身边的人建立和谐的人际关系,和谐友好的人际

关系会影响幼儿教师发挥自身角色作用，推进保教工作。最后要学会宣泄自己的负面情绪，每个人都会有情绪低落的时候，要学会及时宣泄，切不可把情绪带到工作当中去。我们常见的宣泄方式有大哭、倾诉、唱歌、运动、逛街、吃等多种形式，无论选择哪一种，我们都要记得整理好心情再工作。3—6 岁的幼儿可爱又灵动，每天会带给我们很多快乐和惊喜，幼儿教师要把自己的工作当作自己的热爱，才会忠于幼教事业，充满工作激情和欲望，保持旺盛的精力。

3. 修炼个人的人格魅力

人格魅力并不是与生俱来的，它是通过自身的努力，不断进步、提升的。幼儿教师要形成独特的个人魅力，需要从以下几个方面努力。首先要注重自身的外在形象和言谈举止。爱美之心，人皆有之，对于 3—6 岁幼儿来说，幼儿教师整洁得体的衣着、规范健康的语言、文明的举止，都是他们模仿和学习的榜样。其次要丰富自身的文化底蕴，提升内涵。书籍是人类进步的阶梯，读书可以修身养性、陶冶情操、开阔视野，我们常用“腹有诗书气自华”来形容一个读了很多书的人。3—6 岁幼儿正是求知欲特别强的年龄阶段，他们会主动发现周围新奇、有趣的事物或现象，会好奇也会想寻找问题的答案。幼儿教师只有肚子里有货，才能自如地应对幼儿各种各样的问题，才能帮助幼儿不断积累经验，形成受益终身的学习态度和能力。幼儿教师的知识越广博，幼儿就会越崇拜该教师，从教师身上看到独特的智慧光芒。最后要形成自己独特的教学风格。教学风格不是一蹴而就的，而是在提炼个人教学经验的基础之上，充分借鉴他人的优秀教学成果，再从理论层面对自身的教学方式进行科学的探索，尝试找到符合自身个性特征和审美要求的方法体系。幼儿一旦适应了幼儿教师的独特教学风格，就会对该教师念念不忘，稳定而一贯地喜欢这个独特而富有个性的教师。

(三) 以幼儿为本，提高自身教育功底和教学能力

作为一名幼儿教师，最重要的是要保证孩子的生命与健康。近年来，幼师虐童事件时有发生，社会大众渐渐对幼师这个职业产生怀疑，幼儿教师的职业道德修养有待提高。因此，幼儿的健康与安全是衡量一个幼儿教师是否称职的首要标准。在与幼儿的接触中，幼儿教师应以幼儿为主体，让他们体会到如父母般的温暖，关心他们，理解他们，充分调动他们的主动性和积极性，因材施教，给幼儿创造一个良好的学习环境，帮助他们健康积极地成长。

幼儿教师应引导幼儿全方面发展。在保证幼儿健康安全之余，幼儿教师应将实践与理论相结合，科学策划幼儿的一日生活，培养幼儿良好的生活和学习习惯。幼儿大都稚嫩，天性爱玩，幼儿教师应根据幼儿发展规律和认知特点制订教育方案，寓教于乐，将欢乐带进课堂，让幼儿对学习产生兴趣，培养幼儿各方面的能力，使幼儿全面发展。幼儿教师还应帮助幼儿与同伴进行沟通交流，让幼儿适应群体生活，学会互相帮助，团结友爱，对待师长不失礼节，热爱劳动，热爱学习。

提高幼儿教师的职业道德水平并非凭教师一己之力就能达到良好效果，还需要社会和幼儿园两方面的相互配合与努力。

从社会层面来讲，我们首先要给予幼儿教师充分的重视与尊重。随着国家对学前教

育的不断重视，社会对学前教育的态度也有所改观。有关部门应在全社会营造重视与尊重幼儿教师的氛围，通过互联网和自媒体途径展示幼儿教师的工作环境、工作常态，宣传职业道德高的幼儿教师，树立模范，提高幼儿教师的职业认同感和幸福感，从而让他们主动关注师德问题。其次要完善幼儿教师职业道德相关法规。有关部门应根据国家相关法律法规和政策，结合当地实际情况制定和完善规范的幼儿教师职业道德管理条例，为幼儿教师师德提供依据和保障，并通过建立奖惩机制实行教师职业道德监管。同时，有关部门要经常深入幼儿园一线，了解幼儿教师现状，尤其是幼儿教师职业道德现状，对职业道德先进的教师给予表扬并树立榜样，对违反职业道德的幼儿教师则及时指出并督促纠正。

从幼儿园层面来讲，首先，需要加强职业道德教育和法律教育，强化师资队伍建设。幼儿园一方面可聘请专家、学者为一线幼儿教师进行专题培训。另一方面，幼儿园要定期在园内开展教师职业道德培训与案例研讨，针对虐童等恶性事件进行研讨，让幼儿教师感受到幼儿园对职业道德素质的重视。与此同时，幼儿园还应严格把控幼儿教师的岗位标准，加大对幼儿教师的教师资格审核，杜绝“无证上岗”现象。其次，幼儿园需要建立相应的监督和奖惩制度。幼儿园作为幼儿教师的直接管理层，应将教师的职业道德问题提到更重要层面。具体来说，幼儿园要根据自身实际情况建立幼儿教师职业道德管理制度，实行多层面相互监督机制和激励机制，将幼儿教师职业道德作为教师考核第一指标。只有幼儿园足够重视并建立起相关制度，幼儿教师才会重视职业道德问题，并随时约束自己的行为。最后，幼儿园要增强对幼儿教师的人文关怀。幼儿教师特殊的工作性质、烦琐的工作内容和较长的工作时间容易为其带来职业倦怠。幼儿园应重视幼儿教师的职业倦怠，增加对幼儿教师的人文关怀，尽可能提供人性化管理，体谅幼儿教师的心情。同时，幼儿园还可以宣传教育教学中的优秀事迹，给幼儿教师带来良好的职业体验。

随着教育水平的提高，幼儿教育出现新的局面，面临着新的机遇和挑战。幼儿教育工作者应抓住机遇，迎接挑战，不断学习，善于总结，善于沟通与合作，在实践中积累经验。新世纪的快速发展给幼儿教师提供一个崭新的舞台，若想在这个舞台上光芒四射，不辱人民教师的名声，就必须不断提高自身的职业道德修养，勇于献身幼儿教育工作，为祖国的明天贡献自己的一份力量。

本章小结

幼儿教师职业道德，是指幼儿教师在从事教育劳动过程中形成的比较稳定的道德观念、行为规范和道德品质的总和，是调节教师与他人、集体、社会关系的行为准则，是一定社会对幼儿教师职业行为的基本要求和概括。

幼儿教师职业道德的特点是专门针对性、实践活动性、继承发扬性、丰富多样性、广泛深远性。行为体现在“爱”“敬业”“以身作则”以及联结家庭和社区的纽带。幼儿教师职业道德对于幼儿发展、教师发展、教育事业、家庭和社会有着各自不同的作用。

幼儿教师职业道德规范的内容：1. 学法守法，依法执教；2. 爱岗敬业，保教并重；3.

尊重幼儿，热爱幼儿；4. 严谨治学，锐意创新；5. 团结协作，取长补短；6. 尊重家长，热情服务；7. 拒腐防变，廉洁从教；8. 以身立教，为人师表。幼儿教师在日常行为中，要遵守道德规范内容，用规范自觉约束自身言行，给幼儿树立良好的榜样，促进幼儿德智体美全面发展。

幼儿教师职业道德培养与提升的途径和方法包括：立终身学习意识，增强献身幼教事业的信念；注重个人修养之道，形成独特的幼师人格魅力；以幼儿为本，提高自身教育功底和教学能力。

【知识拓展】

全国学前教育宣传月——我是幼儿园教师

全国学前教育宣传月是教育部举行的面向公众宣传学前教育的活动。从 2012 年起，教育部将 5 月 20 日至 6 月 20 日定为全国学前教育宣传月，面向全社会普及科学育儿知识。

2018 年 5 月 20 日，全国第七个学前教育宣传月启动仪式在上海市举行。当年宣传月的主题是“我是幼儿园教师”，旨在为幼师正名——探知孩子们纯真灿烂的笑容背后幼儿园教师的专业坚守，还原幼儿园教师平凡而又不可替代的职业全貌。

宣传月活动中，涌现了一大批幼儿教师的真实感人事迹。发现和树立了一批幼儿教师典型，集中宣传和展示了广大幼儿教师兢兢业业、爱岗敬业、潜心育人的良好形象，积极肯定了广大幼儿教师为学前教育事业所做的努力和工作。

希望社会和家长在更全面地认识幼儿园教师之后，感悟幼师的辛勤，给予他们更多理解，同时对幼儿园教师日益专业化的职业形象有所认识。

1. 幼儿教师职业道德的特点包括什么？
2. 幼儿教师职业道德规范的内容是什么？
3. 幼儿教师职业道德培养与提升的途径和方法有哪些？

下　篇

学前教育政策与法规解读

第八章 《幼儿园工作规程》解读

一、《幼儿园工作规程》概述

幼儿园的工作涉及招生、编班、教育、保育、卫生保健、园务管理等诸多方面，是一个复杂系统工程，为了加强幼儿园的科学管理，进一步提高保育和教育质量，依据《中华人民共和国教育法》，2016 年 1 月 5 日，中华人民共和国教育部令第 39 号公布了新修订的《幼儿园工作规程》(以下简称新《规程》)。自 2016 年 3 月 1 日起施行。1996 年 3 月 9 日原国家教育委员会令第 25 号发布的《幼儿园工作规程》(以下简称旧《规程》)予以废止。新《规程》的颁布以及实施，推动了幼儿园的全面改革，提高了管理水平和保教质量，使幼儿园工作逐步走上依法治教的轨道。

(一) 时代背景

1996 年发布的《幼儿园工作规程》是我国第一部规范幼儿园内部管理的规章，下发 20 多年来对加强我国各类幼儿的规范管理发挥了重要作用。

随着经济社会的发展，学前教育改革发展的大环境发生了巨大变化，国家各种政策法规颁布和修订，特别是《国家中长期教育改革和发展规划纲要(2010—2020)》颁布后，学前教育事业规模不断扩大，普及程度大幅提升，旧的《幼儿园工作规程》不能适用于新的时代，无法适应学前教育的发展速度，也不能满足学前教育规范化管理的需求。

此外，为了有针对性地解决当前存在的突出问题，有效规范幼儿园管理，通过深入基层调研，组织专家深入东、中、西部不同经济水平地区的幼儿园，开专题座谈会，并通过问卷、访谈等多种方式，梳理了当前幼儿园管理面临的新情况新问题，广泛听取了学前教育战线、基层幼儿园园长和一线教师的意见。

同时，进行国际比较研究。组织对美国、加拿大、澳大利亚、新西兰、英国、日本等 10 多个国家和我国香港、澳门、台湾地区有关幼儿园管理的政策法规进行了比较研究，梳理了有关政策条款，学习借鉴相关经验。

因此，为了加强幼儿园的科学管理，规范办园行为，提高保育和教育质量，促进幼儿身心健康发展，教育部依托《中华人民共和国教育法》制定了《幼儿园工作规程》，并在学前教育发展的过程中逐步进行修改和完善新《规程》中的相关条文。

（二）现实意义

1. 新《规程》的颁布是推进学前教育管理规范化和科学化的需要

随着经济体制改革和市场经济的推进，幼儿园的办园体制已从过去单一的以公办为主转为多元化办园的格局，民办幼儿园数量激增，占比已超过幼儿园总数的 2/3。教育部门对幼儿园的规范管理已从计划经济条件下的业务指导转向办园资质审批和全面监管，需要不断完善管理制度，强化制度管理，修订旧《规程》是新形势下加强学前教育规范管理的需要。

由于长期资源不足，一些幼儿园在办园条件、安全卫生、教育教学、教职工管理等方面还存在很多不规范的行为，亟待通过健全规章制度，加强规范管理，引导幼儿园依法依规办园。

2. 新《规程》是落实依法治教的需要

20 世纪以来，我国相继出台了很多涉及幼儿园规范管理的新规定，新《规程》作为一部重要的学前教育规章，需要根据新形势新要求进行修订和调整，进一步完善幼儿园管理制度，不断推进学前教育治理体系和治理能力现代化，促进学前教育健康可持续发展。

二、《幼儿园工作规程》内容解读

（一）文本结构

新《规程》的修订是在旧《规程》的基础上，根据实际情况对个别章节进行了强调和突出，对部分条例进行了修订和补充。新《规程》分总则，幼儿入园和编班，幼儿园的安全，幼儿园的卫生保健，幼儿园的教育，幼儿园的园舍、设备，幼儿园的教职工，幼儿园的经费，幼儿园、家庭和社区，幼儿园的管理，附则，共 11 章 66 条。

（二）主要特点

1. 注重与现行法律、政策规定的衔接

新《规程》一方面做好了与现行法律政策规定的衔接。如《幼儿园教育指导纲要（试行）》《3—6 岁儿童学习与发展指南》对幼儿园的教育目标、内容、教育活动组织等提出了清晰而具体的要求，新《规程》将这些方面的要求改成一些原则性的规定。如第二十五条“幼儿园应当贯彻以下原则和要求。德智体美等方面的教育应当互相渗透，有机结合；遵循幼儿身心发展规律，符合幼儿年龄特点，注重个体差异，因人施教，引导幼儿个性健康发展；综合组织健康、语言、社会、科学、艺术各领域的教育内容，渗透于幼儿一日生活的各项活动中，充分发挥各种教育手段的交互作用”；第二十九条“幼儿园应当将游戏作为对幼儿进行全面发展教育的重要形式”。《托儿所幼儿园卫生保健管理办法》对幼儿园卫生保健工作提出了很多新要求，新《规程》与之做了相应衔接。如第十七条“幼儿园必须切实做好幼儿生理和心理卫生保健工作。幼儿园应当严格执行《托儿所幼儿园卫生保健管理办法》以及其有关卫生保健的法规、规章和制度”。根据新颁布的《反家庭暴力法》，新《规程》增加了幼儿园应当进行反家庭暴力和发现家庭暴力情况及时报告的规定。另一方面，《教育法》《民办教育促进法》《语言文字法》等法律法规对学校的一些具体办学行为做了明确规

定的，新《规程》不再重复提出要求。

2. 明确了一些笼统、模糊的表述条款，表述更加明确、具体

新《规程》在条款内容的表述方面更加明确，也更加具体。例如，幼儿园卫生保健制度方面，为保障幼儿的身心健康，新《规程》对幼儿的用餐间隔时间、户外活动时间等进一步细化。用餐间隔时间由旧《规程》的“两餐间隔时间不得少于 3 小时半”修改为“正餐间隔时间为 3.5—4 小时”，不仅明确了两餐是指正餐，时间间隔也更为明确合理；户外活动时间则是“每天不得少于 2 小时，其中体育活动不得少于 1 小时”。有关幼儿园的规模，修订前的提法是“不宜过大”，新《规程》明确为“一般不超过 360 人”；幼儿园教育的原则与要求中“合理地综合组织各方面的教育活动”修改为“综合组织健康、语言、社会、科学、艺术各领域的教育内容”，明确了“各方面”内容的范畴。

3. 完善和细化相关制度，重视安全管理

新《规程》中完善和细化的制度主要有：

在幼儿园经费方面，旧《规程》仅在第四十六条和四十七条提到了“膳食费民主管理制度”和“经费预算和决算审核制度”。而新《规程》在规范上述两项制度的基础上，第八章“幼儿园的经费”中还特别增加了“相关信息管理与公开制度”和“建立资产配置、使用、处置、产权登记、信息管理制度”等。

在幼儿园内部管理方面，新《规程》进行了更加具体的阐述，例如，晨检、午检制度，传染病预防和管理制度等。

在制度建设方面，新《规程》增加了多项制度建设要求。例如，第五十九条幼儿园应当“建立教研制度，研究解决保教工作中的实际问题，旨在促进教师的专业成长，引导教师在研究中不断提高保教能力”，“幼儿园应当依法接受教育督导部门的督导”；第四章“幼儿园的卫生保健”新增幼儿用药安全制度，包括建立患病幼儿用药委托交接制度，未经监护人委托或者同意，幼儿园不得给幼儿用药；幼儿园应当妥善管理药品，保证幼儿用药安全。

(三) 主要内容解读

1. 重新表述幼儿园定位与任务

(1) 把幼儿教育摆在更加重要的位置

新《规程》第二条将学前教育的定位由“幼儿园是对三周岁以上学龄前儿童实施保育和教育的机构。幼儿园教育是基础教育的有机组成部分”改为“是基础教育的重要组成部分”。应该说，这样的调整提高了学前教育在基础教育中的地位，强调学前教育与中小学教育不仅是相互连接、不可分割的统一整体，而且在其中发挥着扎根蓄势的重要作用。

(2) 把促进幼儿良好发展作为核心任务。

新《规程》第三条明确规定了幼儿园的任务是“贯彻国家的教育方针，按照保育和教育相结合的原则，遵循幼儿身心发展的特点和规律，实施德、智、体、美等方面全面发展的教育，促进幼儿身心和谐发展。幼儿园同时面向家长提供科学的幼儿指导”。多年来，幼儿园教育一直承担着促进幼儿发展和解放劳动力的双重任务。但 20 世纪 90 年代中期以来，随着经济体制改革和市场经济的推进，原有单位办园已经剥离、撤销或转制，其功能任务、招收对象均已改变。此外，在调研中也发现，幼儿家庭教养模式也发生了重要变化，即

使孩子进入了幼儿园，大多数幼儿都有稳定的家庭照料者，幼儿园担负的解放劳动力的任务不再具有普遍性。因此，为家长提供科学育儿指导，共同促进幼儿良好发展已成为当今幼儿园教育的核心任务。

2. 强调“幼儿为本”的教育理念，凸显幼儿的主体地位

（1）尊重幼儿的游戏自主权

新《规程》在第五章“幼儿园教育”第二十九条对尊重幼儿游戏权利和保证幼儿的游戏条件做了明确规定，提出在游戏中“鼓励和支持幼儿根据自身兴趣、需要和经验水平，自主选择游戏内容、游戏材料和伙伴，使幼儿在游戏中获得积极的情绪情感”，在环境创设中还新增加了“因地制宜创设游戏条件”的具体要求。

（2）尊重个体差异，实施个性化保育和教育

新《规程》将原有“注意根据幼儿个体差异”的表述修改为“充分尊重幼儿的个体差异”；教育活动应当“为每个幼儿提供充分参与的机会，满足幼儿多方面发展的需要”；第五章“幼儿园教育”第三十二条还增加了“为在园残疾儿童提供更多的帮助和指导”。这些新要求旨在关注和重视个体，促进每个幼儿的良好发展。

在新《规程》中，儿童已经是成为主体的儿童，教育正在成为对个体具有适宜发展性的教育。幼儿园教育不仅重视了童年的快乐生活，也关照了后继学习与终身发展。

3. 坚持立德树人，关注幼儿身心健康发展

旧《规程》提出“对幼儿实施体、智、德、美诸方面全面发展的教育，促进身心和谐发展”；新《规程》则提出“遵循幼儿身心发展特点和规律，实施德、智、体、美等方面全面发展的教育，促进身心和谐发展”。学前教育目的的调整进一步强调了儿童各方面发展的整体性、协调性与个性化特征，同时也与我国《教育法》中教育目的的提法保持一致，与中小学教育目的相衔接。

4. 强化安全管理意识与责任

（1）努力建立全面安全防护体系

当今幼儿园安全形势复杂，恶劣气候、异常天气造成的自然灾害增多，幼儿自救能力低；一些不法分子往往把没有自卫能力的幼儿作为其发泄不满的对象。为此，新《规程》增加第三章“幼儿园的安全”作为幼儿园安全工作的指导准则：要求建立完善的制度体系和明确的职责要求，规定幼儿园要建立健全门卫、房屋、设备、消防、交通、食品、药物、幼儿接送交接、活动组织和幼儿就寝值守等安全防护和检查制度，建立安全责任制和应急预案。

（2）明确教职工的岗位安全职责

新《规程》明确了在紧急情况下优先保护幼儿人身安全是每一位幼儿园教职工的责任。教职工不仅要具有高度的安全和责任意识，还必须具备防险救护的基本方法。根据相关文件要求和国际经验，进行安全演练是提高师生安全意识和能力的有效方式，因此，新《规程》要求幼儿园把安全教育融入一日生活，并定期进行多形式的演练。

5. 提高并细化幼儿园教职工的准入标准和素质要求

新《规程》第七章“幼儿园的教职工”第三十九条增加了“具有良好品德”的要求，将原有的“身体健康”改为“身心健康”，可见新《规程》注重幼儿园教职工的综合素养。

此外，新《规程》还对不适宜在幼儿园工作的教职工做出了禁止性规定，即“教职工患传染病期间暂停在幼儿园的工作。有犯罪、吸毒记录和精神病史者不得在幼儿园工作”。

关于园长的任职条件，新《规程》中提高了对园长的学历要求，即从幼师（中专）提高到大专水平；工作经验要求从“具有一定的教育工作经验”具体到“三年以上幼儿园工作经历”；此外还需要具有幼儿教师资格证。

关于保育员的任职条件和职责，新《规程》中将保育员的学历从“应具备初中毕业以上学历”提高为“应当具备高中毕业以上学历”。

关于卫生保健人员，新《规程》第四十三条对卫生保健人员的任职资格的要求更为具体，“医师应当取得卫生行政部门颁发的《医师执业证书》；护士应当取得《护士执业证书》；保健员应当具有高中毕业以上学历，并经过当地妇幼保健机构组织的卫生保健专业知识培训”。

新《规程》提高并细化了幼儿园教职工的准入标准和素质要求，旨在全面提升幼儿园师资的综合素质，实现保育和教育工作的科学化和专业化。

6. 明确提出了幼儿园教育去“小学化”的要求

近年来，幼儿教育“小学化”现象日趋凸显，一些幼儿园有时开展的教育已不是组织幼儿在游戏中学习，而过于强调向幼儿“灌输”知识，有的甚至从小班就要求孩子会写字，学习拼音，做算术等。因此，新《规程》第三十三条明确提出“幼儿园和小学应当密切联系，互相配合，注意两个阶段教育的相互衔接。幼儿园不得提前教授小学教育内容，不得开展任何违背幼儿身心发展规律的活动”。

7. 注重教育的公平性

随着经济社会的发展，学前教育已经进入新的历史发展阶段，从教育的公平性来看，由原来追求入园的公平到现在追求幼儿教育过程的公平，教育的公平性在原来的水平上进一步提升了。每个幼儿都有接受学前教育的权利，因此，新《规程》第八条明确要求“幼儿园对烈士子女、家中无人照顾的残疾人子女、孤儿、家庭经济困难幼儿、具有接受普通教育能力的残疾儿童等入园，按照国家和地方的有关规定予以照顾”。

此外，在第三十二条中增加“幼儿园应当为在园残疾儿童提供更多的帮助和指导”。

在第九条中指出：“企业、事业单位和机关、团体、部队设置的幼儿园除招收本单位工作人员的子女外，应当积极创造条件向社会开放，招收附近居民子女入园（旧《规程》为“有条件的应向社会开放”）。”

第九章 《幼儿园管理条例》解读

一、《幼儿园管理条例》概述

《幼儿园管理条例》(以下简称《条例》)自 1990 年 2 月 1 日起施行。为了加强幼儿园的管理,促进幼儿园教育事业的发展而制定该条例。

在学前教育的政策与法规中,《条例》是迄今为止法律地位最高的一部专门法规,它的颁布与施行,使幼儿园在工作任务、举办条件、审批程序、保教工作、行政事务、奖励和处罚等方面,都实现了有法可依、有章可循。

(一) 时代背景

改革开放后我国幼儿教育事业得到了迅速发展,出现了公办幼儿园、民办幼儿园、社区幼儿园等多种形式的幼儿托育机构,且伴随我国市场经济体制的逐步完善,越来越多的社会力量参与到民办园的建设当中来,幼儿园与教育行政部门的关系由过去单纯的隶属关系逐步转变为相互协调与制约的关系,此时需要出台一部规范性、指导性的法规来保障幼儿园的教育教学活动,推动学前教育事业的健康发展和管理工作的科学化。

(二) 现实意义

《条例》是政府加强对学前教育管理和指导的重要行政法规,同时它体现了国家对幼儿园的基本要求和管理的基本原则。《条例》的颁布与施行不仅促进了中国幼教事业的健康发展和管理工作的科学化,同时也推动了中国学前教育的法制化进程。

(三) 基本结构

1. 内容结构

最新《条例》全文包括总则、举办幼儿园的基本条件和审批程序、幼儿园的保育和教育工作、幼儿园的行政事务、奖励与处罚、附则,共 6 章 32 条。第一章为总则,第二章是举办幼儿园的基本条件和审批程序,第三章是幼儿园的保育和教育工作,第四章是幼儿园的行政事务,第五章是奖励与处罚,第六章为附则,内容全面,涵盖了幼儿园管理工作的各个方面。

2. 层次结构

(1) 规定了幼儿园的性质和任务(《条例》第二条、第三条);

(2) 规定了幼教事业发展方针(《条例》第四条、第五条);

(3) 规定了幼儿园教育的领导管理调制(《条例》第四条至第六条);

(4) 规定了幼儿园设置管理规范(《条例》第六条至第十二条);

(5) 规定了幼儿园的保育教育规范(《条例》第十三条至第十七条);

(6) 规定了幼儿园卫生保健规范(《条例》第十八条至第二十一条);

(7) 规定了幼儿园的内部管理规范(《条例》第二十三条);

(8) 规定了幼儿园条件保障规范(《条例》第五条、第二十四条、第二十五条)。

二、《幼儿园管理条例》内容解读

(一) 举办幼儿园的基本条件和审批程序

1. 合格的教师、保育、医务人员

幼儿园工作人员都应获得相应的资格,接受专业训练或经过相关部门考试、考核后才能持证上岗。

2. 必须有符合规定标准的保育教育场所及设施、设备等

幼儿园应当设置在安全区域内,园舍和设施也必须符合国家的卫生标准和安全标准。这是举办幼儿园最基本的物质条件。

3. 审批与管理

我国实行幼儿园登记注册制度,未经登记注册,不得举办幼儿园。幼儿园既是教育行业也是服务行业,因此国家实行严格的注册准入制度。

(二) 幼儿园的卫生保健制度和安全防护制度

1. 幼儿园应当建立卫生保健制度

幼儿园应建立安全防护制度,饮食管理由专人负责,科学喂养,建立合理的食谱。防止食物中毒和传染病的流行,发生卫生安全事故应当及时上报并采取有效应对措施。

2. 幼儿园应当建立安全防护制度

严禁在幼儿园区设置威胁幼儿安全的危险建筑物和设施,严禁使用有毒、有害物质制作教育、玩具。幼儿身心较为脆弱,因此园区设施的卫生和安全必须达到国家标准。

(三) 幼儿园保育和教育工作

1. 贯彻保教结合的原则,促进幼儿全面和谐发展

幼儿园应当创设与幼儿教育和发展相适应的和谐环境,引导其个性的健康发展,促进德智体美劳多方面的和谐发展。

2. 幼儿园的招生、编班规定

招生包括幼儿园的招生对象、学制和入园时间;编班是指对幼儿园教学单位“班级”规模的限定。幼儿园应当使用全国通用汉语言,招收少数民族学生为主的幼儿园可采用本民族通用语言。这体现了国家对语言、文化多样性的尊重与包容。

3. 游戏应成为幼儿园的基本活动形式

幼儿园的基本活动形式为游戏，幼儿园不得提前教授小学教育内容，不得展开违背幼儿身心发展规律的活动。

（四）促进幼儿多元智能全面发展

（1）幼儿园的保育和教育工作应当促进幼儿在体、智、德、美诸方面和谐发展。

（2）智能是解决问题的能力，多元智能包括语言智能、逻辑-数学智能、空间智能、身体-运动智能、音乐智能、人际智能、自我认识智能、自然观察智能等。

（五）培养幼儿良好生活卫生习惯

（1）幼儿园应当保障幼儿的身体健康，培养幼儿的良好生活、卫生习惯。

（2）幼儿良好的生活卫生习惯包括饮食习惯、睡眠习惯、卫生习惯以及与个人生活有关的健康意识与行为习惯等。

（六）幼儿游戏活动的核心价值

1. 正确理解幼儿游戏活动的价值

将游戏作为幼儿园教育活动的主要形式，这是对幼儿游戏权和发展权的保障。

2. 通过多种形式丰富幼儿游戏活动

（1）可利用幼儿园自身特点开展特色教育活动。

（2）利用丰富多样的区角活动开展教育活动。

（3）利用“体验式学习”开展教育活动。

（七）体罚幼儿的危害及防范措施

1. 正确理解体罚和变相体罚

体罚和变相体罚其本质并非为真正的教育，并且严重妨碍了幼儿的身心健康发展，侵犯了幼儿的人格尊严人身权，严重者还会构成犯罪。

2. 关于不准体罚和变相体罚幼儿的具体规定

《条例》第 17 条规定，在幼儿教育过程中应尊重幼儿的权利，严禁体罚和变相体罚幼儿。

（八）违反《幼儿园管理条例》的行为

（1）未经登记注册，擅自招收幼儿的。

（2）园舍设施不符合国家卫生标准、安全标准妨害幼儿身体或者威胁幼儿生命安全的。

（3）教育内容和方法违背幼儿教育规律，损害幼儿身心健康的。

（4）体罚或变相体罚幼儿的。

（5）使用有毒、有害物质制作教具、玩具的。

（6）克扣、挪用幼儿园经费的。

（7）侵占、破坏幼儿园园舍、设备的。

（8）干扰幼儿园正常工作秩序的。

(9) 在幼儿周围设置有危险、有污染或者影响幼儿园采光的建筑和设施的。

(九) 幼儿园行政事务

1. 教育行政部门的职责

教育行政部门的职责是综合管理、协调社会资源和业务指导。各级教育行政部门应当负责监督、评估、指导幼儿园的保育教育工作，组织培训幼儿园教师的师资，协助卫生行政部门检查、指导幼儿园的卫生保健工作。

2. 园长负责制

园长全面管理幼儿园工作，教师、保育员和其他工作人员由园长聘任。

3. 幼儿园收费及财务管理

幼儿园不可收取教育费和保育费之外的其他费用，同时还应建立、健全财务管理制度，加强财务监督，严格管理幼儿园经费，任何单位、个人不得克扣和挪用幼儿园经费。

第十章

《幼儿园教育指导纲要(试行)》解读

一、《幼儿园教育指导纲要(试行)》概述

为进一步贯彻第三次全国教育工作会议和全国基础教育工作会议精神，落实《国务院关于基础教育改革与发展的决定》，推进幼儿园实施素质教育，全面提高幼儿园教育质量，《幼儿园教育指导纲要(试行)》(以下简称《纲要》)于 2001 年 7 月份颁布，9 月份实施。

(一) 时代背景

纵观我国学前教育的发展历史，经由教育部门颁布的课程标准或教学纲要共四份，分别是 1932 年的《幼稚园课程标准》、1951 年的《幼儿园暂行教学纲要》、1981 年的《幼儿园教育纲要(试行草案)》和 2001 年的《幼儿园教育指导纲要(试行)》。《纲要》是幼儿园实施素质教育的纲领性文件，也是宏观上指导幼儿园深入实施素质教育的指导性文件。它的颁布正是顺应了社会、经济与文化进步的需要。

(二) 现实意义

教育是民生之道，在人民追求美好生活的奋斗过程中，教育承担了举足轻重的作用，而学前教育属于基础教育，是奠基工程中的基础环节，应而要紧跟时代发展的需要。《纲要》作为《基础教育课程改革纲要》的下位文件，充分体现了我国基础教育改革的基本理念与精神。

(三) 内容结构

《纲要》共分为了总则、内容与要求、组织与实施、教育评价四部分。

1. 总则

该部分说明了《纲要》制定的依据、原因与目的，同时明确了幼儿园教育的根本性质与任务：幼儿园教育是基础教育的重要组成部分，是我国学校教育和终身教育的奠基阶段。同时总则部分还明确了幼儿园教育的外部原则：幼儿园应与家庭、社区密切合作，与小学相互衔接，综合利用各种教育资源。但学前教育不是小学教育的预备阶段，幼儿园应为幼儿提供健康、丰富的生活和活动环境，满足他们多方面发展的需要，使他们在快乐的童年生活中获得有益于身心发展的经验。对幼儿园教育的内部原则，总则提出：幼儿园教育应

尊重幼儿的人格和权利,尊重幼儿身心发展的规律和学习特点,以游戏为基本活动,保教并重,关注个别差异,促进每个幼儿富有个性的发展。

2. 内容与要求

《纲要》明确指出:"幼儿园的教育内容是全面的、启蒙性的,可以相对划分为健康、语言、社会、科学、艺术等五个领域,也可作其他不同的划分。各领域的内容相互渗透,从不同的角度促进幼儿情感、态度、能力、知识、技能等方面的发展。"

《纲要》列明了五大领域各自的教学目标,而这些目标均表明该领域主要的价值取向:第一,点明该领域知识的主要特点以及其教和学的主要特点;第二,点明该领域特别应当注意的普遍性问题。

3. 组织与实施

该部分共包含11个条目,其中贯穿"五个尊重":

(1) 尊重幼儿的权利,切实保障他们的人身权、健康权、受教育权、知识产权等各方面权利;

(2) 尊重教师的创造,不去过分干涉教师的正常教学活动及安排;

(3) 尊重幼儿在学习特点、发展水平、个性特征等方面的差异,因材施教,对于发育较慢的幼儿不讽刺、不嘲讽,善于发现幼儿的优点;

(4) 尊重幼儿身心发展的客观规律,教学以游戏为主,避免生硬说教;

(5) 尊重教育、教学的客观规律,教学活动安排注重幼儿能力的培养而非知识点的教育,避免幼儿园的"小学化"。

4. 教育评价

该部分提出了教师正确的评价方式。评价应符合幼儿主体的发展性、合作性、多元性等原则,同时还应兼顾多角度、多主体、多方法,重视过程、重视差异等原则。例如评价幼儿避免横向比较,应从纵向角度评价。

二、《幼儿园教育指导纲要(试行)》体现的教育理念

(一) 终身教育的理念

终身教育是《纲要》最基本的指导思想,该理念贯穿于《纲要》的各个部分。《纲要》总则部分第二条规定"幼儿园教育是基础教育的重要组成部分,是我国学校教育和终身教育的奠基阶段","幼儿园应从实际出发,因地制宜地实施素质教育,为幼儿一生的发展打好基础",这些论述都与终身教育的理念相符合。同时,在《纲要》的领域目标、内容与要求、组织和实施评价等部分,终身学习的理念均放在首要的位置,强调教育活动既要符合幼儿现实需求,又应有利其长远的发展。《纲要》在对领域目标进行描述时多采用"体验、感受、愿意、喜欢"等词汇,这意味着学前教育的价值选择更倾向于情感和态度等方面的培养,因此教学中我们应当培养儿童最基本的素质:积极主动的态度、强烈的学习兴趣、有效地与环境互动的能力、初步的合作意识、责任感等。

(二) 以幼儿发展为本的理念

《纲要》另外一个重要的指导思想是"以人为本"。总则中第二条到第五条分别从不同

角度提出"共同为幼儿的发展创造良好的条件","满足他们多方面发展的需要,使他们在快乐的童年生活中获得有益于身心发展的经验"等要求。同时,《纲要》在五大领域的指导要点中也明确指出,"要充分尊重幼儿生长发育的规律,严禁以任何名义进行有损幼儿健康的比赛、表演或训练","保障幼儿每天有适当的自主选择和自由活动时间",并将这些要求融入实施、评价等各个环节。尊重幼儿、保障幼儿权利以及促进幼儿全面和谐发展都是我们应当具备的正确的幼儿发展观。在现实生活以及具体工作中,我们应当意识到环境、教育对幼儿成长的关键性作用。

(三)科学的幼儿教育理念

《纲要》立足于我国学前教育的现状,同时注意吸收现代科学的教育研究成果,倡导尊重幼儿身心发展的规律,尊重个体差异等。五大领域之间各有联系,相互渗透,同时注重综合性、趣味性,将教育融入幼儿的生活、游戏当中。一方面,《纲要》重视幼儿的情感、态度,强调以幼儿为主体的探索性学习,如"从生活或媒体中幼儿熟悉的科技成果入手","培养他们对科学的兴趣",这些都体现了《纲要》对幼儿认知的情感化和情感的认知化等方面的重视。另一方面,《纲要》也强调幼儿教育的生活性,让教育回归幼儿的现实生活,如教育评价应"在日常活动与教育教学过程中采用自然的方法进行",这体现了生态教育理论的基本思想。

第十一章

《3—6岁儿童学习与发展指南》解读

一、《3—6岁儿童学习与发展指南》概述

为深入贯彻《国家中长期教育改革和发展规划纲要(2010—2020年)》和《关于当前发展学前教育的若干意见》，指导幼儿园和家庭实施科学的保育和教育，促进幼儿身心全面和谐发展，2012年10月9日教育部正式颁布《3—6岁儿童学习与发展指南》(以下简称《指南》)。

(一)时代背景

1. 促进社会发展和改善民生工程的要求

教育是最大的民生，学前教育更是教育的基础。大力发展学前教育，是保障和改善教育民生的一项重大举措。学前教育事业的发展，不仅造福于幼儿园、个人及其家庭，也有益于整个社会、国家和民族的发展。

2. 我国幼儿教育改革和发展的需要

在学前教育跨越式发展的历史新阶段，研究制定《指南》是贯彻落实《国家中长期教育改革和发展规划纲要(2010—2020年)》和《国务院关于当前发展学前教育的若干意见》的重要举措。

3. 联合国儿童基金会“遍及全球”项目的契机

联合国儿童基金会总部从2002年开始，在全球的发展中国家发起了一个制定早期儿童学习与发展标准的“遍及全球”(Going Global Project)项目。借助“遍及全球”项目的契机，教育部基础教育司从2005年起，与联合国儿童基金会合作，组织我国幼儿发展与教育方面的专家，开始着手研制以家长和教师为主要使用对象的《指南》。

(二)现实意义

(1) 贯彻落实《指南》是加强科学保教，推进学前教育管理科学化、规范化的重要举措。《指南》的内容系统全面，科学准确，对幼儿的学习与发展提出了非常具体的目标和教育建议，简单易懂，操作性、实用性和指向性都很强。

(2) 贯彻落实《指南》是提高幼儿园教师专业素质和实践能力，全面提升学前教育质

量的紧迫任务。《指南》可以帮助幼儿园教师全面系统准确地把握幼儿学习与发展的内涵，掌握各领域的核心价值与关键要素，了解幼儿的年龄特点、行为特征、学习与发展水平，改善教育内容和教育方法，使其专业素质和教学能力得到大幅度提高。

（3）贯彻落实《指南》是普及科学育儿知识，防止和克服“小学化”倾向的有效手段。《指南》以国家的力量为后盾强制实施，并辅之以考核、严禁小学举办各种形式的入学选拔考试等配套措施，必将能够有效防止和克服“小学化”倾向。从根本上铲除学前教育“小学化”的土壤，保证学前教育质量真正得到全面提高。

（三）文本结构

《指南》包括说明和正文两大部分。说明部分简要介绍了制定《指南》的背景与目的、目标与作用、内容框架和实施时应该注意或把握的几个方面。

《指南》正文部分从健康、语言、社会、科学、艺术五个领域分别描述了幼儿的学习与发展，每个领域又按照幼儿学习与发展最基本、最重要的内容划分为若干方面。

每个方面分为两部分：一是学习与发展目标，分别对 3—4 岁、4—5 岁、5—6 岁三个年龄段末期幼儿应该知道什么、能做什么、大致可以达到什么发展水平提出了合理期望，共 32 个目标。二是教育建议，针对幼儿的学习与发展目标、当前学前教育普遍存在的困惑和误区，列举了一些能够有效帮助和促进幼儿学习与发展的教育途径和方法；同时也指出了错误做法对幼儿终身发展的危害，为广大家长和幼儿园教师提供了具体、可操作的指导建议，共 87 条教育建议。《指南》主体部分结构见图 11 - 1 和图 11 - 2。

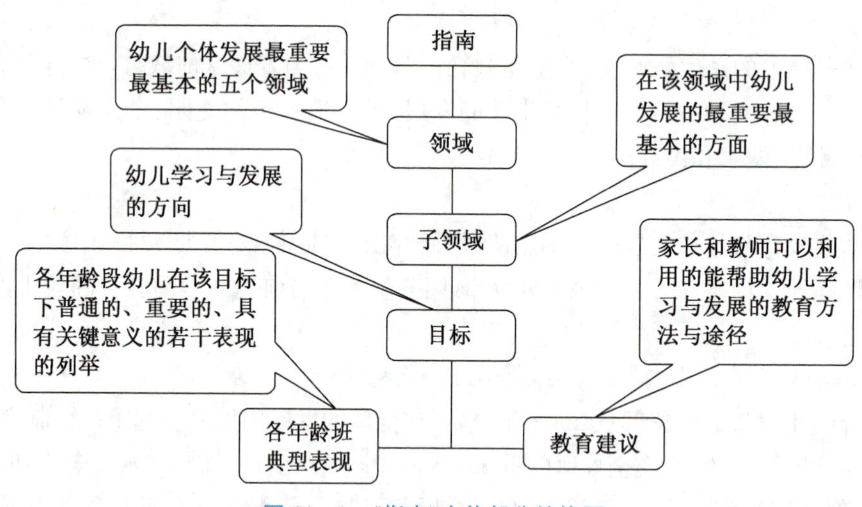

图 11 - 1 《指南》主体部分结构图

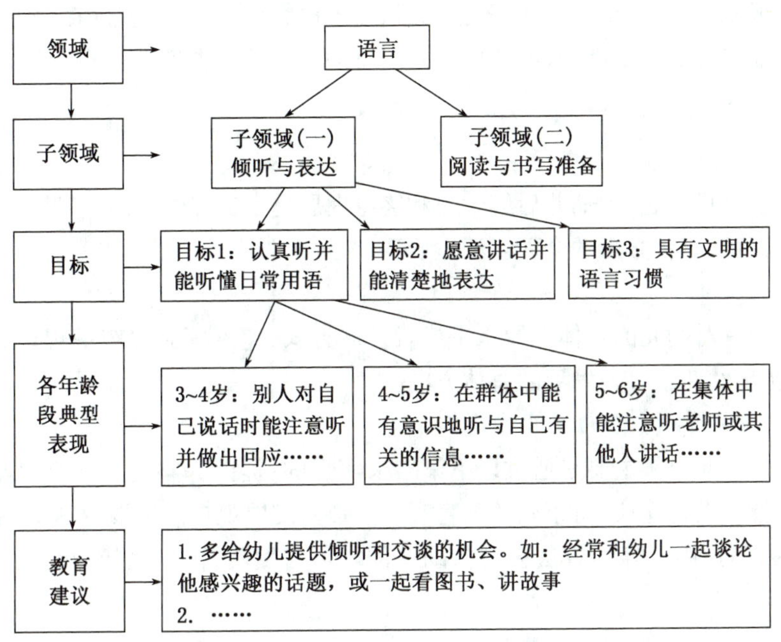

图 11-2 《指南》主体部分结构(以语言为例)

二、《3—6岁儿童学习与发展指南》内容解读

(一)《指南》的实施原则

1. 尊重幼儿的发展规律和学习特点

《指南》的"说明"部分指出："幼儿的学习是以直接经验为基础，在游戏和日常生活中进行的。要珍视游戏和生活的独特价值，创设丰富的教育环境，合理安排一日生活，最大限度地支持和满足幼儿通过直接感知、实际操作和亲身体验获取经验的需要，严禁'拔苗助长'式的超前教育和强化训练。"

2. 关注幼儿身心全面和谐发展

要注重学习与发展各领域之间的相互渗透和整合，从不同角度促进幼儿全面协调发展，而不要片面追求某一方面或几方面的发展。

3. 尊重幼儿发展的个体差异

《指南》的"说明"部分提出："幼儿的发展是一个持续、渐进的过程，同时也表现出一定的阶段性特征。每个幼儿在沿着相似进程发展的过程中，各自的发展速度和到达某一水平的时间不完全相同。要充分理解和尊重幼儿发展进程中的个别差异，支持和引导每个幼儿从原有水平向更高水平发展，按照自身的速度和方式达到《指南》呈现的发展'阶梯'，切忌用一把'尺子'衡量所有幼儿。"

4. 重视幼儿的学习品质

《指南》的"说明"部分指出："幼儿在活动过程中表现出的积极态度和良好行为倾向是终身学习与发展所必需的宝贵品质。要充分尊重和保护幼儿的好奇心和学习兴趣，帮助幼儿逐步养成积极主动、认真专注、不怕困难、敢于探究和尝试、乐于想象和创造等良好学习品质。"要在幼儿实际生活中、游戏中以及所有的学习活动中进行培养。

(二)关于《指南》的定位

1.《指南》的目标

《指南》的总目标是"为幼儿后继学习和终身发展奠定良好的素质基础",其核心是"促进幼儿体、智、德、美各方面的全面协调发展"。

2.《指南》的性质

《指南》没有对幼儿的具体发展水平或者发展方式、速度等做出统一规定或提出量化标准,而是指出幼儿学习与发展的总体方向。

3.《指南》的目标体系与教育建议

《指南》的方向引领主要是通过以下策略来实现的:提出一整套幼儿学习与发展的目标和有针对性的教育建议,将正确的教育观、儿童观、发展观自然地渗透其中;引导成人沿着《指南》的方向,用正确的方法去支持幼儿的学习与发展,科学地帮助幼儿达到教育的期望。

(三)"五大领域"主要内容解读

《指南》从健康、语言、社会、科学、艺术五大领域出发,把每个领域中3—4岁、4—5岁、5—6岁三个年龄段末期的幼儿应该达到的学习与发展目标单独列出,并在"教育建议"部分对当前幼儿教育中普遍存在的误区和困惑,提出具体的解决策略和可行措施。

1. 健康领域

《指南》从幼儿身心状况、动作发展、生活习惯与生活能力三个方面分别提出了三个目标:一是幼儿积极、健康的身心状况,包括身体健康和心理健康;二是身体动作和手的精细动作发展;三是具有良好的生活与卫生习惯、基本的生活自理能力和自我保护能力(见表11-1)。

表11-1 健康领域目标结构框架

子领域	身心状况	动作发展	生活习惯与生活能力
具体目标	1. 具有健康的体态 2. 情绪安定愉快 3. 具有一定的适应能力	1. 具有一定的平衡能力,动作协调、灵敏 2. 具有一定的力量和耐力 3. 手的动作灵活协调	1. 具有良好的生活与卫生习惯 2. 具有基本的生活自理能力 3. 具备基本的安全知识和自我保护能力

(1) 幼儿的身心状况

目标1"具有健康的体态"。人体的体态与健康息息相关,现实生活中,不少的幼儿却养成了如低头缩颈、含胸弓背、走路时两肩一高一低、身体左右摇摆等不良习惯。这些不良习惯不但影响幼儿体态的健美,而且给身体健康带来了危害。《指南》教育建议提出:"为幼儿提供营养丰富、健康的饮食","保证幼儿每天睡11—12小时","注意幼儿的体态,帮助他们形成正确的姿势”。

目标2“情绪安定愉快”。幼儿情绪易冲动、易外露、易受感染。喜悦、愉快的情绪能明显促进幼儿身体的健康成长。反之，恐惧、悲伤等情绪会危害其身心健康。家长和教师要设法营造温暖、轻松的心理环境，让幼儿形成安全感和信赖感，帮助幼儿学会恰当地表达和调控情绪。

目标3“具有一定的适应能力”。幼儿的适应能力包括对自然环境和对社会环境的适应能力。例如，要求3—4岁幼儿“能在较热或较冷的户外环境中活动。换新环境时情绪能较快稳定，睡眠、饮食基本正常。在帮助下能较快适应集体生活”。

(2) 幼儿的动作发展

《指南》在幼儿的动作发展方面提出3个目标：“具有一定的平衡能力，动作协调、灵敏；具有一定的力量和耐力；手的动作灵活协调”。

幼儿动作发展包括躯体和四肢的动作发展，受到身体的发育，特别是骨骼、肌肉的发展顺序及神经系统的支配作用所制约，幼儿的动作发展不仅对身体有影响，对其智力也有非常重要的意义。在幼儿期，也可通过丰富多样的健康教育活动来促进幼儿的动作发展。幼儿身体的基本活动技能的发展还不完善，需要在活动中不断地加以练习和提高。发展幼儿的基本活动技能，使幼儿的动作灵敏协调、姿势准确，是增强体质的重要内容。另外，幼儿的基本活动技能作为幼儿生活和运动的基础能力，又是增强幼儿体质和增进幼儿健康的重要手段之一。

《纲要》和《指南》都提出，要保证幼儿每天不少于2个小时的户外活动时间。幼儿园有规律的体育活动和户外活动、丰富多彩的家庭活动，不仅是提高幼儿动作发展的重要途径，更是促进幼儿智力和身心健康发展的必要途径。

(3) 幼儿的生活习惯与生活能力

《指南》在幼儿的生活习惯与生活能力方面提出3个目标：具有良好的生活与卫生习惯；具有基本的生活自理能力；具备基本的安全知识和自我保护能力。当下父母对独生子女的学习、生活“包办代替”的现象较多，《指南》在幼儿良好生活习惯与生活能力方面的强调，无疑具有很强的现实意义；安全教育是幼儿园健康教育的重要内容，一直都是幼儿园和家庭教育的重中之重。

幼儿良好生活习惯的养成并非一个自发的过程，它离不开个体对待健康的积极情感和态度。幼儿的健康知识贫乏、肤浅，对健康的认识水平尚低，还没有形成对待健康的正确态度和情感，且缺乏有利于保护和增进健康的习惯、能力。因此，教师和家长对幼儿进行健康教育是很有必要的。

近年来，儿童走失、被拐骗、烧伤、撞伤、溺水等事故时有发生。造成事故的主要原因是儿童缺乏应有的生活经验及自我保护能力，因此，对幼儿进行安全教育和自我保护教育势在必行。例如，对3—4岁幼儿安全教育的目标是“不吃陌生人给的东西，不跟陌生人走。在提醒下能注意安全，不做危险的事。在公共场所走失时，能向警察或有关人员说出自己和家长的名字、电话号码等简单信息”。

2. 语言领域

《指南》从倾听与表达、阅读与书写准备两个方面，提出六个目标(见表 11－2)。

表 11－2　语言领域目标结构框架

子领域	倾听与表达	阅读与书写准备
具体目标	1. 认真听并能听懂常用语言 2. 愿意讲话并能清楚地表达 3. 具有文明的语言习惯	1. 喜欢听故事，看图书 2. 具有初步的阅读理解能力 3. 具有书面表达的愿望和初步技能

(1) 倾听与表达

幼儿阶段处于语言发展的关键期，口语交流能力的培养是幼儿语言学习的重中之重。幼儿需要不断学习、倾听、理解交流者的语言，并且学会在不同的社会交往情境中通过语言来表达自己的想法。可以说，幼儿的口语交流经验为其语言符号系统的建立奠定了重要基础。《指南》从倾听与表达的角度提出下列具体的目标要求。

① 倾听、理解语言的目标要求。倾听是感知语言的行为表现，也是重要的理解语言的途径。只有懂得倾听、乐于倾听并且善于倾听的人，才能真正理解语言的内容。良好的倾听习惯的养成是从学前阶段开始的，因此就幼儿语言学习和发展而言，倾听是不可缺少的一种行为能力。

《指南》"倾听与表达"目标 1"认真听并能听懂常用语言"，要求 3—4 岁幼儿能够"别人对自己说话时能注意听并做出回应。能听懂日常会话"，4—5 岁幼儿"在群体中能有意识地听与自己有关的信息。能结合情境感受到不同语气、语调所表达的不同意思。方言地区和少数民族幼儿能基本听懂普通话"，5—6 岁幼儿"在集体中能注意听老师或其他人讲话。听不懂或有疑问时能主动提问。能结合情境理解一些表示因果、假设等相对复杂的句子"。这样一些目标，实际上要求幼儿在语言学习与发展中学会有意识地倾听别人所说的话，分析性地倾听交流的信息，同时形成理解性的倾听语言能力。

② 语言表达的目标要求。语言表达是以一定的语言内容、语言形式以及语言运用方式进行交流的行为，是幼儿园语言学习与发展的主要表现之一。儿童语言研究成果表明，只有懂得语言表达的作用，愿意向别人表达自己的见解，并且能够清楚表达的人，才能真正与人进行语言交流。

《指南》"倾听与表达"目标 2"愿意讲话并能清楚地表达"，要求 3—4 岁幼儿"愿意在熟悉的人面前说话，能大方地与人打招呼"，"愿意表达自己的需要和想法，必要时能配以手势动作"，"能口齿清楚地说儿歌、童谣或复述简短的故事"。这一目标充分体现了学前阶段幼儿口头语言学习与发展的重点，从积极语言表达的倾向态度，到正确恰当地运用语言表达的能力，循序渐进地提出了目标要求。考虑到方言区与少数民族幼儿，目标 2 还特别提出，3—4 岁幼儿"基本会说本民族或本地区的语言"，4—5 岁幼儿"会说本民族或本地区的语言，基本会说普通话。少数民族聚居地区幼儿会用普通话进行日常会话"，5—6 岁幼儿"会说本民族或本地区的语言和普通话，发音正确清晰。少数民族聚居地区幼儿基本会说普通话"。在尊重各民族间文化差异、尊重语言文学多样性的环境下，这些要求对方言区或者少数民族聚居地区幼儿的语言学习与发展是有积极意义的。

③ 语言文明习惯的目标要求。良好的语言行为习惯是语言交往获得成功的前提，在幼儿语言学习与发展过程中，根据交往场合、交往对象说话并且使用文明的语言，是他们需要在早期获得的重要的语言经验。

《指南》"倾听与表达"目标 3"具有文明的语言习惯"，要求 3—4 岁幼儿"与别人讲话时知道眼睛要看着对方。说话自然，声音大小适中。能在成人的提醒下使用恰当的礼貌用语"；4—5 岁幼儿在"别人对自己讲话时能回应。能根据场合调节自己说话声音的大小。并能主动使用礼貌用语，不说脏话、粗话"；5—6 岁幼儿在"别人讲话时能积极主动地回应。能根据谈话对象和需要，调整说话的语气。懂得按次序轮流讲话，不随意打断别人。能依据所处情境使用恰当的语言。如在别人难过时会用恰当的语言表示安慰"。这些语言目标将引导幼儿在不同社会交往场景中与人交往时注意文明礼貌，逐步成为愉快有效的交流者。

（2）阅读与书写准备

在着重关注幼儿口语交流能力学习与发展的同时，《指南》对幼儿早期书面语言准备提出了一系列的目标要求。近年的研究成果表明：3—8 岁是儿童学习早期阅读和书写的关键期，教育者要切实把握这个发展的时机，在培养幼儿口语交流能力的同时，帮助幼儿做好书面语言学习准备。《指南》提出了三个方面的阅读与书写准备目标要求。

① 阅读兴趣习惯的目标要求。目标 1"喜欢听故事，看图书"。在整个学前阶段，图画书都是幼儿阅读的主要材料。每天给幼儿看书的时间，让幼儿养成"阅读图书"的兴趣与习惯，并注意让幼儿口述自己听到的或者看到的"故事"，让幼儿扮演"讲故事人"的角色来编和讲故事，对幼儿而言最重要的不是掌握了多少知识，而是获得了早期书面语言的学习经验。《指南》要求 3—4 岁幼儿"能主动要求成人讲故事、读图书。喜欢跟读韵律感强的儿歌、童谣。爱护图书，不乱撕、乱扔"；4—5 岁幼儿能"反复看自己喜欢的图书。喜欢把听过的故事或看过的图书讲给别人听。对生活中常见的标志、符号感兴趣，知道它们表示一定的意义"；要求 5—6 岁幼儿能够"专注地阅读图书。喜欢与他人一起谈论图书和故事的有关内容。对图书和生活情境中的文字符号感兴趣，知道文字表示一定的意义"。应当看到，幼儿对书面语言的兴趣和知识，是通过自身的经验而建立起来的。在学前阶段，幼儿需要有自己随时可以翻阅的图书，需要有人给他们讲述和朗读书上的内容，还要有机会经常看到别人阅读。通过这样一些互动的过程，幼儿可以理解书面语言的意义，养成热爱阅读的良好习惯，这也是为幼儿今后成为一个好的阅读者所做的必要准备。

② 初步阅读理解能力的目标要求。目标 2"具有初步的阅读理解能力"。当幼儿在日常生活中阅读图画书时，他们可以通过阅读与图画和文字符号互动，用口头语言来表达他们对图画书内容的理解，获得口头语言与书面语言对应关系的认识，这样便逐渐发展了初步的阅读理解能力。《指南》要求 3—4 岁幼儿"能听懂短小的儿歌或故事。会看画面，能根据画面说出图中有什么，发生了什么事等。能理解图书上的文字是和画面对应的，是用来表达画面意义的"；4—5 岁幼儿"能大体讲出所听故事的主要内容。能根据连续画面提供的信息，大致说出故事的情节。能随着作品的展开产生喜悦、担忧等相应的情绪反应，

体会作品所表达的情绪情感”；5—6 岁幼儿“能说出所阅读的幼儿文学作品的主要内容。能根据故事的部分情节或图书画面的线索猜想故事情节的发展，或续编、创编故事。对看过的图书、听过的故事能说出自己的看法。能初步感受文学语言的美”。早期阅读理解的经验将为幼儿未来的阅读理解能力发展奠定扎实的基础。

③ 早期书写行为的目标要求。幼儿在阅读中会萌发初步的书写意愿，他们能够通过观察和注意周围环境中的文字信息，逐步积累一些初步的书面语言知识，学习握笔、涂画和书写的基本方法。目标 3“具有书面表达的愿望和初步技能”。《指南》要求 3—4 岁幼儿“喜欢用涂涂画画表达一定的意思”，4—5 岁幼儿“愿意用图画和符号表达自己的愿望和想法。在成人提醒下，写写画画时姿势正确”，5—6 岁幼儿“愿意用图画和符号表现事物或故事。会正确书写自己的名字。写画时姿势正确”。这样的目标要求鼓励幼儿积极地与文字互动，乐于“画字”或模仿方块字的一些简单特点，使用多种方式表现“非正规”的文字书写，能够帮助幼儿建立和巩固纸笔互动的经验，感知文字组成的一些基本规律，并熟悉书面文字字形，有效地提高幼儿书面语言准备水平。

3. 社会领域

社会领域主要包括人际交往和社会适应两个方面（见表 11 - 3）。

表 11 - 3　社会领域目标结构框架

子领域	人际交往	社会适应
具体目标	1. 愿意与人交往 2. 能与同伴友好相处 3. 具有自尊、自信、自主的表现 4. 关心尊重他人	1. 喜欢并适应群体生活 2. 遵守基本的行为规范 3. 具有初步的归属感

“社会”从一定意义上看是一个关系系统，可粗略地分为人与人的关系和人与社会（群体、组织）的关系。人与人的关系通过交往实现，人与社会的关系则是一个认同与适应的过程。

《指南》对幼儿社会领域的学习与发展目标及其在各年龄阶段的表现进行分析，其内容大致包括：交往态度和交往技能，对自我和对他人的认知、态度和行为，对群体、群体生活及群我关系的感受、态度和行为。其核心价值在于逐步引导幼儿学会共同生活，建立和谐的社会（包括人际）关系，形成良好的社会性和个性品质。

社会领域学习与发展的实质在于促进幼儿社会化，形成良好的个性品质，而社会化是在社会关系系统中，通过人际交往和对社会生活的主动适应而进行的。人际交往与社会适应既可以说是幼儿社会学习与发展的基本途径，也可以说是基本内容。

（1）人际交往

幼儿期是社会交往态度和交往能力形成的重要时期。人一生的成长、发展、成功、幸福都同他人的交往密切联系。美国心理学家马斯洛提出的需要层次理论中的“归属和爱的需要”，即人际交往和交流情感的需要。幼儿与父母和他人的交往，有助于形成健康的个性，发展智力，更好地实现社会化。如果幼儿不良的人际交往关系长期存在，将会影响幼儿将来的人格健全发展，造成不可弥补的后果。因此，培养幼儿良好的人际交往能力，是学前教育的重要目标。《指南》人际交往的 4 个目标与人际交往的主要功能是密切相关的。

① 人际交往可以促进幼儿的交流与沟通。《指南》"人际交往"目标 1"愿意与人交往"。愿意交往是良好人际关系发展的前提条件。幼儿的学习(包括社会知识的学习)固然主要来自自身的经验，但在交往中运用语言与他人交流和沟通也是一个重要渠道。在交往中幼儿不仅能够分享来自他人的信息，了解他人的想法和感受，解决同伴之间的冲突，也能将自己的经验与他人分享，让别人了解自己的观点。同时，幼儿可以在交流与沟通中更好地感受自己的主体性。

② 人际交往有助于幼儿组织共同活动。《指南》"人际交往"目标 2"能与同伴友好相处"，这一目标的实现必须要在共同活动中完成。共同活动往往是多人为了某个共同目标集合在一起进行的活动，通过人际交往来沟通、协调、联合与合作是共同活动必不可缺的条件。幼儿在成长过程中，能够共同游戏是其社会性发展中的重大进步，意味着幼儿的目标意识、合作意识、沟通能力、自我调控能力等都有了一定的进步。同时，通过交往开展游戏或其他活动又会进一步促进幼儿相关能力的发展。

③ 人际交往可以促进幼儿形成和发展人际关系。《指南》"人际交往"目标 3"具有自尊、自信、自主的表现"。儿童从出生时起就处在某种人际关系之中，以后，随着交往对象的增多，人际关系变得更加复杂多样。一般来说，人际关系越丰富，幼儿就越能在广阔的交往空间中得到更大的发展。人际关系良好的幼儿往往表现出积极、乐观、自信的个性特征和更多的亲社会行为，也更可能在交往中获得更丰富的经验。

④ 人际交往有助于幼儿增进对自己、对他人的认识。《指南》"人际交往"目标 4"关心尊重他人"。交往中，幼儿不仅通过他人的外显行为了解其特点，形成对他人的评价和态度，也通过他人对自己的态度和评价形成自我认识和自我评价，在此基础上，学会关心、尊重他人。

(2) 社会适应

社会适应，即幼儿与社会环境建立起和谐关系的过程。社会适应能力是一种综合能力，包括对社会情境的判断能力，对自己在群体中角色地位的认识能力，对规则的理解和接受能力，对自己行为的调控能力，以及融入新人际关系时所需要的交往能力等。在变化迅速的今天，这些能力显得更为重要。《指南》"社会适应"目标主要有以下三个：

① 喜欢并适应群体生活。适应不同的社会群体或组织的过程是儿童社会化的重要途径。幼儿从家庭走进幼儿园，从幼儿园走进小学，所经历的不仅是生活空间的转换，更是生活方式、角色身份、人际关系、行为准则等诸多方面的变化。

② 遵守基本的行为规范。社会环境的这些变化要求幼儿必须从心理到行为有所转变，遵守人际交往的基本行为规范，以适应新的社会群体。幼儿只有认识到并理解这种变化，主动变换角色、调节行为、规范行为，才能与新群体建立和谐关系。因此，每一次社会环境的改变对幼儿都是一次挑战，也都提供了更多的学习与发展的机会。

③ 具有初步的归属感。儿童在成长过程中往往会加入不同的社会群体，在适应这些

社会群体的过程中形成归属感是儿童的精神需要。研究发现，个体对某个群体（家庭、班级、学校、家乡、祖国等）的归属感会影响他对这个群体的亲疏度和对群体规则的接受度。一般而言，归属感强的人往往具有主人翁意识和责任感；能自觉接受和遵守群体规则；会自动将个人与群体联系在一起，对自己作为群体的一员感到自豪，并愿意和群体荣辱与共。个体如果没有可以归属的群体，就会觉得没有依靠，孤独，缺乏心理安全感。

幼儿的归属感往往来自他们对群体生活的直接感受和体验。家庭是幼儿最早接触的社会群体，父母对孩子无微不至的照顾会使他们对家庭产生一种归属感；如果幼儿园能像家庭一样带给幼儿温暖、关爱、尊重、支持和鼓励，他们也会对这个群体产生归属感。幼儿对社会（家乡、祖国等）的最初看法和感受主要来自父母和其他亲近的成人，如果成人能够用积极的态度看待社会，那么幼儿就会形成同样的态度并由此产生对家乡和祖国的归属感。

在社会适应过程中培养起来的适应能力是幼儿生存发展所需要的基本能力。幼儿生活的社会群体和机构，如家庭、幼儿园、社区等常常具有一定的组织结构、行为规范和文化特征，会通过角色期望、行为规范、习俗传统等方式影响幼儿；幼儿作为一个具有主体性的成员也会有选择地接受这些影响，积极地适应社会。因此，从小培养幼儿的社会适应能力无疑是在为其快乐生活和健康成长奠定基础。

4. 科学领域

《指南》从科学探究和数学认知两个方面，提出了六个目标（见下表 11－4）。

表 11－4　科学领域目标结构框架

子领域	科学探究	数学认知
具体目标	1. 亲近自然，喜欢探究 2. 具有初步的探究能力 3. 在探究中认识周围事物和现象	1. 初步感知生活中数学的有用和有趣 2. 感知和理解数、量及数量关系 3. 感知形状与空间关系

（1）科学探究

“科学探究”的目标包括三个维度：情感态度、方法能力和知识经验。三个维度的目标是一个探究过程的不同方面，不能分别学习或单独训练。“亲近自然，喜欢探究”为前提性目标，“具有初步的探究能力”为关键性目标，“在探究中认识周围事物和现象”是载体性目标。三个目标均明确地体现了一点，即幼儿科学教育是以“探究”为中心的。

目前学术界对于什么是探究，什么是科学探究没有统一的定义。人们比较认同的是美国国家研究理事会在《美国国家科学教育标准》中提出的定义：“科学探究指的是科学家们用以研究自然界并基于此种研究获得的证据提出种种解释的多种不同途径。科学探究也指学生们用以获取知识、领悟科学的思想观念、领悟科学家们研究自然界所用的方法而进行的各种活动。”所以科学探究既包括科学家真正意义上的科学研究活动，也包括学生在学校中运用科学家探索科学所运用的手段、途径所进行的科学学习。但必须明确的是幼儿学习科学，如果只是学习现成的科学结论，而忽视了对科学探究过程的理解与体验，那幼儿就不能很好地理解科学的本质。所以科学探究的学习过程应能有效保持幼儿对自然的好奇心，激发他们的求知欲，使他们体验探究过程的喜悦与艰辛，促进幼儿主动建构具有个人意义的科学知识与技能，习得科学探究思维的方式。

幼儿从出生时起就对世界具有强烈的好奇心与探索欲，充满了对世界的疑惑与惊奇，所以人们说“幼儿像科学家”。然而，幼儿毕竟不是真正的科学家，他们的探究与科学家的探究存在不同的特点，把握幼儿探究学习的独特性对于我们更好地理解以幼儿的探究学习为核心的科学教育活动有着重要的意义。刘占兰提出幼儿的探究与科学家的探究的异同：第一，幼儿探究的热情与科学家一样强烈；第二，幼儿自由探究的程度低于科学家的探究；第三，幼儿探究的每一环节在程度上都异于科学家的探究。幼儿只是简约地重演科学发现的过程。

以幼儿的探究学习为核心的科学教育并不是单纯灌输一些粗浅的科学知识，而是幼儿科学探究与科学知识建构的有机结合。以幼儿的探究学习为核心的科学教育活动，是在建构主义学习观与教学观的指导下，在教师的精心引导下，从日常生活中所面临的真实、典型或复杂的科学问题入手，通过幼儿主动的探究，通过设计开放性、生活性、游戏性的活动，提供有结构的材料，让幼儿通过自己的亲身经历，在直接操作、探究物质材料及与人、事、物相互作用中，在不断的感受中，有所获得(科学知识经验)，有所体验(体验科学的神奇、伟大，激发好奇、探索及热爱科学之情)，有所发现(通过自己的观察、实验、理解并形成一些关键的科学概念)，并在此过程中理解科学、热爱科学，实现对传统学科取向幼儿园科学教育的超越，以及对幼儿主体的尊重，其根本在于承认与强调幼儿的科学独特性。这实质也是幼儿园科学教育过程与结果内在统一实现的前提。

(2) 数学认识

我国著名数学家陈省身先生曾对记者说：“我们每个人一生中都接受了十几年的数学教育，然而很多人却只是学会了计算，而没有理解什么是真正的数学。”

目前社会上流行速心算、手指速算等方法，许多家长对这种方式非常感兴趣，甚至还买来加减或乘法口诀让幼儿背诵，有些幼儿园也应家长的要求开设了这样的特长班。学前阶段是否有必要学习数学？应该学习什么样的数学？幼儿应该怎样学习数学？《指南》“数学认知”对这些问题一一进行了解答并提出了具体建议。例如，“数学认知”目标2“感知和理解数、量及数量关系”，要求3—4岁幼儿“能感知和区分物体的大小、多少、高矮长短等量方面的特点，并能用相应的词表示。能通过一一对应的方法比较两组物体的多少。能手口一致地点数5个以内的物体，并能说出总数。能按数取物。能用数词描述事物或动作，如我有4本图书”。

幼儿学习数学，其意义绝不在于简单的数数和计算。他们所获取的数学知识是有限的，但数学对幼儿思维方式的训练却是其他任何学习所不具备的。由于数学本身就是抽象的过程，学习数学实质上就是学习思维，特别是抽象逻辑思维的方法。同时，数学还能够培养幼儿解决问题的能力，特别是用数学方法解决问题的能力，因此“数学是思维的体操”。学前阶段的数学教育重点是发展幼儿的思维能力和初步运用数学知识解决问题的能力。

幼儿的科学探究和数学认知常常相互关联。两个方面尽管各有其知识体系，但常常可以相互融合、相互助益。幼儿的数学学习是一个不断建构的过程，是通过对具体事物和事物之间关系的不断抽象概括来实现的。我们要支持幼儿在生活中通过发现和解决问题进行科学探究和数学认知，结合生活经验的数学活动能够让幼儿感到数学的有用和有趣。同时，幼儿的探究经验和数学认知存在着个体差异，不同的幼儿有自己的认知结构和水平，用自己的方法解决问题，所获得的发展也各不相同。

5. 艺术领域

《指南》强调让幼儿学会发现和感受自然界与生活中美的事物(见表 11 - 5)。

表 11 - 5　艺术领域目标结构框架

子领域	感受与欣赏	表现与创造
具体目标	1. 喜欢自然界与生活中美的事物 2. 喜欢欣赏多种多样的艺术形式和作品	1. 喜欢进行艺术活动并大胆表现 2. 具有初步的艺术表现与创造能力

(1) 感受与欣赏

美育的一个很重要的内容是培养幼儿对美的感受力。从某种意义上来说，美的欣赏能力比美的创造能力更为重要，一个不会感受美、不会欣赏美的人，很难想象他能创造出美的事物来。《指南》“感受与欣赏”包括 2 个目标：“喜欢自然界与生活中美的事物”和“喜欢欣赏多种多样的艺术形式和作品”。

从感受美入手，让幼儿走出活动室、走出园门去感受大自然的美，让幼儿用眼、耳、鼻、手，看一看、闻一闻、摸一摸。百花争艳、百鸟争鸣、小溪流水、高山怪石等都能激发幼儿对美的意识，但从感觉美到意识美都需要教师及时引导。例如，教师发现幼儿饭后散步时常常被一群小蚂蚁吸引，于是抓住这一瞬间引导幼儿观察蚂蚁排队、抬食物。有趣的情境让幼儿在无形而兴奋的感知活动中产生了愉悦的情感体验和对美的意识。

借助自然帮助幼儿理解、欣赏艺术作品，提高幼儿美的欣赏力。例如，在画风景画时，幼儿对远近不同的山水美难于理解，教师可以选择带幼儿到活动室外走走，或者参观公园。在春天教师可以带幼儿到郊外去春游，让他们在大自然中去寻找春天的特征，去感受春的气息，让自然美去净化他们的心灵。在这样的活动里，幼儿不仅感受到了自然形态的美，同时也为绘画积累了素材。

(2) 表现与创造

《指南》“表现与创造”目标包括：“喜欢进行艺术活动并大胆表现”和“具有初步的艺术表现与创造能力”。

《指南》艺术领域明确提出：“幼儿对事物的感受和理解不同于成人，他们表达自己认识和情感的方式也有别于成人。幼儿独特的笔触、动作和语言往往蕴含着丰富的想象和情感，成人应对幼儿的艺术表现给予充分的理解和尊重，不能用自己的审美标准去评判幼儿，更不能为追求结果的‘完美’而对幼儿进行千篇一律的训练，以免扼杀其想象与创造的萌芽。”作为家长和教师，所要做的是保护幼儿创作的兴趣。以美术教育为例，教师要做的不是教幼儿画得像，而是让他们大胆地画，即使把太阳画成彩色的，树叶画成红色的都没有关系，因为这正是幼儿感知色彩的阶段，慢慢地，他们会注意到事物真正的色彩。

在教学中如果教师向孩子灌输一些艺术上规律性的知识或强加一些成人认可的观点，就会束缚幼儿的想象与创造，抑制他们的个性发展，使幼儿的画变成成人的“矫形”和“影子”而缺乏童趣。艺术活动是幼儿最喜欢的活动之一，也是发展幼儿想象力、创造力，促进幼儿个性全面发展的有效手段。在艺术活动中充分发挥幼儿的想象力，培养幼儿的思维能力，提高其艺术修养，是一件意义重大的工作。

幼儿艺术教育不是把孩子培养成小歌唱家、舞蹈家、演奏家、画家、雕塑家。艺术教育是要培养幼儿对艺术的兴趣和爱好，陶冶他们的性情，提高他们对艺术的欣赏能力以及艺术兴趣，培养他们对艺术的感受和理解，创造性表达自己的情感和感受艺术。模仿成人开展超越幼儿能力的艺术教育，会伤害幼儿的身体，更不利于幼儿的长远发展。

第十二章 《幼儿园保育教育质量评估指南》解读

一、《幼儿园保育教育质量评估指南》概述

为深入贯彻2021年全国教育大会精神，加快建立健全教育评价制度，促进学前教育高质量发展，根据中共中央、国务院《关于学前教育深化改革规范发展的若干意见》和《深化新时代教育评价改革总体方案》精神，2022年2月，教育部印发了《幼儿园保育教育质量评估指南》(以下简称《评估指南》)。

(一) 时代背景

1. 贯彻党中央决策部署的重要举措

党的十九届五中全会提出建设高质量教育体系。中共中央、国务院《关于学前教育深化改革规范发展的若干意见》和《深化新时代教育评价改革总体方案》的精神都明确要求，深化幼儿园教育改革，推动各地健全科学的幼儿园保育教育质量评估体系。由此，国家制定了《评估指南》，各省(区、市)完善幼儿园质量评估标准。

2. 提高学前教育质量的迫切需要

经过连续实施三期行动计划，学前教育实现了基本普及目标，迈入全面普及和高质量发展的新阶段，迫切需要加强幼儿园保教质量评估，发挥好质量评估的引领、诊断、改进和激励作用，引导各类幼儿园树立正确的质量观，科学实施保育教育。

3. 深化学前教育评价改革的必然要求

长期以来，各地幼儿园保教质量评估普遍存在"重结果轻过程、重硬件轻内涵、重他评轻自评"等倾向，难以适应学前教育高质量发展的新要求，亟待从国家层面出台指南，强化科学导向，加强规范引导，推动各地健全科学的儿园保教质量评估体系。

(二) 现实意义

(1) 旨在引导幼儿园全面贯彻党的教育方针，落实立德树人根本任务。

新时代教育评价改革，必须以立德树人为主线，强调有什么样的评价指挥棒，就有什么样的办学导向。《评估指南》进一步强化了落实立德树人根本任务，贯彻落实了培养什么人、怎样培养人、为谁培养人的科学质量观。从幼儿园保教质量发展方面完善了立德树人的落实机制，有效促进了幼儿园全面贯彻党的教育方针，强化了党组织战斗堡垒作用，确保了学前教育正确的办园方向。

(2) 尊重幼儿年龄特点和发展规律，坚持保育教育结合，以游戏为基本活动，不断提高幼儿园办园水平和保教质量。

《评估指南》进一步强化了"坚持以儿童为本"的基本原则，专设"保育与安全""教育过程""环境创设"三个维度的评估内容，对幼儿园保教工作做出了明确规定。这表明了以幼儿现实的、全面的、协调的发展和未来的可持续的、终身的发展为出发点与落脚点的价值导向，对进一步推动树立科学保教理念，真正实现学前教育为儿童终身发展奠基，具有重要意义。

二、《幼儿园保育教育质量评估指南》内容解读

《评估指南》聚焦幼儿园保育教育过程及影响保育教育质量的关键要素，围绕办园方向、保育与安全、教育过程、环境创设、教师队伍五个方面提出了 15 项关键指标和 48 个考查要点。

(一)《评估指南》的重点评估内容

(1) 在办园方向方面，围绕"党建工作、品德启蒙、科学理念"提出 3 项关键指标和 7 个考查要点，旨在加强党对学前教育的全面领导，促进幼儿园全面贯彻党的教育方针，确保社会主义办园方向。

(2) 在保育与安全方面，围绕"卫生保健、生活照料、安全防护"提出 3 项关键指标和 11 个考查要点，旨在促进幼儿园加强卫生保健与安全防护工作，确保幼儿生命安全和身心健康。

(3) 在教育过程方面，围绕"活动组织、师幼互动、家园共育"提出 3 项关键指标和 17 个考查要点，旨在落实以游戏为基本活动的要求，促进师幼有效互动，构建家园共育机制，促进幼儿身心全面发展。

(4) 在环境创设方面，围绕"空间设施、玩具材料"提出 2 项关键指标和 4 个考查要点，旨在促进幼儿园创设丰富适宜、富有童趣、有利于支持幼儿学习探索的教育环境。

(5) 在教师队伍方面，围绕"师德师风、人员配备、专业发展和激励机制"提出 4 项关键指标和 9 个考查要点，旨在加强教师队伍建设，采取有效措施激励教师爱岗敬业、潜心育人。

(二)《评估指南》的评估方式要求

1. 突出过程评估

针对幼儿园质量评估中重终结性结果评判、轻保教过程考察的问题，强调聚焦保育教育过程及影响保教质量的关键因素，通过对班级师幼互动情况、对保教实施过程中教职工的观念和行为的专业判断，着重考察幼儿园对《3—6 岁儿童学习与发展指南》《幼儿园教育指导纲要(试行)》的具体落实情况，激励促进幼儿园不断发展提高。

2. 强化自我评估

针对幼儿园被动参与、难以发挥评估的激励作用问题，强调将自评作为提升教师专业

能力的常态化手段，通过教职工深度参与，建立幼儿园自我诊断、反思和改进，外部评价激励引导的良性发展机制，切实转变园长教师的观念和行为，提高保教实践能力。

3. 聚焦班级观察

改变过去把关注点放在材料准备，评估过程走马观花，幼儿园忙于打造材料不堪重负的做法，在班级观察时间上强调不少于半日的连续自然观察，在观察的覆盖面上，强调不少于各年龄班级总数的三分之一，确保全面、客观、真实地了解幼儿园保育教育过程和质量，提高评估的实效性。

（三）《评估指南》的组织实施要求

（1）要求各地建立党委领导、政府教育督导部门牵头、部门协同、多方参与的组织实施机制，完善评估标准，编制幼儿园保教质量自评指导手册，确保评估工作有效实施。

（2）明确评估周期，对自我评估，要求幼儿园每学期开展一次，教育部门要加强对幼儿园保教工作和自评的指导。对外部评估，要求县级督导评估依据所辖园数和工作需要，原则上每3—5年为一个周期，确保每个周期内覆盖所有幼儿园。省、市结合实际适当开展抽查。

（3）强化评估保障，要求各地提供必要的经费，建立专业的评估队伍，确保评估工作顺利实施。

（4）加强激励引导，强调将幼儿园保教质量评估结果作为对幼儿园表彰奖励、普惠性民办园认定扶持等方面工作的重要依据。同时，认真总结推广质量评估工作的典型经验，积极营造有利于促进学前教育高质量发展的良好氛围。

（四）《评估指南》的实施注意问题

幼儿园保育教育与义务教育学校和高中的系统学业学习有本质上的不同，实施幼儿园保教质量评估应注意把握好两点。

1. 尊重学前教育规律和特殊性

学龄前儿童的学习以直接经验为主，主要是在日常生活和游戏中学习。因此，幼儿园保教质量评估强调尊重幼儿的学习特点和成长规律，珍视幼儿生活和游戏的独特价值，有针对性地创设环境和条件，支持和引导每个幼儿从原有水平向更高水平发展，不做专门的幼儿发展结果评估，在实施中应充分尊重学前教育规律和特殊性，严禁用直接测查幼儿能力和发展水平的方式评估幼儿园保教质量，以免引发强化训练的非科学做法，加剧家长和社会焦虑。

2. 处理好与办园行为督导评估的关系

目前各地普遍开展了办园行为督导评估和保教质量评估，应注意做好区分定位。幼儿园办园行为督导评估作为单纯的外部评估，主要是针对薄弱幼儿园，解决规范问题，侧重于基本办园条件和办园行为。幼儿园保教质量评估强化自我评估，聚焦保育教育过程及影响质量的关键要素，主要解决质量提升问题。在实施中应注意处理好二者之间的关系，既要有效促进幼儿园保教质量提升，又要注重统筹实施，避免重复评估，切实减轻基层和幼儿园的负担。